Manual de español urgente

Agencia Efe

Manual de español urgente

(Undécima edición corregida y ampliada
del Manual de estilo)

CÁTEDRA
CRÍTICA Y ESTUDIOS LITERARIOS

© Agencia Efe, S.A.
Ediciones Cátedra, S.A. 1995
Juan Ignacio Luca de Tena, 15. 28027 Madrid
Depósito legal: M. 28.661-1995
ISBN: 84-376-0533-4
Printed in Spain
Impreso en Gráficas Rógar, S.A.
Pol. Ind. Cobo Calleja. Fuenlabrada (Madrid)

Índice

Presentación

El *Manual de Español Urgente,* de la Agencia Efe, que ofrecemos ahora en su undécima edición, es el más antiguo de los publicados en la Comunidad de habla española. Es también el más difundido.

Ha alcanzado la difícil popularidad de ser citado en medios profesionales y universitarios sólo por las siglas: así como el DRAE es el diccionario español por antonomasia, el MEU es la guía del lenguaje vivo de la comunicación entre hispanohablantes. Esta aceptación se debe al método.

Con la colaboración del Instituto de Cooperación Iberoamericana (ICI), en la sede de Efe, un equipo de filólogos, día a día durante quince años, ha venido corrigiendo las informaciones de nuestras líneas. En el archivo del Departamento de Español Urgente de la Agencia Efe obran hoy más de 200.000 correcciones comunicadas a los responsables de las diferentes redacciones y delegaciones.

No pocas se repiten —que de humanos es tropezar dos veces, aunque la prisa no excuse el desmaño—, pero otras muchas resuelven problemas urgentes del lenguaje periodístico, que no puede esperar a una edición del DRAE para comunicar lo nuevo interesante con propiedad y viveza.

El realismo de partida se fuerza con la autoridad moral y técnica de una Comisión Asesora de Estilo integrada mayoritariamente por miembros de número de la Real Academia Española, que todos los lunes del año dictaminan sobre lo más adecuado para escribir hoy con precisión, eficacia y respeto a las normas comunes que aseguran la inteligibilidad de unos mensajes periodísticos dirigidos a una comunidad internacional de más de 300 millones, unidos por la misma lengua.

Los dictámenes de la Comisión se hacen llegar a los cientos de medios abonados a los servicios de la Agencia. También tienen acceso a los consejos del Departamento de Español Urgente todos cuantos —abonados o no a los servicios informativos— consultan telefónicamente sus dudas. El Departamento quiere permanecer así abierto al público —estudiantes, empresarios, gabinetes, secretarías— interesado en el Español Urgente.

En 1989, año de su cincuentenario, Efe tuvo el honor de que un miembro de su Comisión Asesora de Estilo, don Manuel Alvar, fuera elegido director de la Real Academia Española. Tres años más tarde, en diciembre de 1991, otro miembro de nuestra Comisión, don Fernando Lázaro Carreter, le sucedió en el cargo, y es el actual director de esa corporación.

A finales de 1988 se editaron las *Normas Básicas para los Servicios Informativos* [1] de la Agencia —prometidas en la presentación de anteriores ediciones del MEU— con indicaciones técnicas sobre la estructura y presentación de las noticias. Cuatro años después vio la luz el *Vademécum de español urgente* [2] que recoge varias respuestas de los filólogos de EFE, contenidas en sus informes semanales que complementan el contenido del MEU.

Esta undécima edición se ciñe estrictamente a la resolución de los problemas propios del idioma. Y tiene en cuenta la última edición del *Diccionario de la Lengua Española* de la Real Academia y las indicaciones de los posteriores boletines de la docta institución.

En esta nueva edición se han ampliado los topónimos y gentilicios dudosos, los términos del lenguaje económico en sus formas españolas e inglesas y los nuevos dictámenes sobre «Léxico».

Alfonso S. Palomares
Presidente de Efe

---

[1] «Normas básicas para los servicios informativos», Agencia EFE, S.A., Madrid, 1989.
[2] «Vademécum de español urgente», Agencia EFE, Ed. Fundación EFE, colección Comunicación y Lenguaje, Madrid, 1992.

Prólogo

El *Manual del Español Urgente,* que tuvo una primera versión en 1976, aparece ahora en su undécima edición.

Su finalidad es prevenir posibles errores lingüísticos, servir de ayuda para resolver dudas y, en un momento de gran inestabilidad idiomática como el presente, tratar de proporcionar criterios uniformes del uso de neologismos.

Es resultado del trabajo diario de un grupo de filólogos que examina los despachos de la Agencia, y que somete sus propuestas a la Comisión Asesora, la cual, en reuniones quincenales, acuerda las resoluciones pertinentes. En muchos casos su resolución es favorable al empleo de tales neologismos por la Agencia, aunque de momento no estén admitidos por la Real Academia Española, y en tanto ésta resuelve. Esas voces, detectadas casi en el momento de su aparición, se incorporan también a los ficheros de la Academia, que se enriquecen con esta actividad del Departamento de Español Urgente de la Agencia EFE.

El empleo de tales vocablos en nuestros despachos y su rápida difusión por todo el ámbito del español facilita la adopción uniforme de las palabras nuevas, y, por tanto, contribuye a evitar el riesgo de fragmentación del idioma que conlleva denominar a las mismas cosas con nombre diferente en los diversos países hispanohablantes.

Muchos de los casos que la Comisión examina suponen innovaciones absolutamente superfluas, bien porque al extranjerismo corresponde un vocablo propio que no se debe desplazar, bien porque corresponden a un mal uso de nuestra lengua.

Esos son los defectos de los que, preferentemente, se ocupa el *Manual de Estilo Urgente,* con el propósito de que se eviten en los servicios informativos de la Agencia. El lenguaje utilizado no ha de amparar deformaciones o novedades injustificadas, y las noticias

11

deben redactarse en un «buen español», igualmente aceptable en ambos lados del Atlántico.

En el propósito de mantener la unidad del idioma —la base más firme de la presencia de la comunidad hispánica en el mundo— los medios de difusión han de desempeñar un papel fundamental, y el Departamento de Español Urgente trabaja con esa intención. A tal fin solicita la colaboración de cuantos trabajan en la Agencia, no sólo aceptando estas recomendaciones, aunque resulten discutibles —vale más un mal acuerdo que el desacuerdo y la dispersión totales—, sino haciéndoles llegar advertencias y propuestas, en la seguridad de que serán inmediatamente atendidas.

Esta invitación se extiende a todos los profesionales de la información, tanto de nuestro país como de América, que se sientan interesados por la mejora y unidad del español en las comunicaciones, empresa que, desde la fundación del Departamento, constituye uno de los principales objetivos de EFE.

Carlos G. Reigosa
Director de Información

COMISIÓN ASESORA

FERNANDO LÁZARO CARRETER
De la Real Academia Española

VALENTÍN GARCÍA YEBRA
De la Real Academia Española

HUMBERTO LÓPEZ MORALES
De la Academia de Puerto Rico

ANTONIO LLORENTE MALDONADO DE GUEVARA
Profesor emérito de la Universidad de Salamanca

JOSÉ LUIS MARTÍNEZ ALBERTOS
Catedrático de Ciencias de la Información (Universidad Complutense)

JOSÉ LUQUE CALDERÓN
Periodista

FILÓLOGOS DEL DEPARTAMENTO

PEDRO GARCÍA DOMÍNGUEZ
ALBERTO GÓMEZ FONT
PILAR VICHO TOLEDO

Sobre Redacción

I. Propósito

1.1.   El deterioro progresivo que el idioma está padeciendo en los medios de comunicación, por un lado, y la expansión internacional de la Agencia Efe, por otro, aconsejan realizar un esfuerzo tendente a la homogeneidad de criterios idiomáticos. Estas recomendaciones han sido ampliamente consultadas, y sus prescripciones y consejos están abiertos a la crítica de cuantos trabajan en la Agencia, para perfeccionarlas en sucesivas ediciones.

Esta undécima edición es fruto del éxito de las diez anteriores, de las sugerencias de los profesionales de Efe, del trabajo continuado de los filólogos del DEU y de las constantes reflexiones del Consejo Asesor sobre el lenguaje periodístico.

1.2.   La necesidad de normalizar el lenguaje se funda en múltiples razones. Importa que los despachos destaquen entre los de otras agencias por su claridad, pulcritud y sencillez formales, y que, por estas y otras cualidades que afectan al contenido, sean fácilmente identificables. Una información de Efe que se imprime o se difunde radiofónicamente con una redacción defectuosa daña el prestigio de la Agencia. Cuando el defecto consiste en falta de concisión y en redundancias, la economía de la transmisión sufre de manera importante.

1.3.   Es imprescindible por ello que se coincida en la aplicación de unos cuantos principios, para que el trabajo común propio de una agencia informativa se manifieste del modo más uniforme posible. Esa coincidencia no puede regularse con prescripciones positivas, que limitarían la capacidad creadora de los redactores, sino con advertencias que prevengan contra posibles defectos, inaceptables en nuestros despachos, o que resuelvan entre opiniones diversas.

1.4. ¿Es posible un estilo propio de agencia, caracterizado frente al de los periódicos? Para responder afirmativamente basta con considerar el que distingue a otras agencias mundiales. Requiere poseer unos rasgos especiales, dado que las informaciones son asumidas por el organismo difusor y se dirigen a destinatarios muy variados. Por ello en el trabajo de agencia se precisa una centralización del estilo que no tiene por qué producirse en los periódicos.

1.5. ¿Supone esto coartar la individualidad del periodista de agencia? En cierto modo, sí, como acontece en todas las tareas colectivas, que imponen el sacrificio de impulsos o deseos personales a la obra común. Pero es falsa la idea de que la individualidad se afirma mejor con una actitud «espontánea» ante el lenguaje. La espontaneidad, cuando se admira en grandes escritores, suele ser resultado de una gran disciplina. *Sólo el control de lo que acude espontáneamente a la pluma puede salvaguardar la individualidad.* El periodista tiene como medio de control la norma léxica y gramatical, tal como está estatuida por el consenso idiomático culto en nuestro momento. No obedecerla, por pensar que a él no le alcanza o por suponerla demasiado estrecha para su libertad, implica la renuncia a la posibilidad de ser un buen periodista. La originalidad más alta, como Paul Valéry enseñó, es la que puede lograrse dentro de las normas. La facultad de salirse del juego con éxito se concede a muy pocos.

1.6. Dentro de las exigencias de un lenguaje de agencia, la calidad del redactor se afirmará por la seguridad con que maneja el idioma, por el orden meditado a que sujeta la información y por el empleo consciente de los recursos que la norma estándar culta ofrece para graduar la animación del relato en función de su importancia objetiva, evitando por igual el desaliño y la afirmación de la personalidad por medios ajenos a dicha norma. Concebido como una disciplina que se acepta voluntariamente para lograr una tarea común bien hecha, el trabajo de la agencia puede resultar apasionante, y especialmente útil para los jóvenes periodistas.

1.7. Conseguir una neutralización del estilo —que no debe confundirse con un estilo «neutral», permanentemente insípido— constituye una obligación si se piensa en el importante papel que la Agencia Efe desempeña en la difusión y circulación del idioma, tanto en España como en América. La unidad de la lengua es un bien que importa defender en el seno de la comunidad hispanohablante. Hoy la prensa, la radio y la televisión ejercen una influencia idiomática superior a la del sistema docente. Sin exageración puede afirmarse que el destino que aguarda al español —o a cualquier otro idioma— está en poder de aquéllas, y la responsabilidad que corresponde a Efe es cuantitativamente muy superior a la que alcanza a un medio de difusión aislado. He aquí un motivo más, e importantísimo, para que el estilo de los despachos sea aceptable para todos, no vulnere los usos comunes, no acoja particularidades locales o de sectores, no difunda neologismos innecesarios o rasgos que obedecen a una moda pasajera, al estilo de unos pocos... A esta contención que, por un lado, protege la aceptabilidad de los despachos y su posible homogeneidad, y, por otro, contribuye a la unidad de la norma estándar culta en todos los ámbitos del idioma, es a lo que llamamos *neutralización del estilo*.

1.8.   Este manual trata únicamente de normas gramaticales y léxicas para el buen uso del español. Las normas específicas para la redacción técnica y eficaz de despachos informativos de agencia están recogidas en el libro *Normas básicas para los servicios informativos*, editado por la Agencia Efe a finales de 1988.

2.   Consideraciones generales

2.1.   El idioma es el instrumento con el que trabaja el periodista; tenerlo siempre a punto debe constituir su mayor preocupación. Ha de ser consciente de su responsabilidad social al emplearlo. La noticia es su objetivo, y el modo de redactarla, su obligación.

2.2.   No siempre lo mejor es lo primero que acude a la pluma. Si no se vigila el espíritu, si no se lo fuerza a esmerarse, suele segregar trivialidades. La rapidez con que un periodista debe escribir no es buena excusa para hacerlo con desmaño. La redacción de una noticia constituye un problema que, con prisas o sin ellas, debe resolverse bien. Una vez escrito el despacho, hay que releerlo, sometiendo a reflexión las *palabras* empleadas y los *giros* sintácticos, procurando abreviarlo sin mengua de la información, cerciorándose de que la noticia es transparente e *inteligible para cualquiera* en una primera lectura. Táchese y rehágase lo escrito cuantas veces sean precisas. El ideal ha de ser el de Lope de Vega, que dejaba «oscuro el borrador y el verso claro».

2.3.   El idioma no se aprende por mera impregnación del ambiente, por simple contagio. Se debe estudiar poniendo atención en la lectura de buenos escritores, y desconfiando del propio conocimiento. No es buena la actitud de muchos periodistas que escriben con absoluta despreocupación, sin preguntarse jamás si será razonable su manera de escribir; que cifran su ideal en el empleo de palabras recién oídas o leídas, plenas de «modernidad» *(economicidad, parámetros, contencioso);* que las forjan al buen tuntún *(nucleizar);* que les hacen decir lo que no significan *(extorsivo, agresivo, asequible);* que repiten hasta la náusea tópicos *(de alguna manera, en otro orden de cosas, en olor de multitud);* que se aferran a ciertos vocablos como si no existieran otros (*finalizar, inicio, «dossier»*), y que aún muestran mayor desenfado con la sintaxis. En gran medida, la comunicación periodística se realiza hoy gracias a que el lector suple la información defectuosa que se le sirve, y, si no puede suplirla, malentiende o entiende a medias. Hay que insistir en el consejo de releer y corregir reflexivamente antes de transmitir.

2.4.   La instrumentalidad que debe caracterizar al lenguaje se logrará si se evitan por igual la tentación literaria y la de oralizar el lenguaje aproximándolo en exceso a sus variedades habladas.

2.5.   Se literariza la expresión cuando ésta se considera como un fin en sí misma y se intenta atraer la atención sobre el modo de escribir, creando entre la noticia y el lector un espesor formal absolutamente impropio de los despachos que constituyen la masa informativa puesta en circulación por la agencia. El idioma conveniente debe ser de ordinario un delgado y transparente cristal.

2.6.   En el polo contrario se sitúa la tendencia, creciente en muchos medios de difusión, a redactar las noticias con la distensión e informalidad del idioma coloquial. Sin entrar a discutir la conveniencia o eficacia de esa tendencia cuando se manifiesta en la prensa, la radio o la televisión, ha de señalarse su inoportunidad en el caso de la agencia, que no debe tomar partido en cuestión tan discutible, optando siempre por no chocar, por no sorprender idiomáticamente. Como se ha dicho antes, se sirve a abonados que, en esto como en todo, sostienen puntos de vista muy diferentes, y la neutralización del lenguaje constituye el mejor sistema para no tomar partido.

2.7.   He aquí una muestra de estilo literarizado, absolutamente evitable. Sobran en este texto adjetivos, disyunciones, enumeraciones y metáforas, que le proporcionan una sobrecarga formal:

> *La magna* conferencia o *sesión especial* sobre el desarme comenzó en *la* ONU el pasado 23 de mayo (de 1978), y ha producido un *verdadero torrente* de *discursos, propuestas, advertencias, súplicas, manifiestos y predicamentos* (?) sobre el *mayor escándalo* de un *holocausto nuclear a escala global* (?) por la *loca* carrera armamentista (?) que se *lleva al año* la *astronómica* cifra de 400.000 millones de dólares.

2.8.   En esta otra noticia, por el contrario, se advierten rasgos coloquiales que no serían pertinentes en un despacho:

> Se empiezan a desvanecer los temores de que en el Senado *se carguen* todo el trabajo constitucional del Congreso o que, cuando menos, *torpedeen* el consenso los llamados independientes.

Naturalmente, ejemplos así no podrían esperarse de los redactores, y sólo aparecen aquí al servicio de la doctrina que se expone:

> Adviértase en este último texto cómo al hablar de «los llamados independientes» el periodista transparenta su subjetividad. Volveremos más adelante sobre estas cuestiones con más detalle. Proseguimos ahora con consideraciones generales.

2.9.   Entre ambos extremos, el literario y el oral, la opción por el estándar culto de carácter instrumental se impone, repetimos, en nuestro trabajo. Pero ese estilo no está codificado, no puede estudiarse en unos libros concretos. Es, como decía Fray Luis de León, refiriéndose al arte de escribir, «negocio de particular juicio». Conviene, sin embargo, fijar algunos criterios relativos a la actitud pertinente ante las normas académicas.

2.10.   Parece que dicha actitud debe consistir en aceptarlas. Suele hablarse con sumo desdén de «estilo académico» y «academicismo», identificándolos con la labor de la Academia. Subsiste así un prejuicio decimonónico, ya que fueron los románticos quienes acuñaron tales términos para oponerse a la pretensión normativa que caracterizaba a las academias europeas. El «academicismo» se perpetúa hoy en algunos escritores, pero no es cierto que la Academia lo patrocine. A esta corporación pertenecen poetas, dramaturgos y novelistas que no se distinguen precisamente por tal estilo, antes bien, que han contribuido a dotar al español de sus rasgos más modernos. Alejarse del «academicismo» (es decir, del período amplio, con abundantes proposiciones subordinadas, incisos, locuciones conjuntivas y prepositivas complejas, ranciedad de léxico, geometrismo en la composición, «pastiche» de los clásicos, etc.) no debe implicar apartarse de la doctrina filológica de la Academia, la cual no postula un *estilo* determinado, sino que trata de fijar una *norma léxica y gramatical,* extrayéndola de los usos lingüísticos compartidos por españoles e hispanoamericanos.

2.11.   Esto último es importante y debe relacionarse con lo que se decía en el párrafo 1.7.: La Academia Española trabaja en colaboración con sus correspondientes de América. En sus decisiones sobre el idioma interviene una Comisión Permanente, con sede en Madrid, a la que pertenecen varios académicos hispanoamericanos. Y, antes de consagrarlas como norma, son consultadas a todos los países de habla castellana. Tenerlas en cuenta implica, por tanto, contribuir a la unidad de la lengua. La norma académica puede resultarle insuficiente al artista creador, pero, en principio, parece válida y recomendable para el lenguaje periodístico.

2.12.   Sin embargo, tan sólo la norma ortográfica y, en buena parte, la morfológica pueden considerarse firmemente establecidas y casi unánimemente aceptadas y enseñadas por igual en España y en América. La norma léxica aparece recogida en el Diccionario que la Academia publica periódicamente (la vigésima primera edición es de 1992), con constante acrecentamiento de entradas y acepciones. Todos saben, sin embargo, que en el Diccionario «faltan cosas», en parte por descuido de sus redactores y en parte porque no se incorporan a él con la deseable rapidez vocablos y significaciones que nacen sin cesar. Pero otras veces faltan porque la Academia, razonablemente, se niega a sancionar ciertos usos idiomáticos por diversas razones: falta de difusión generalizada en los dominios del español; superfluidad del neologismo, cuyo empleo obedece a moda o ignorancia, y que no reemplaza ventajosamente a otro u otros vocablos castellanos, aumentando así la colonización del idioma; mala formación de la voz nueva, etc. La oposición nunca es definitiva. Si el vocablo continúa usándose y su incorporación al idioma se afianza, la Academia acaba acogiéndolo. Durante siglos se opuso al galicismo *avalancha*, sinónimo riguroso e innecesario del castellano *alud*, pero ya figura en el Diccionario. La Academia publica también un Diccionario Manual (1989), en el que registra con más liberalidad voces y acepciones de empleo más reciente, que no son censurables a no ser que el propio Diccionario Manual las censure.
En cuanto a la norma sintáctica, es sin duda la menos elaborada por la Corporación; la *Gramática* de 1931 y el *Esbozo* de 1971 contienen abundante material útil, pero ni de lejos resuelven todas las dudas que puedan plantearse.

Ante esas dudas, se debe procurar un comportamiento uniforme, en la medida de lo posible. Estas *Normas* no son sino un primer intento —y estímulo— para lograrlo, y es lógico que no hayan podido prever sino una parte muy pequeña de las dificultades que suelen presentarse. En lo que aquí no está aludido, procuren cuantos escriben proceder con buen criterio, prefiriendo lo que parezca más difundido, menos perecedero y más conforme con el genio de la lengua.

3.   Ortografía

3.1.   Se observará rigurosamente la ortografía fijada por la Real Academia Española. Se recuerdan aquí sólo algunas reglas que pueden ofrecer dudas.

3.2.   Se escribirá siempre *México, mexicano*, aunque se pronuncien Méjico, mejicano, para designar el nombre de este país y su gentilicio.

3.3.   Reglas generales de la acentuación gráfica.

* Llevan tilde (´):
— Las palabras **agudas** que acaban en **vocal, -n** o **-s:** *sofá, sillón.*
— Las palabras **graves** que no acaban en **vocal, -n** o **-s:** *césped, mármol, López.*
— Todas las palabras **esdrújulas** y **sobreesdrújulas:** *líquido, entrégueselo.*

3.4.   Acentuación de diptongos y triptongos.

* Si, según las reglas anteriores, el acento recae en una sílaba que lleva *diptongo*, la tilde ha de escribirse sobre la **vocal más abierta** (a, e, o): *miráis, huésped, vuélvase.*
* Si el diptongo es **ui** o **iu** la tilde se coloca sobre la última vocal: *benjuí, cuídate, interviú.* Esto sólo ocurre en las palabras agudas o esdrújulas.
* Si, según las reglas generales, el acento recae en una sílaba que lleva **triptongo,** la tilde ha de escribirse también sobre la **vocal más abierta:** *averiguáis, santiguáis.*

3.5.   Los monosílabos: tilde diacrítica.

• Los *monosílabos* no llevan tilde. Se exceptúan unos pocos, en los que la tilde diferencia dos valores distintos del monosílabo (*tilde diacrítica*).

él (pronombre) - *el* (artículo)
dé (de *dar*) - *de* (preposición)
sí (afirmación) - *si* (conjunción)
sé (de *saber* o *ser*) - *se* (pronombre)
aún (= todavía, y es entonces bisílabo) - *aun* (si no equivale a todavía, es monosílabo).
más (cantidad) - *mas* (= pero)
tú (pronombre personal) - *tu* (posesivo)
mí (pronombre personal) - *mi* (posesivo)
té (planta y bebida) - *te* (pronombre)
El pronombre *ti* no lleva tilde nunca.

• La palabra bisílaba **sólo** puede llevar tilde cuando es *adverbio* (equivale a «solamente»). Y no la lleva cuando es adjetivo: *Estuve* **solo** *toda la tarde*. Por supuesto, nunca llevan tilde **sola, solos, solas.**

3.6.   Vocales en hiato.

• Si dos vocales van en **hiato** (es decir, juntas, pero sin formar diptongo: *reo, leas),* se aplican estas reglas:
— Lleva tilde la vocal a la que corresponda llevarla según las reglas generales expuestas arriba: *le-ón, Dí-az, co-á-gu-lo.*
— Pero si la vocal tónica es *i* o *u*, llevará tilde, aunque no le corresponda llevarla según esas reglas. Así, la palabra *sonreír* es aguda acabada en *r:* no tendría, pues, que llevar tilde. Pero como su vocal tónica es *i*, y está en hiato con la *e* anterior *(son-re-ir),* se escribe la tilde de acuerdo con esta nueva regla. Y lo mismo sucede con: *caída, brío, leído, reúno, transeúnte, vahído, barahúnda,* etc.
Esta importante regla tiene una excepción: cuando las vocales en contacto son la *u* y la *i*, no ponemos tilde: *jesuita, destruir.*

3.7.   Escríbase:

> acrobacia no *acrobacía*
> expedito no *expédito*
> fútil no *futil*
> metamorfosis no *metamórfosis*
> periferia no *periferia*
> táctil no *tactil*
> cenit no *cénit*
> libido no *líbido*

3.8.   En las siguientes palabras es posible una doble acentuación; se recomienda la forma de la primera columna:

> alveolo o *alvéolo*
> amoniaco o *amoníaco*
> austriaco o *austríaco*
> cardiaco o *cardíaco*
> chófer o *chofer*
> conclave o *cónclave*
> dinamo o *dínamo*
> fútbol o *futbol*
> gladíolo o *gladiolo*
> medula o *médula*
> olimpiada u *olimpíada*
> omóplato u *omoplato*
> ósmosis u *osmosis*
> pabilo o *pábilo*
> pentagrama o *pentágrama*
> período o *periodo*
> policiaco o *policíaco*
> reuma o *reúma*

3.9.   La tilde en los demostrativos.

• No se acentúan nunca cuando van delante o detrás de un nombre y referido a él: *ese retrato, esos árboles, aquellas ventanas, el retrato este, los árboles esos, las ventanas aquellas.*
— Cuando funcionan como pronombres pueden llevar tilde si así lo desea el que escribe (no es, pues, obligatoria): *Traigo varios rega-*

los, **y este** (o **éste**) *es para ti* Pero tienen que llevarla obligatoria-
mente si, al no llevar tilde, la frase puede significar otra cosa: *Contaron* aquellas *cosas interesantes;* sin tilde, *aquellas* se referirá *a cosas;*
con tilde, aludirá a unas personas antes mencionadas, que contaron
cosas interesantes.

— Los demostrativos **esto, eso, aquello** nunca llevan tilde.

3.10.   La tilde en palabras interrogativas y exclamativas.

Hay varias palabras que llevan tilde cuando tienen significado
interrogativo o *exclamativo.* Y no la llevan cuando carecen de dicho
significado:

qué: Dime **qué** *prefieres.* - **¿Qué** *haces?* - **¡Qué** *fácil!*
cuál y cuáles: No sé **cuál** *es su libro.* **¿Cuál** *es?* **¿Cuáles** *prefieres?*
quién y quiénes: Ignoro **quién** *ha llamado -* **¿Por quién**
pregunta? **¡Quién** *lo tuviera!*
dónde y adónde: Yo sé por **dónde** *ha ido -* **¿En dónde** *está?*
¿Adónde *vas?*
cuánto(s) y cuánta(s): Quisiera saber **cuánta** *gente había allí.*
¿Cuántos *años tienes?* - **¿Cuánto** *cobra en la fábrica?* - **¡Cuánto** *he*
trabajado!
cuándo: Sólo él sabe **cuándo** *volverá -* **¿Cuándo** *recibiste la carta?*
cómo: No sé **cómo** *hacerlo.* - **¿Cómo** *se llama?* - **¡Cómo** *llueve!*

3.11.   Según se ha dicho, tales palabras no llevan tilde si no
tienen significado interrogativo o exclamativo.

Espero **que** *vuelvas pronto - Ha vuelto su padre, el* **cual** *ha traído*
muchos regalos - **Quien** *lo sepa, que lo diga - Estuvimos en el aero-*
puerto, **donde** *vimos varios aviones - Gasta* **cuanto** *gana - Estaba*
muy contenta **cuando** *la visité - Lo hice* **como** *me dijiste.*

• El hecho de que tales palabras vayan en una oración interrogati-
va o exclamativa no significa que tengan sentido exclamativo o interrogativo. Si no tienen tal sentido, no deben llevar tilde:

¿Eres tú **quien** *lo ha hecho?*   *¡Eres tú* **quien** *lo ha hecho!*
¿No es ahí **donde** *comimos?*   *¡No es ahí* **donde** *comimos!*
¿Vendrás **cuando** *te llame?*   *¡Vendrás* **cuando** *te llame!*

Observemos que la interrogación o la exclamación no se refiere a ellas, sino a otras palabras: **tú, ahí, vendrás.**

3.12. La tilde en las palabras compuestas.

En estas palabras sólo lleva tilde la última de sus componentes, si a la palabra compuesta le corresponde llevarla: *puntapié, vaivén, ciempiés, cefalotórax, decimoséptimo, cefalorraquídeo, entrevías, radiotelegrafía.*

• Pierde su tilde la primera palabra del compuesto, si la llevaba cuando era simple: *tiovivo, asimismo, decimoséptimo,* etc.

— Sin embargo, esta última regla no se aplica si los vocablos se unen mediante guión: *físico-químico, crítico-biográfico, guía-catálogo.*

— También la conserva, si la llevaba, el adjetivo inicial de los adverbios terminados en *-mente: cortésmente, ágilmente, rápidamente.*

— Mantienen también su tilde las formas verbales cuando se les añaden pronombres: *miróle, perdíme, dénos,* etc.; pero no en los casos de: *fuese, diole, dame,* etc.

• Si, al reunir dos o más palabras que no llevan tilde, resulta un vocablo compuesto esdrújulo, debemos ponerla:

Canta + le: cántale   *sepa + lo:* sépalo
da + me + lo: dámelo   *admiraba + se + le:* admirábasele

3.13. Se usarán las mayúsculas tal como suele hacerse en la prensa. Conviene no abusar de ellas. Recuérdese que no se emplean en las palabras *señor (-a), don, doña, usted, doctor, profesor.*

Se escribirán con letra inicial mayúscula:

1. Los atributos divinos, como *Criador* y *Redentor;* los títulos y nombres de dignidad, como *Sumo Pontífice; Duque de Osuna, Marqués de Villena;* los nombres y apodos con que se designa a determinadas personas, como *Alfonso el Sabio,* y particularmente los dictados generales de jerarquía o cargo importante cuando equivalgan a nombres propios, el *Papa,* el *Rey,* el *Presidente.*
2. Los tratamientos, si están en abreviatura, como *Sr. D. (señor don), U., Ud., V. (usted). Usted,* cuando se escriba con todas sus letras, no debe llevar mayúscula.

3. Los nombres de ciertas instituciones: la *Corona*, el *Parlamento*, el *Consejo de Ministros*. Los adjetivos que compongan el nombre de una institución, de un cuerpo o establecimiento: el *Supremo Tribunal de Justicia*, el *Museo de Bellas Artes*, el *Colegio Naval*, la *Real Academia de la Historia*.

4. Se escriben con minúscula inicial los nombres de los días de la semana, de los meses, de las estaciones del año y de las notas musicales.

5. La numeración romana se escribe hoy con letras mayúsculas, y se emplea para significar el número con que se distinguen personas del mismo nombre, como *Pío V, Fernando III;* el número de cada siglo, como el *XX* y *Era Cristiana*.

3.14. *Los signos de interrogación y de admiración* se ponen al principio y al final de la oración, si toda ella tiene carácter interrogativo o exclamativo. *¿Quién puede reconocer ya aquel viejo barrio?; ¡Mucho tiempo ha pasado desde entonces!* Si no, deben enmarcar sólo el trozo de oración o de período que posea tal carácter:

> Si está cargada de deudas, *¿qué porvenir aguarda a esa empresa?*
> Pero, *¿qué porvenir aguarda a esa empresa si está cargada de deudas? ¡El señor diputado miente!,* replicó el ministro del Interior.

3.15. Redúzcase al mínimo el empleo de los *paréntesis; si* parecen necesarios, se preferirán las rayas:

> Por razones ya conocidas —*fueron expuestas en su nota del día 12*— la Asociación ha decidido...

3.16. Las *comillas* enmarcan citas textuales. Deben usarse con sumo tiento: sólo cuando se esté totalmente seguro de que lo citado es rigurosamente literal.

3.17. Se emplearán siempre que haya que escribir palabras extranjeras o de otras lenguas españolas: «dumping», «stock», «seny». Fuera de estos casos, hay que ser parcos en su uso; es una falsa pulcritud la que mueve a muchos a colocarlas a troche y moche, escribiendo cosas así:

> Se prepara un otoño «caliente».

> El Atlético fue recibido «de uñas» por su «hinchada».

3.18.   Uso del guión. El guión es un signo ortográfico consistente en una rayita horizontal (-) que se usa:

1.   Al fin del renglón que termina con parte de una palabra cuyo resto debe escribirse al principio del renglón siguiente.
2.   Para unir los dos componentes de algunos adjetivos cuando ambos conservan su valor significativo: hojas *aovado-lanceoladas*, guerra *franco-prusiana*, pacto *germano-soviético;* no cuando los adjetivos funden sus respectivos significados en uno nuevo: comunidad *grecochipriota*, pueblos *hispanoamericanos*.
3.   Entre dos o más nombres propios que se juntan para indicar los coautores de algo: Tratado *Briand-Kellog*, Reunión *Roosevelt-Churchill-Stalin*.
4.   Para separar dos o más adjetivos que califican conjuntamente a un sustantivo: Museo *histórico-geográfico*, Instituto *económico-político-sociológico*.
5.   Los compuestos de dos sustantivos pueden escribirse en dos palabras separadas o unidas con guión: *coche bomba, coche-bomba; camión cisterna, camión-cisterna; hombre rana, hombre-rana; buque escuela, buque-escuela*. (La Academia recomienda que se escriban sin guión, ya que no lo necesitan.)
6.   Para unir palabras, cifras, siglas, palabras y cifras o cifras y palabras entre las cuales se omite una preposición: *pasajeros-kilómetro; kilómetros-hora*, partido de fútbol *Barcelona-Madrid*, acercamiento *UGT-CC.OO.*, relación *madre-hijo-nieto*.
7.   En los compuestos en que se antepone un prefijo a un nombre escrito con mayúsculas, a una sigla o a una cifra: *anti-Arias, anti-OTAN, sub-15*.
8.   Después del prefijo de una palabra cuando ésta queda aislada de él por la interposición de otro u otros prefijos: palabras *bi-, tri-* o *polisilábicas*.
9.   Entre las cifras que indican los años inicial y final de un espacio de tiempo; por ejemplo, de la vida de una persona: Juan Martínez Sánchez *(1902-1984);* o siguiendo a la fecha que indica el principio, cuando no se ha producido aún el fin: Pedro Rodríguez Fernández *(1912-)*.
10. Entre las cifras que indican las páginas en que se expone algo ininterrumpidamente.

Se usa un guión más largo que los anteriores:

1. Para aislar oraciones incidentales, sintácticamente desligadas del período. El uso del guión es igual entonces al del paréntesis.
2. Para indicar el cambio de interlocutor en un diálogo o en una entrevista.
3. Para suplir al principio de línea o párrafo, en índices y otros escritos, la palabra o nombre propio con que empieza otra línea u otro párrafo anterior.

3.19. No se utilizarán nunca abreviaturas.

3.20. Sólo se emplearán las siglas más conocidas sin aclarar su significado y sin separarlas con puntos: ONU, UNESCO, UNICEF, OEA, ICONA, PSOE, etc. Pero, en la duda, conviene explicarlas una vez, entre paréntesis. Se recomienda el empleo del *Diccionario internacional de siglas*, de José Martínez de Sousa (Editorial Pirámide). Véase el capítulo «Siglas» de este Manual.

3.21. Los despachos deben ir pulcramente puntuados. Por comodidad, se recuerdan aquí las normas fundamentales sobre el empleo de la *coma, punto y coma, dos puntos* y *punto*.

3.22. La *coma* corresponde a una pequeña pausa que se hace al hablar y que exige el sentido. De ahí que, para colocar las comas correctamente, convenga releer el escrito en voz alta (o silenciosamente) fijándose en esas pausas breves. Tales pausas suelen coincidir con el final de entidades gramaticales bien definidas, lo cual permite formular algunas reglas de validez general. He aquí las principales. Se separan con coma:

a) Los elementos de una serie de palabras o de grupos de palabras, incluso oraciones, de idéntica función gramatical, cuando no van unidos por conjunción:

Los obreros, los empresarios, el gobierno, están de acuerdo en ello.

Arregla la casa, lleva los chicos al colegio, trabaja en una oficina y escribe novelas.

b)   Los vocativos:

> *Camarero,* tráigame un café.

> Oigo, *patria,* tu aflicción.

c)   Los incisos que interrumpen momentáneamente el curso de la oración:

> Yo, *que ignoraba la causa,* me asusté.

> En octubre, *aseguran los rumores,* habrá crisis.

> Hazme caso, *te lo suplico,* y no acudas a la cita.

d)   Las locuciones y adverbios *sin embargo, efectivamente, en realidad, con todo, por ejemplo, en primer lugar, por último, esto es, es decir, por consiguiente, no obstante,* etc. (la enumeración total sería interminable; hágase siempre la prueba de «oír» lo que se escribe):

> Yo, *naturalmente,* me negué a aquella indignidad.

> La luz, *sin embargo,* permaneció encendida.

> Estaba allí, *efectivamente.*

e)   Se escribe igualmente coma detrás de una proposición subordinada cuando precede a la principal:

> *Cuando viene,* se aloja en ese hotel.

> *Para no olvidarme,* hice un nudo en el pañuelo.

> *Como no ha llegado aún,* no he podido hablar con él.

> *Aunque me lo jures,* no me lo creo.

f)   Detrás o delante de la prótasis condicional (es decir, la proposición encabezada por *si*).

> *Si lo ves,* dile que lo espero. Dile que lo espero, *si lo ves.*

Y ante las subordinadas consecutivas:

> Había tanto humo, *que no se podía respirar.*

g) Se pone *coma* antes de la aposición nominal, y también después, si no termina con ella la frase:

> Miguel Delibes, *autor* de la novela, ha manifestado....

> «Luces de la ciudad», *película* de Chaplin, obtuvo un gran éxito.

h) Lo mismo vale para la aposición adjetival:

> *Digna*, se marchó sin saludar.

> El diputado, *firme* en su enmienda, insistió una y otra vez.

i) La *coma* aparece en lugar de un verbo que se omite por ser el mismo de la oración anterior:

> *Yo asistí al fútbol; Carlos, a los toros.*

> *La Guardia Civil* patrulla por los pueblos, y la *Policía Nacional*, por las ciudades.

j) Nunca la *coma* debe separar el sujeto del predicado. Serían incorrectas estas puntuaciones:

> *Un tren procedente de Barcelona,* chocó con otro que estaba detenido en Sitges.

> Una fuerte *tormenta,* arrasa los viñedos riojanos.

k) ¿Puede haber *coma* delante de la conjunción *y?* Sí, cuando ésta une oraciones de cierta extensión, con distinto sujeto:

> *La Guardia Civil* patrulla por los pueblos, y la *Policía Nacional*, por las ciudades.

Y en construcciones como la siguiente:

> «Unos chillaban, otros gesticulaban con violencia, *y no pude enterarme de nada.*» Obsérvese que esta última oración es heterogé-

nea semánticamente respecto de las dos que la preceden. Cosa que no ocurre en el ejemplo siguiente, donde la última oración forma parte de una serie homogénea, por lo cual no debe ir precedida de coma:

«Arregla la casa, lleva los chicos al colegio, trabaja en una oficina y *escribe novelas.*»

3.23. El *punto y coma* marca una pausa mayor que la coma, y menor que el punto.

a) Normalmente, va detrás de trozos de oración seriados que poseen una autonomía superior a la que marca la *coma:*

> *Quienes conducen sin respetar las señales de tráfico, saltándose los semáforos; quienes jamás se detienen ante los pasos de cebra; los que estiman que el coche les otorga superioridad sobre los peatones; los que insultan a quien hace uso de sus derechos en la calle o reprenden su mal comportamiento, son ejemplares muy peligrosos de la moderna fauna ciudadana.*

b) Separa oraciones completas íntimamente relacionadas y de cierta extensión (porque, si fueran cortas, se separarían con *comas):*

> *Hay diversos tipos de escritores: los que persiguen el éxito a toda costa halagando los gustos del público; los que tratan de imponer su gusto haciéndose con un público fiel, y, por último, los que escriben sin tener en cuenta los gustos del público.*

c) Especialmente frecuente es la necesidad de emplear el *punto y coma* para separar cláusulas donde hay ya comas; véanse los ejemplos anteriores, y este otro:

> *El público, acabado el mitin, inició la salida; más que entusiasmado, mostraba fatiga; la gente hablaba de los oradores con decepción.*

d) En todo período de alguna extensión se pondrá *punto y coma* antes de las conjunciones adversativas *mas, pero, aunque, sin embargo, etc.*

> *Salieron los soldados a media noche y anduvieron nueve horas sin descansar; pero el mal estado de los caminos malogró la empresa.*

Cuando la cláusula sea corta, bastará una simple *coma* antes de la conjunción; como en «Vendrá, *pero tarde*»; «Lo hizo, *aunque de mala gana*» (*Esbozo* de la Academia, página 147).

e) Siempre que a una oración sigue, precedida de conjunción, otra oración que, en orden a la idea que expresa, no tiene perfecto enlace con la anterior, hay que poner al fin de la primera *punto y coma,* según lo aclarará el ejemplo siguiente:

> *Pero nada bastó para desalojar al enemigo, hasta que se abrevió el salto por el camino que abrió la artillería; y se observó que uno solo se rindió a la merced de los españoles (Solís).*

Si después de la palabra *artillería* sólo se pusiese *coma,* la oración y *se observó,* etc., vendría regida por la preposición *hasta* y cambiaría mucho el sentido (*Esbozo, ibid.*), aunque lo correcto sería no poner tampoco coma.

3.24. Los *dos puntos* se utilizan principalmente en los siguientes casos:

a) Para anunciar una cita literal en estilo directo:

> El Presidente añadió: *«El próximo jueves me reuniré con los líderes sindicales.»*

b) Para anunciar una enumeración:

> Hay dos motivos por los que no voy a esa conferencia: *el tema no me atrae y la hora no me conviene.*

> Por razón del acento, hay tres clases de sílabas: *protónicas, tónicas y postónicas.*

c) Al revés, para cerrar una enumeración y comentar lo que ella representa:

> Buenos amigos, excelente humor y despreocupación: *he aquí lo que puede hacer grata una reunión.*

d) Al comienzo de una oración que extrae una conclusión o presenta la causa de lo que acaba de afirmarse en la anterior:

> Era tarde, estábamos lejos, nos divertía más pasear...: *decidimos no ir al cine* (conclusión).

> Nada hay más repugnante que la embriaguez: *degrada al hombre* (causa).

e) Preceden, como se ve en las reglas anteriores, a los ejemplos.

f) Siguen a los encabezamientos de cartas, instancias, etc.

3.25. El *punto* separa entre sí unidades autónomas de cierta extensión, cuando es obligado hacer notar esa autonomía, o cuando se desea conferírsela. Va siempre al final de una oración (pero no todas las oraciones van seguidas de punto):

> *Al caer la tarde, volvimos al hotel. El portero nos entregó el telegrama, y quedamos estupefactos. Hicimos las maletas, pedimos un taxi y salimos rápidamente hacia la estación.*

El *punto y seguido* separa oraciones dentro del parágrafo (es decir, dentro de la unidad formada por oraciones que desarrollan un mismo núcleo temático). El *punto y aparte* separa parágrafos.

4. Notas sobre pronunciación

4.1. La Agencia EFE, además de elaborar información escrita, cuenta con un departamento de radio y otro de televisión en los que no sólo deben tenerse en cuenta las normas de corrección morfológicas, sintácticas y léxicas, sino que también son importantes las que se refieren a la correcta pronunciación y entonación del español. Las siguientes notas están, pues, dirigidas a los locutores de dichos departamentos.

4.2. Las letras *b* y *v* representan un único fonema, el fonema *b* (bilabial sonoro). Por tanto, se pronuncian igual en las palabras Barcelona y Valencia.

4.3. La *b* suena plenamente en palabras como *abstenerse, abstemio, abstraer, obstrucción, obstante,* etc.

4.4. El *seseo,* es decir la pronunciación de las letras *c* y *z* como *s,* es característico de las hablas meridionales y del español de América. Esta pronunciación está admitida por la norma culta. No así el *ceceo* (pronunciación de la *s* como *z*).

4.5. Debe pronunciarse la *c* en final de palabra como *k: bloc, coñac, cinc,* etc. En el grupo *ct,* la *c* debe sonar como *k,* y nunca como *z*.

4.6. No es recomendable la pronunciación de la *ch* como si se tratara de la secuencia inglesa *sh*. Por ejemplo *mushasho,* en lugar de *muchacho*.

4.7. La *d* debe pronunciarse en todas las palabras terminadas en *ado, ido: cantado, temido, sufrido, abogado, diputado,* etc. También la *d* debe sonar en final de palabra como *d* y no como *z*.

4.8. Conviene contribuir al mantenimiento de la diferencia entre la *ll* y la *y,* pero el *yeísmo,* o pronunciación de la *ll* como *y,* dada su gran difusión, no debe considerarse incorrecto.

4.9. En los nombres propios catalanes, procúrese pronunciar la *ll* final: *Sabadell.*

4.10. Aunque se ha admitido la omisión de la *p* en algunos grupos, conviene pronunciarla en el uso hablado culto y conservarla en la escritura (*psicología,* no *sicología*).

4.11. Conviene mantener la pronunciación de la *t* en los grupos *t* más *consonante (Atlántico, ritmo, istmo,* etc.).

4.12. La *w* suena como *b* en *Wenceslao.* Debe evitarse pronunciar la *w* en palabras alemanas (*Wagner, Werner, Ludwig, Willy, Wilhelm,* etc.) como la *w* inglesa. Pronúnciese como la *v* francesa, italiana o valenciana.

4.13. Los locutores deben tratar de pronunciar bien los nombres extranjeros. En cuanto a los nombres procedentes de países en cuya lengua no se utiliza el alfabeto latino, véanse los capítulos de este libro: «Sobre transcripción» y «Lista de Gobernantes». Y el capítulo «Informes y aclaraciones sobre onomástica, toponimia, gentilicios, transcripciones y traducciones» del *Vademécum de Español Urgente* (Agencia EFE, Madrid, 1992).

4.14. Debe evitarse el amaneramiento de la entonación de la mayor parte de los locutores, que, al leer las noticias, no lo hacen como españoles, sino con una entonación y unas pausas muy extrañas, con cierta influencia del inglés, de tal forma que están creando una nueva forma de hablar en nuestra lengua totalmente ajena a las normas prosódicas españolas. Los principales defectos de esa forma de hablar son:

a) La acentuación enfática de las sílabas átonas, con clara tendencia a hacer esdrújulas muchas voces que no lo son.

b) La desaparición de la sinalefa entre la vocal final de una palabra y la vocal átona de la palabra siguiente.

c) El cambio en la entonación al final de las frases.

5. Morfología

5.1. Conviene generalizar el *femenino* a los nombres de profesiones o cargos cuando éstos son desempeñados por mujeres: la *abogada,* la *catedrática,* la *médica,* la *ministra,* la *diputada.*

5. 2. Ténganse en cuenta los géneros correspondientes a las siguientes voces:

el orden del día (de una reunión)	no	*la orden del día*
la agravante	no	*el agravante*
la atenuante	no	*el atenuante*
la eximente	no	*el eximente*
la interrogante	no	*el interrogante*

5.3. Constituye un problema difícil de resolver el *plural* de ciertos vocablos latinos empleados corrientemente en español, como *plácet, réquiem, accésit, tedéum, déficit, superávit, ultimátum.* Conviene evitarlos, dando a la frase el giro conveniente. Así, en vez de *Los embajadores en Brasil y China están pendientes de recibir los correspondientes plácets,* puede escribirse: *Los embajadores (...) de recibir el plácet correspondiente.*

Otros ejemplos:

> *Se cantará un tedéum* (y no *Se cantarán tedéums*) *en todas las catedrales.*

> *Todas las industrias presentan déficit* (y no *déficits*).

> *Año tras año, el superávit* (y no los *superávits*) *ha ido creciendo.*

5.4.   Hispanícense *armonium, máximum, mínimum y currículum,* como *armonio, máximo, mínimo* y *currículo,* con lo cual desaparece la dificultad para formar el plural.

5.5.   La Academia aconseja el *memorándum* y *los memorándum, el referéndum* y *los referéndum.* Y proscribe *memorándumes* y *referéndumes.*

La solución aconsejada no resuelve el problema. Es mejor mantener los singulares latinos *memorándum, referéndum,* y adoptar como plurales *memorandos y referendos.*
Aunque, siempre que se pueda, conviene acogerse a la norma 5.3.

5.6.   Está muy extendida, y es aconsejable, la distinción numeral latina el *desideratum* y los *desiderata.*

5.7.   Dificultades mayores plantean los neologismos tomados de idiomas modernos. La Academia no se ha pronunciado, en la mayoría de los casos, acerca de qué forma darles y cómo formar su plural. El problema estriba en que, al añadirles simplemente una -s cuando acaban en consonante, se crean grupos consonánticos impronunciables o contrarios a la fonología del español. He aquí algunos casos ya resueltos por la Academia misma:

standard	como	*estándar*	*(estándares)*
carnet	como	*carné*	*(carnés)*
chalet	como	*chalé*	*(chalés)*
parquet	como	*parqué*	*(parqués)*
film	como	*filme*	*(filmes)*
club	hace su plural		*(clubes)*
smoking	como	*esmoquin*	*(esmóquines)*
slogan	como	*eslogan*	*(eslóganes)*
cock-tail	como	*cóctel*	*(cócteles)*
clown	como	*clon*	*(clones)* [mejor *payaso]*

5.8.   Los apellidos mantendrán su forma singular, aunque se aluda a ellos en plural: los *Baroja,* los *Machado,* los *Madrazo,* los *Quintero,* los *Solís,* los *López.* Aunque la Academia admite el plural con -s o -es (los *Barojas,* los *Ferranes),* y ante la vacilación existente, conviene unificar los criterios del modo expuesto.

Excepción: los nombres de dinastías (los *Austrias,* los *Borbones).* Y, por supuesto, los nombres propios convertidos metonímicamente en comunes: «En el Prado hay muchos *goyas.*»

5.9. La Academia acepta *vermut,* pero no se define sobre el plural, que tendría que regularizarse ridículamente como *vermutes, o* hacerlo irregular *(vermuts).* Conviene favorecer las formas *vermú, vermús,* ya muy difundidas. Ha registrado, en cambio, *cabaré* para regularizar el plural: *cabarés.*

5.10. La formación del plural de voces españolas no ofrece dudas; en cualquier caso, consúltese el *Esbozo* académico. No obstante, téngase en cuenta que los plurales de *guardia civil* y *guardia marina* son *guardias civiles* y *guardias marinas.* Y que para el de *esquí* es aconsejable *esquís.* Al preferir esta forma, la Academia consagra la tendencia popular a formar el plural de las voces acabadas en vocal tónica añadiendo una -s (y no -es). No obstante, con -es forman el plural los gentilicios de países orientales o arabófonos: *israelíes, iraquíes,* etc. Plural de *No* y *Sí:* preferible *noes* y *síes.*

5.11. Los treinta primeros *números cardinales,* que constan de una sola palabra gráfica, se escribirán con letras, salvo si se refieren a fechas. Los siguientes, con cifras sólo («A 138 ascienden las víctimas de...»), o con cifras y palabras («Se calculan en 630 mil las nuevas declaraciones de renta...»; «El costo de las obras ha sido de 1.126 millones de pesetas»).

5.12. Ningún párrafo debe comenzar con un numeral escrito con cifras.

5.13. El empleo de los *ordinales* está dando lugar a frecuentes confusiones. Recuérdese que el sistema ordinal es el siguiente:

    1.°   *primero (primer)-a*
    2.°   *segundo -a*
    3.°   *tercero (tercer)-a*
    4.°   *cuarto -a*

5.°	*quinto -a*
6.°	*sexto -a*
7.°	*séptimo -a*
8.°	*octavo -a*
9.°	*noveno -a*
10.°	*décimo -a*
11.°	*undécimo -a*
12.°	*duodécimo -a*
13.°	*decimotercero (decimotercer)-a*
14.°	*decimocuarto -a*
15.°	*decimoquinto -a*
16.°	*decimosexto -a*
17.°	*decimoséptimo -a*
18.°	*decimoctavo -a*
19.°	*decimonoveno -a*
20.°	*vigésimo -a*
21.°	*vigesimoprimero -a*
22.°	*vigesimosegundo -a*
30.°	*trigésimo -a*
31.°	*trigesimoprimero-a*
40.°	*cuadragésimo -a*
50.°	*quincuagésimo -a*
60.°	*sexagésimo -a*
70.°	*septuagésimo -a*
80.°	*octogésimo -a*
90.°	*nonagésimo -a*
100.°	*centésimo -a*
200.°	*ducentésimo -a*
300.°	*tricentésimo -a*
400.°	*cuadringentésimo -a*
500.°	*quingentésimo -a*
600.°	*sexcentésimo -a*
700.°	*septingentésimo -a*
800.°	*octingentésimo -a*
900.°	*noningentésimo -a*
1.000.°	*milésimo -a*

5.14.   Pero los cardinales pueden funcionar como ordinales a partir del 10.°: *capítulo décimo* o *capítulo diez;* el *sexagésimo aniversario* o *el sesenta aniversario.*

5.15.   Se tenderá a utilizar los ordinales entre el 1° y el 20°: «En la *decimoctava* etapa de la vuelta...»; «Al cumplirse el *undécimo* aniversario de...».

Y los cardinales siempre, a partir del 21°: «*La setenta y cinco* promoción de...»; «La *veintiséis* edición de...»; «Ayer se celebró la *ciento cincuenta* representación»; «Página *trescientas veinticuatro*», «El folio *trescientos doce*».

Los cardinales conciertan siempre en género con el sustantivo al que se refieren: Folio *trescientos* veinte, página *trescientas* veinte.

5.16.   Observación importante: Constituye grave error utilizar los *partitivos* en lugar de los ordinales, y hablar, por ejemplo, de «la *onceava* edición de un libro», «la *dieciochava* sanción de...».

5.17.   Manténgase bien la concordancia de *un, una* en los cardinales compuestos: «*veintiún* países», «*veintiuna, treinta y una* pesetas», etcétera.

5.18.   En la conjugación hay que evitar un error cada vez más difundido: *preveyó, preveyera* y *preveyendo*, del verbo *prever*, en vez de las formas correctas *previó, previera* y *previendo* (debe conjugarse como *ver*, pero se confunde equivocadamente con *proveer*).

5.19.   El verbo *agredir* es defectivo: se usan las formas que mantienen la -i del tema: *agredimos, agredía, agredirá, agredió, agrediera*, etc..., y también algunas otras impuestas por el uso moderno, sobre todo de los presentes de indicativo y subjuntivo.

5.20.   La misma regla debe observarse en los verbos *abolir, transgredir* y *preterir.* Y también en *balbucir,* pero en éste las formas que no son utilizables pueden suplirse con las correspondientes a *balbucear.*

6. Léxico

6 .1. Como criterio general, ha de evitarse el empleo de palabras o de acepciones no registradas en el Diccionario, cuando posean en éste equivalencias claras. Por ejemplo, mejor que *reinserción,* vocablo sin curso reconocido en el idioma, empléese *reintegración.* Se recomiendan estas sustituciones, para lo cual convendrá manejar normalmente los diccionarios de la Academia y de María Moliner, y la parte ideológica del de Casares, para recordar o hallar las posibles voces equivalentes. Es preciso evitar a toda costa los defectos de que se hablaba en el párrafo 2.3.

6.2. Muchas de las extravagancias léxicas que hoy pululan en los medios de información no son achacables a los periodistas, sino a sus fuentes. En efecto; son los políticos, la Administración, los tecnócratas, quienes, con fines muy diversos —que van desde el deseo de singularizarse hasta el de velarse—, ponen en circulación neologismos, muchas veces efímeros: «*instancias* unitarias», «*auto-convocatorias*», etc.; el uso de tales voces se extingue con rapidez. Palabras de ese jaez pueden aparecer en las citas textuales de quienes las emplean; fuera de ese caso, el redactor debe ponerse de parte de la lengua española; es decir, de parte de sus lectores. Toda vigilancia será poca para mantener un criterio que nos aleje por igual de un purismo infecundo y de la indefensión idiomática.

6.3. Se recomienda la variedad de vocabulario; hoy, el léxico periodístico resulta aflictivamente pobre. Muchas palabras se repiten hasta producir fatiga. Así, los actos, los plazos, etc., *finalizan* siempre (no *acaban, terminan* o *concluyen*). Ya no hay *cábalas, cálculos, presunciones, rumores, sospechas, indicios, suposiciones...;* todo son *especulaciones* a la inglesa. Y de origen inglés son el *prioritario* que ha desplazado a *preferente,* y la *prioridad* que ha jubilado en los periódicos a *preferencia* y *prelación*. Se emplea también en exceso el verbo comodín *realizar*.

6.4. En la última parte de este Manual se ofrece una relación de palabras y giros que circulan hoy, a propósito de los cuales se hacen observaciones. Es propósito de la Agencia ampliar esa lista con cierta periodicidad. No figuran ni figurarán sólo neologismos, sino advertencias acerca de la mala utilización de voces y construcciones patrimoniales, y de sus deformaciones.

6.5. Porque, efectivamente, éstas se producen con relativa frecuencia. Por ejemplo, cuando en la prensa se dice de una persona que es *asequible,* queriendo significar que es *accesible;* cuando se habla de obtener resultados *más óptimos;* o cuando se asegura que algo *atenta* a los principios democráticos. En los anecdotarios chuscos del idioma quedará el vocablo *autosuicidio,* que tanto se empleó al disolverse las Cortes orgánicas.

6.6. Especial cuidado debe ponerse en eliminar las locuciones prepositivas *en base a* y *a nivel de,* que están devastando el sistema de preposiciones. No debe escribirse nunca: «Podemos afirmarlo *en base a* los datos de que disponemos», sino *«... según* los datos» (o *«basándonos en los datos...»).* Ni «El asunto será tratado a *nivel* de ministros económicos», sino *«por* los ministros económicos».

6.7. Rehúyanse los tópicos tropológicos. Quien acuñó la metáfora *la geografía española* (por *España, la nación, el país,* etc.), acertó personalmente. Pero es enojosa y empobrecedora del estilo su repetición. En ese mismo caso se encuentran expresiones como *dar luz verde, meter un gol* (a alguien), *en olor de multitud, a lo largo y a lo ancho de, la serpiente multicolor, el arco iris de los partidos,* etcétera.

6.8. Según se veía en el párrafo 2.12., no todo el léxico está registrado en los diccionarios. Por razones incomprensibles faltan a veces vocablos normalísimos. Sería absurdo que el respeto al canon académico nos privara de usarlos. *Empléense todas las palabras que, sin tener equivalencia con otra ya existente, parecen firmemente instaladas en la lengua, según el instinto idiomático.* Pero hágase deliberadamente, previa reflexión, sin olvidar que es «negocio de particular juicio» el decidir sobre su superfluidad, su carácter efímero, su adecuación al sistema de la lengua... Aunque, si están ya en el uso común y no responden a moda o capricho, ninguna responsabilidad nos alcanza por emplearlas. Hasta hace poco, la Academia no había aceptado *competitividad* (ni *competitivo)*, para significar la capacidad de los productos y servicios para competir en precio y calidad con otros análogos; pero era palabra necesaria. *Ofertar* es evitable como mero sinónimo de *ofrecer* («me *ofertó* un refresco»), pero no cuando significa «presentar una propuesta para contratar». En cambio, la palabra *economicidad,* que ahora empieza a difundirse (Hay que analizar la *economicidad* de la empresa), es totalmente inútil: equivale a *rendimiento(s) económico(s).*

6.9.   Los nombres de partidos, instituciones, organismos, etc., en lengua vasca, gallega o catalana, se darán junto con su traducción al castellano (entre paréntesis), si no han alcanzado la suficiente difusión pública. No obstante, se mantendrán sin traducir cuando su significación resulte transparente.

6.10.   Se transmitirán directamente en castellano vocablos como *Presidente, Consejo, Consejero, Junta,* etc. Pero se mantendrán en su lengua originaria los que perderían matices interesantes al traducirlos (por ejemplo: *lehendakari, conseller en cap).* En estos casos, procédase como se indica en 6.9.

7. Observaciones gramaticales

7. 1. Los párrafos pueden constar de una sola oración. No puede darse una regla constante, pero siempre es mejor repartir el contenido en dos o más oraciones que conducir al lector por meandros y desvíos como los siguientes:

> *La conveniencia de reducir la población activa a través del aumento de edad de escolarización y disminución de la edad de jubilación es una de las medidas que, sin perjuicio de la adopción de otras más concretas y del incremento de la inversión, el ministro de Trabajo considera necesarias para luchar contra el desempleo, según ha manifestado en una conferencia de prensa.*

Aparte de la longitud excesiva de este párrafo, y de su intrincamiento sintáctico, se observan los siguientes defectos:

a) *La conveniencia* no puede ser *una de las medidas*.

b) Si *las medidas* consisten en el *aumento de la edad escolar* y en la *disminución de la edad de jubilación*, serán dos, y no *una de las medidas* como ahí se dice.

c) «Sin perjuicio de la adopción de otras y del incremento de la inversión...»: esta última, el *incremento de la inversión*, ¿no es una medida concreta?

d) La locución prepositiva *sin perjuicio de* significa «dejando a salvo»; el redactor la utiliza equivocadamente, en vez de *junto con* o *además de*.

e) El sujeto lógico de la noticia (*el ministro*) y el predicado verbal (*considera necesarias*) no aparecen hasta las líneas cuarta y quinta.

f) El periodista confunde *escolaridad*, «conjunto de años y de materias que constituyen un ciclo docente», con *escolarización*, «acción y efecto de escolarizar, de proporcionar enseñanza a los ciudadanos».

7.2. El orden de los elementos oracionales será, como norma, el llamado orden «lógico»: sujeto, verbo, complemento directo, indirecto y circunstanciales. Tal tipo de secuencia produce siempre buenos resultados y contribuye a la neutralización del estilo. Sin embargo, se confía al buen tino de los redactores la posibilidad de alterarla, en función de la *claridad,* del *interés y* de la *animación* de la noticia, ya que la clave del texto, cuanto antes se exponga, mejor; podría ir, incluso, en cabeza del párrafo. No se advierte, en cambio, ninguna ventaja en estructuras como las siguientes:

> *Un pacto de defensa con los Estados Unidos, si llegara la ocasión, podría aceptar Israel.*

> *Ha presentado su dimisión, para dejar paso a una coalición de tres partidos formada por el presidente del partido centrista-progresista, Olafur Johannesson, el gobierno provisional de Islandia, presidido por Geir Hallgrimsson.*

Y es muy aconsejable remitir las precisiones numéricas y las fechas al final del párrafo. No escribamos:

> *Dos argelinos, un italiano y tres venezolanos formaban la banda de traficantes de cocaína detenida ayer por la policía.*

> *Hasta el día 15 se prorroga el plazo de presentación de declaración de la renta.*

Es mucho mejor el siguiente orden:

> *El plazo de presentación de declaración de la renta se ha prorrogado hasta el día 15.*

7.3. Dentro de la oración compuesta, la proposición principal normalmente debe preceder a la subordinada:

> Está sufriendo alteraciones el servicio telefónico de Llançá, Colera, Port-Bou y Port de la Selva *porque el incendio forestal declarado en una amplia zona del Alto Ampurdán ha afectado al tendido de líneas.*

47

El policía Rogelio Zamora Sito fue atacado anoche en la calle por dos desconocidos *cuando se dirigía a tomar el servicio.*

Un nuevo accidente automovilístico se produjo ayer *en el mismo lugar en que el domingo arrolló un camión a un turismo, y por el mismo motivo...*

Ha causado sorpresa *que el gobernador baya prohibido el homenaje a X organizado por...*

La anteposición de las proposiciones subordinadas en estos ejemplos apenas podría justificarse: obedecería a mero capricho. Pero, claro es, el redactor estimará circunstancias en que el adelantamiento resulte conveniente.

Por lo demás, nada menos regulable que el orden de palabras en la proposición, y de las proposiciones en la oración compuesta. Ese orden está sujeto a impulsos rítmicos, emocionales y a intenciones no previsibles. En gran medida, es una cuestión pragmática. Y muchas veces lo determina el contexto. En definitiva, se recomienda naturalidad adecuada a la noticia y a su interés intrínseco.

7.4. Se recomienda vivamente la exacta colocación de los complementos. Hay una tendencia viciosa a separarlos del término complementado, lo cual puede producir ambigüedades extravagantes, ayudadas no pocas veces por una puntuación defectuosa. Ejemplos:

«El taxi se encontraba en las afueras de la ciudad, cerca de un edificio destinado a almacén *con las puertas abiertas.»* (En vez de: «El taxi se encontraba *con las puertas abiertas* cerca de un edificio destinado a almacén.»)

«Los objetores habían *ajustado (?)* las cadenas a unos postes *con candados.»* (Por: «Los objetores habían sujetado las cadenas *con candados* a unos postes.»)

«No se celebró la manifestación anunciada para hoy en la Plaza Mayor *en protesta por la falta de potabilidad del agua.»* (En lugar de: «No se celebro la manifestación *de protesta contra la falta de potabilidad del agua,* anunciada para hoy en la Plaza Mayor.»)

7.5. El uso y régimen preposicional de los *pronombres relativos* da origen a errores. Se recuerda, en primer término, que *quien, quienes* sólo pueden referirse a un antecedente personal:

Visitó al presidente, con *quien* mantuvo unas conversaciones sobre...

Recibirá a los comisionados, a *quienes* dará cuenta de...

Es error utilizarlo para reproducir antecedentes no personales, e incluso colectivos de personas:

Recibirá a la comisión, a *quien* dará cuenta...

7.6.   El pronombre *cuyo (-a, -os, -as)* es relativo y posesivo a la vez, y concuerda siempre en género y número no con el poseedor, sino con lo poseído:

Un individio, *cuyo nombre* no se ha revelado, fue detenido anoche.

Cuyo nombre equivale, pues, en este ejemplo, a «del cual el nombre», con aquel doble valor bien claro.
Es grave incorrección usarlo sin valor posesivo:

Se celebró una reunión, en *cuya* reunión se adoptó el acuerdo...

Un grave accidente ferroviario se ha producido en Córdoba, de *cuyo* suceso informamos en páginas interiores.

7.7.   Ha de cuidarse la construcción de *que* con la preposición adecuada, cuando la precise. Póngase cuidado en aplicar la norma, ya que abundan construcciones viciosas como éstas:

No había calefacción en el tren *que* vinimos (por «en que vinimos»).

Se ha hallado el arma *que* se cometió el delito (por «con que se cometió»)

No asistió la tarde *que* se discutió ese asunto (por «en que se discutió»).

Las mejoras *que* aspiran los jubilados (por «a que aspiran»).

Única excepción: cuando la frase empieza con un complemento

preposicional, puede omitirse la preposición ante un *que* siguiente si es la misma que figuraba en dicho complemento preposicional:

> *En* el lugar *que (o en que)* estaba instalada la fábrica, hay ahora...

> *Por* los mismos motivos *que* (o *por que)* él se queja, podríamos quejarnos nosotros.

7.8.   Conviene llamar la atención sobre el empleo abusivo que la prosa administrativa, periodística, publicitaria, forense y algunas veces la prosa técnica hacen hoy del anafórico *el mismo, la misma,* por considerarlo acaso fórmula explícita y elegante. Pero no pasa de vulgar y mediocre, y cualquier otra solución: pronombre personal, posesivo, etc., es preferible» *(Esbozo,* pág. 212). La Academia, con razón, censura construcciones como estas:

> Se detuvo un coche y tres individuos descendieron *del mismo* (mejor: *de él).*

> En la realización de los proyectos y en la ejecución *de los mismos* han intervenido... (mejor: «En la realización de los proyectos y en *su* ejecución han intervenido...»).

7.9.   Cuidado, al expresar la *causa,* con el giro *«es por eso que* no asistí» (en vez de *«fue por eso por lo que* no asistí», o simplemente *«por eso no asistí»).*

7.10.   Vigílese la proclividad (dispendiosa para una agencia) a sustituir el verbo propio por el grupo *verbo + complemento.* Carece de sentido preferir el giro *dar comienzo* a *comenzar; poner de manifiesto* a *manifestar; darse a la fuga* a *fugarse; darse por finalizado* a *acabar, terminar* o *finalizar; llevar a cabo* a *efectuar; tomar el acuerdo* a *acordar; darse cita* a *citarse; hacer presión* a *presionar; hacer público* a *publicar; dar aviso* a *avisar; hacer abstracción* de algo a *abstraer* (y, muchísimo mejor, *prescindir de),* etcétera.

7.11.   Cuídense extraordinariamente las concordancias. Se está extendiendo el error de escribir *le,* en singular, cuando se anticipa al complemento indirecto en plural: *«Le* prometió a *los vecinos* que fueron a visitarle la inmediata instalación...»; «Van a *concederle* un complemento de dedicación a los profesores de...». En ambos casos, *les* es lo correcto.

7.12.   Son frecuentes, y hay que evitarlas a toda costa, las concordancias «ad sensum»:

> Se pretende así librar al *médico* de la jornada continua que *realizan* actualmente.

> Las investigaciones partieron de la localización del *matrimonio* propietario de la vivienda, que *habían* abandonado su domicilio.

7.13.   Este último ejemplo nos conduce al problema de la concordancia de número con los nombres colectivos. No es fácil de resolver, ya que se encuentran ejemplos de escritores ilustres con concordancia plural. Es mejor «*la mayoría* de los soldados *eran asturianos*» que «*la mayoría* de los soldados *era asturiana*». En cambio, parece mejor, «el *resto* de los presentes *votó* en contra» que «el *resto* de los presentes *votaron* en contra».

En realidad, la dificultad sólo se presenta en esos casos, es decir, cuando el colectivo lleva un complemento plural unido por *de*. En los demás se impone la concordancia en singular: «el *matrimonio había* abandonado...»; «la *orquesta actuó...»; «la escuadrilla aterrizó».* Y para los casos dificultosos es mejor la concordancia en singular, siempre y cuando no produzca un resultado que repugne al instinto lingüístico: «la *mayoría* de los soldados era *asturiana».*

7. 14.   Es bien sabido que se emplea *el* y puede emplearse *un* ante nombre femenino que empieza por *a-* o *ha-* tónicas: *el habla, un águila.* Pero esta anómala concordancia no debe producirse en el caso de los adjetivos *(«una agria* polémica», *«la árida llanura»),* ni cuando entre el artículo y el nombre que empieza por *a-* o *ha-* se introduce un adjetivo: «*la* incomprensible *habla»,* «*una* altiva *águila».* En cambio, con el adjetivo pospuesto lo correcto es «*un* área extensa», «*un* aula pequeña», «*un* arma peligrosa».

7.15.   Esa misma posibilidad se produce con *algún, ningún.* Pero no con *otro* ni con *todo («otra* ave», *«toda* África»), ni con los demostrativos. Escríbase, pues, *«esta* ave», *«esa* ave», *«aquella* ave».

7.16.   Cuidado con el tópico de que no ha de emplearse «nunca la pasiva». Lo que debe evitarse es la traducción de muchas pasivas inglesas por pasivas castellanas, con el sujeto en cabeza:

> *Un crédito ha sido votado por el Congreso para los damnificados...*

Eso no es español; pero sí lo es, y muy normal:

> *Ha sido votado por el Congreso un crédito para los damnificados...*

Pero si se quiere poner de relieve al sujeto agente sería mejor:

> *El Congreso ha votado...*

En multitud de ocasiones, la pasiva ordinaria o la pasiva refleja (con *se)* son convenientes y hasta imprescindibles. Por ejemplo, cuando un nombre de una oración funciona como sujeto paciente de la que le sigue:

> El ministro no asistió a la reunión y *ha sido censurado* por los sindicatos.

> Resultaron heridas dos personas, que *fueron hospitalizadas en...*

Es insustituible cuando se desconoce o no interesa declarar el agente:

> La cartera *fue devuelta* a su propietario.

> La comisión *será recibida* en la Dirección General.

A su vez, la pasiva refleja debe recomendarse en muchas ocasiones:

> *Ha sido descubierto* (o *se ha descubierto)* un arsenal de armas en un piso...

> *Será publicado* (o *se publicará*) un comunicado oficial.

Pero debe tenerse en cuenta que la pasiva refleja no admite complemento agente; no son posibles construcciones como las siguientes:

Se ha descubierto un arsenal de armas *por la policía*.

Se publicará un comunicado *por el Gobierno Civil*.

7.17. También es tópico el veto que se pone al empleo del gerundio. Se trata de una forma más, y bien útil, del sistema verbal, y hay que usarlo siempre que la oración lo exija. Ocurre sólo que un escrito densamente poblado de gerundios resulta poco elegante (como sucede, por lo demás, cuando se produce cualquier otro abuso al hablar o al escribir). Con todo, son precisas algunas observaciones sobre el empleo del gerundio.

7. 18. Esta forma (aparte de su construcción con *estar* para expresar la duración: *está lloviendo*) se relaciona con otra para expresar una acción simultánea:

Me canso *subiendo escaleras*.

o anterior, cuyo desarrollo queda cortado por la acción principal:

Habiendo descansado, prosiguieron su marcha.

7.19. Se debe evitar el llamado *gerundio de posterioridad,* tal como aparece en estas oraciones:

Se cayó una casa, *muriendo* tres personas.

Se sometió a votación la enmienda, *aprobándose* por unanimidad.

Este empleo es muy antiguo en la lengua, pero ha sido proscrito por los gramáticos, a partir de Andrés Bello, que lo juzgó como «una degradación que desluce el castellano moderno». Al repudiarlo, pues, la norma culta, tanto en España como en Hispanoamérica, convendrá que no aparezca en los despachos.

7.20. El gerundio puede complementar al sujeto:

El presidente, *comprobando (o habiendo comprobado)* que no había quórum, levantó la sesión.

Para que esto sea posible se precisa que la cláusula de gerundio vaya entre pausas, con un carácter meramente explicativo (ejemplo anterior). Si eso no ocurre, y en la cláusula de gerundio se desarrolla la acción principal, es incorrecta:

Ha aterrizado un avión *repatriando* a los heridos en el accidente.

Zarpó ayer un barco *llevando* víveres y medicamentos a...

De todas formas, caben otras fórmulas alternativas:

El presidente levantó la sesión al comprobar que no había quórum.

Aterrizó un avión que repatriaba a los heridos.

Zarpó ayer un barco que llevaba víveres y medicamentos a...

Puede completar también el gerundio al complemento directo:

Un transeúnte vio a los ladrones intentando abrir el coche (o «Un transeúnte vio a los ladrones cuando intentaban abrir el coche»).

Pero este ejemplo cuenta con una importante limitación: sólo es posible con complementos directos de verbo que significan «percibir» con los sentidos y «contemplar» con la mente (*ver, oír, mirar, percibir, notar, contemplar, recordar,* etc.) o «representar gráficamente» (*pintar, retratar, fotografiar, dibujar,* etc.):

Muchos se detienen a contemplar a los obreros *borrando* las pintadas (o ...que *borraban*...).

De madrugada *oímos* manifestantes *gritando* eslóganes (o... que gritaban...).

Dalí la *pintó cabalgando* en un caballo blanco (o... a lomos de un caballo...).

Docenas de fotógrafos retrataban a los cardenales *entrando* en el cónclave (o... que entraban...).

Fuera de estos casos, el gerundio que completa al complemento directo suele ser incorrecto:

> La policía detuvo un camión *transportando* café de contrabando.

En cualquier caso, deben evitarse siempre las oraciones equívocas:

> *Abordé* al presidente *entrando* en el Congreso (¿era yo quien entraba o era el presidente?).

7.21.   El gerundio no puede complementar a ninguna palabra que, en su oración, desempeñe funciones distintas a las mencionadas en el párrafo anterior, es decir, las de sujeto o de complemento directo. Así, será incorrecto escribir:

> Pudimos hablar con la *madre* del detenido, *informándonos* de que había podido verlo.

> Esa frase figura en la *convocatoria* enviada a los socios *citándolos* para el día 2...

porque *madre* y *convocatoria* desempeñan otras funciones.

7.22.   Debe evitarse el llamado *gerundio del Boletín Oficial*:

> Mañana se publicará un decreto *regulando* la exportación de vinos.

Lo correcto sería:

> Mañana se publicará un decreto *que regula* la exportación de vinos.

7.23.   Es espurio el giro *como + gerundio* (salvo si establece realmente comparaciones: «Le contestó, *como burlándose* de él, que se limitaba a repetir sus propias palabras»):

> El fiscal ha rechazado los argumentos de la defensa *como siendo* carentes de razón y no ajustados a derecho.

7.24.   La pasiva *estar siendo + participio* es menos recomendable que la activa correspondiente («la propuesta patronal *está siendo estudiada* por los sindicatos»). Pero no se debe contribuir a su pleno triunfo, para lo cual conviene apelar a otros giros:

> Los sindicatos *están estudiando* la propuesta de la patronal.

> La propuesta de la patronal *está sometida a estudio* de los sindicatos, etc.

7.25.   En los siguientes ejemplos se resumen usos perfectamente legítimos del gerundio, que pueden emplearse en español, aunque hay otras fórmulas alternativas:

> Los empleados, *considerando* que la empresa no ha cumplido su ofrecimiento, han interpuesto... (o, consideraron que... e... interpusieron...).

> El Ayuntamiento, *habiendo recabado* los informes pertinentes, promulgará una ordenanza... (o,... *recabó* los... y *anunció* que promulgará...).

> Los Reyes contemplaron a los «Xiquets de Valls» *levantando sus* castillos, desde el balcón de palacio (o, desde el balcón de palacio, los Reyes contemplaron cómo los «Xiquets de Valls» levantaban sus castillos).

> Aseguró que hablaba *midiendo* bien sus palabras (o..., que medía bien...).

> *Anticipándose* a su acción, el malhechor disparó (o, El malhechor se anticipó a su acción y disparó).

> *Habiéndose* restaurado el orden, la sesión continuó (o, Al restaurarse el orden...).

> El presidente Andreotti *saliendo* de la Moncloa (pie de fotografías) (o..., sale...).

> El Grupo Mixto del Congreso sigue *considerando* la posibilidad de... (o..., mantiene la posibilidad...).

> *Continuando* a este ritmo, los debates se prolongarán durante un mes (o, Si continúan a este ritmo...).

No son, en cambio, aceptables, los siguientes:

Acudieron los bomberos, *procediéndose* seguidamente a desalojar el inmueble.

Se han celebrado dos congresos *tratando* de la misma cuestión.

Los secuestradores han enviado a la familia una nota *conteniendo* sus exigencias.

Una señora halló al niño *deambulando* por el parque.

Se escapó por un balcón *estando* a poca altura del suelo.

Se ha hecho público un aviso *convocando* a los opositores para el día dos.

La presentó al público *como perteneciendo* a una familia muy distinguida de California.

7.26.   Otra forma verbal olvidada por el lenguaje de prensa es el pretérito perfecto de indicativo *(he cantado)*. Se la sacrifica al indefinido *(canté)* como si expresara lo mismo; con ello se mutila gravemente el sistema verbal del idioma. La forma *he cantado* debe usarse cuando se refiere a acciones ocurridas dentro de la unidad de tiempo que aún dura para nosotros:

El presidente *ha inaugurado hoy* el curso en la Escuela Superior del Ejército.

Esta semana ha bajado la Bolsa tres enteros.

En este mes se han impuesto más multas de tráfico que nunca.

Se calcula que *este año ha aumentado* en un veinte por ciento el número de turistas.

Nunca *ha faltado* a sus deberes.

Por el contrario, *canté* se refiere a una acción realizada en una unidad de tiempo que el hablante da por concluida:

El Rey *inauguró ayer* el curso en la Escala Superior del Ejército.

La semana pasada bajó la Bolsa tres enteros.

En el mes pasado se impusieron más multas de tráfico que *nunca.*

En 1977 aumentó en un veinte por ciento el número de turistas.

No pudo lograr en vida que se le hiciera justicia.

Es falso que *canté/he cantado* se opongan en la proporción «pasado remoto/pasado próximo». Han de distinguirse conforme a la norma·expuesta, que es la que adopta la mayor parte de los hispano-hablantes. La preferencia por *canté* se produce espontáneamente entre gallegos y asturianos, por influjo de las lenguas de sus regio-nes, que carecen de perfecto compuesto. Se recomienda que se esta-blezca la distinción ajustándose al uso castellano.

7.26 bis.   En los despachos dirigidos a Hispanoamérica, y dado el predominio de *canté* a expensas de *he cantado* en muchos de aquellos países, será admisible emplear el pretérito simple en casos en que la norma culta común requeriría *he cantado,* aunque ello fuera proscrito por Andrés Bello, y siga rechazándolo la doctrina gramatical más solvente.

7.27.   En cambio, no debe aparecer en los despachos de la agen-cia la forma *cantara* como equivalente de *había cantado* o de *cantó.* («La sesión, que *comenzara* a las cuatro de la tarde, se prolon-gó hasta la madrugada».) Se trata de una pedantería ajena al buen empleo del español moderno (o, de nuevo, influjo gallego o asturia-no). *Cantara* tuvo ese valor de pluscuamperfecto de indicativo, heredado del latín en la Edad Media, pero lo fue perdiendo, y adqui-riendo el de imperfecto de subjuntivo hasta que confundió sus usos con los de *cantase.* Fueron los poetas románticos quienes, para «medievalizar» su estilo, resucitaron el antiguo valor ya olvidado de *cantara,* y desde entonces se ha mantenido en la literatura. Pero debe estar ausente del lenguaje periodístico, donde ha penetrado por las citadas causas.

De ningún modo puede emplearse *cantase* como tal pretérito de indicativo («La noticia que *esperásemos* tanto tiempo ha llegado por fin»), ya que nunca tuvo tal valor.

7.28. Tampoco debe utilizarse en ningún caso el llamado *condicional de rumor* («El gobierno *estaría* dispuesto a entablar negociaciones con ETA»; «Se calcula que unas veinte personas *habrían* sido detenidas»). Ese condicional que señala un hecho dudoso, eventual, cuya verdad no se garantiza, es flagrante galicismo, totalmente ajeno al sistema verbal español.

7.29. No ha de usarse nunca *a + infinitivo* como complemento de un nombre, porque se trata también de un galicismo. Nos referimos a expresiones como *procedimiento a seguir, actos a celebrar, decisión a tomar,* etc., que deben redactarse con el relativo *que:* procedimiento *que se va a seguir* (o *que ha de seguirse,* o *que conviene seguir,* etc.).

Comienza a aparecer en las noticias de Hispanoamérica la forma *procedimiento por seguir,* que es igualmente incorrecta y debe corregirse del mismo modo.

7.30. Recuérdese que las dos formas imperativas *(cantad* y *canta)* no pueden construirse con negación; en vez de *no votad,* lo correcto es *no votéis* o *no voten.*

7.31. Aunque apenas si asoma en los periódicos, vigilemos el «dequeísmo», es decir, la construcción de los verbos que significan «decir» o «pensar» con un complemento preposicional encabezado por *de que:* «Dijo *de que* no podía venir»; «Pensando *de que* iban a atacarla, avisó a la policía.»

7.32. Como es sabido, se llama *leísmo* al empleo de *le* con función de complemento directo: «A media tarde, *le* llamó por teléfono», «*Le* comunicó que no podía recibir*le*».

Este fenómeno es típico del centro peninsular, pero no de las otras regiones ni de Hispanoamérica, donde se mantiene con fortaleza la oposición *le* complemento indirecto, *lo* complemento directo. Sin embargo, la abundancia del leísmo en la lengua culta y literaria ha movido a la Academia a admitirlo, *sólo cuando se refiere a personas masculinas* (ejemplos anteriores). Con todo, manifiesta su deseo de que se mantenga la distinción etimológica entre *le* y *lo.* Procúrese observarla: los despachos leístas chocan en muchas zonas de España y de América, que en esto se muestran más fieles al latín.

En cualquier caso, es absolutamente incorrecto el *leísmo* referido a animales y cosas («Se le desbocó el caballo y no pudo dominar*le*»; «Se le perdió el reloj y no *le* encontró»). También lo es el referido a nombres femeninos tanto de personas como de animales y cosas («Comunicó a la diputada que no podía recibir*le*»; «Se le perdió la cartera y no *le* encontró»). Igualmente, se proscribe el empleo de *le* por *lo* neutro complemento directo: «Propuso eso, pero no *le* aprobaron».

7.33. Por supuesto, el *loísmo* y el *laísmo* (empleo de *lo* y *la*, respectivamente, como complementos indirectos) son incorrectos: «*Lo* dio un puntapié»; «*La* cosió una falda».

7.34. Usos recomendados de los pronombres *le, la, lo* y *les, las,*

> Habló él, pero no *lo* escucharon. Hablaron ellos, pero no *los* escucharon.

> Le envió el aviso, pero no *lo* recibió. Les envió los avisos, pero no *los* recibieron.

> Habló ella, pero no *la* escucharon. Hablaron ellas, pero no *las* escucharon.

> Le envió una carta, pero no *la* recibió. Les envió las cartas, pero no *las* recibieron.

> *Le* envió (a él, a ella) la carta, pero no *la* recibió.

> *Les* envió las cartas (a ellos, a ellas), pero no *las* recibieron.

> *Le* puso al coche un embellecedor. *Les* puso a los coches unos embellecedores.

> Ordenó que subieran, y *lo* hicieron.

> Toma eso y llévate*lo*.

> Examinó aquello y *le* encontró defectos.

7.35. La objetividad (posible) obliga a utilizar los *adjetivos* con sumo tiento, ya que a través de ellos puede manifestarse el punto de vista particular del redactor. Esto, naturalmente, es necesario cuando se trata de colorear una descripción o una narración: «Sonrió *displicente* cuando un periodista le preguntó...»; «El incendio prosigue su avance *implacable* hacia...». Pero ya sería excesivamente subjetivo adjetivar de este modo:

> X tomó la palabra para hacer una de sus *pintorescas* propuestas.
>
> Z le contestó con su violencia *habitual.*
>
> El *inaceptable* proyecto ha sido rechazado por la oposición.
>
> El alcalde, como era *presumible,* no se pronunció ni en favor ni en contra.
>
> El *admirable* parlamento de Z (un político) fue acogido con una gran ovación.

No se trata de limitar el empleo de los adjetivos, sino de supeditarlo a las necesidades de una información en que la subjetividad ha de estar permanentemente controlada.

7.36. Por eso mismo, y también porque el buen gusto lo exige, se evitarán los adjetivos rimbombantes, bombásticos, exasperados: *crucial* (por *decisivo* o *trascendental),* el anglicismo o galicismo *drástico* (por *enérgico, radical, riguroso), atroz, fantástico, formidable, álgido,* etc.

7. 37. Adminístrense con mucho tiento los superlativos en *-ísimo.* Su construcción con *muy* será normalmente preferible; u otras posibilidades: *«extremadamente* difícil», *«harto* difícil», «difícil *en extremo», «por demás* difícil», etc.

7.38. Las anteriores observaciones referentes a la adjetivación valen también para los *adverbios,* en cuanto «adjetivos» del verbo que son. Procúrese hacer uso muy moderado de los acabados en *-mente,* apelando a construcciones o giros sinónimos: *de nuevo* por *nuevamente; hace poco* por *recientemente; ahora* o *en la actualidad* por *actualmente; sólo* por *exclusivamente,* etc. Por supuesto, no se trata de una norma rígida; se aplicará sobre todo para evitar que se acumulen en el escrito o que coincidan en próxima vecindad dos o más de tales adverbios.

7.39. Nunca debe introducirse un adverbio, en las formas verbales compuestas, entre *haber* y el participio pasivo. Son viciosas oraciones como las siguientes: «Se desdijeron del acuerdo que habían *antes* adoptado»; «Las mismas normas que ellos han *frecuentemente* contravenido.»

7.40. Muchas palabras rigen su complemento mediante una preposición. Enumerarlas todas y prever todas sus posibilidades excedería con mucho los limites discretos que debe tener este *Manual*. Se incluye a continuación una lista de vocablos especialmente frecuentes:

abalanzarse, *a, hacia, contra* algo o alguien;

abundar *en* gestos;

aburrir *con* dilaciones; aburrirse *con* las dilaciones; *en* el cine; *por su* culpa;

acabar *con* la paciencia de todos; *de* llegar; *por* ceder;

acalorarse *con, en, por* la discusión;

acogerse *a, bajo* su protección;

acompañar *con, de* pruebas;

aconsejarse *con, de* expertos;

acordarse *de, de que;*

acosado *a, de, por* preguntas;

acreedor *a la* confianza, *de* varias empresas;

acusar *ante* los tribunales, *de* un delito;

adelantarse *a los* demás, *en* declarar la verdad;

admirarse *de* algo;

adornar *con, de* flores;

afable *con, para* todos, *en* el trato;

afanarse *en* el trabajo, *por* conseguir la mayoría;

afectar *a;*

aferrarse *a* sus convicciones;

afligido *de, con, por* lo que se dice;

agarrar *de, por* el asa;

agarrarse *a, de* un clavo;

agradable *a, para* el olfato

agregarse *a* otros;

aguardar *a;*

ajeno *a* su voluntad, *de* culpa;

alabar *de* honrado;

alegrarse *de, con, por* algo;

aliciente *para* invertir;

alimentarse *de, con* verduras;

amable *con, para* todo el mundo;

amén *de* lo dicho;

amparar *de, contra* la persecución;

ampararse *con* unas ramas, *contra* la lluvia;

anegar *en* sangre;

ansioso *de* triunfo, *por* triunfar;

apasionarse *por, de* alguien;

aplicarse *a* los estudios;

aportar *a;*

apresurarse *a* contestar, *en* la contestación;

apto *para* el empleo;

apurarse *en* la adversidad, *por* la falta de tiempo;

armado *de, con* pistola;

arremeter *contra, con* el gobierno;
arriesgarse *a* salir en la aventura;
asesorarse *con, de* un abogado;
asir *de* la manga, *por* el brazo;
asirse *a* una rama;
asociarse *a, con* otro;
asomarse *a* la ventana;
asombrarse *de* su contestación;
aspirar (y aspiración) *a* (no *de);*
asqueroso *a* la vista, *de* ver, *de* aspecto, *en* su aspecto;
asustarse *de, con, por,* los rumores;
atemorizarse *de, por* algo;
atentar *contra* los principios democráticos;
atinar *al* blanco, *con* la solución;
atónito *con, por* la propuesta;
atravesarse *en* la calle;
atreverse *a* todo, *con* todos;
aunarse *con* otras personas;
avanzado *en, de* años;
avenirse *a* todo, *con* los que protestaban;
avisar *de* (no *de que);*

bastar *a, para* probar que yo tenía razón;
beneficioso *a, para* los contribuyentes; blando *al* tacto, *de* carácter;

calentarse *a* la lumbre, *con* el ejercicio, *en* la discusión;
calificar *de;*
callar *de, por* miedo;
cansarse *de* aguantar, *del, con* el trabajo;
capaz *de* mentir, *para* el cargo;
cargar *a* hombros, *de* reproches, *con* la culpa, *sobre* él la culpa;
ceder *a* las presiones, *de* su derecho, *en* honradez;
cegarse *de* cólera;
censurar (algo) *a, en* alguien;

centrar *en* (no *sobre):* la entrevista se centrará *en* la situación de Polonia;
ceñir *de, con* crespones;
cercano *a* la iglesia;
cerrar *con, contra* el candidato;
cesar *de* llover, *en* el cargo;
chancearse *con* uno;
chochear *con, por* la vejez, *de* viejo;
clavar *a, en* la pared;
colegir *de, por* nuestras averiguaciones;
colgar *de* un clavo, *en* la percha;
coligarse *con* otros;
colocar *con* orden la ropa en la maleta, *en, por* orden de antigüedad, *entre* las hojas del libro;
combinar (una cosa) *con* otra;
comerciar *en, con* armas;
comprensible *a, para* cualquier persona, *a* la mente más obtusa;
comprometerse *a* votar, *con* un candidato, *en* la votación;
común *a* todos los hombres;
conceptuado *de* eficaz;
concurrir *a* un lugar, *con* otros, *en* una misma opinión;
confiar *en* su palabra;
congratularse *de, por* su éxito;
conjeturar *por* los indicios;
conmutar (una pena) *por* otra;
consentir *con* la voluntad ajena, *en* ir este año a la playa;
conservarse *con, en* salud;
considerar (algo) *bajo, en* todos sus aspectos, *por* todos lados;
consolar (a uno) *de* una derrota, *en* su pesadumbre;
conspirar *a* un fin, *con* otros, *contra* alguien;
contento *de, con* su suerte;
contiguo *al* parque;
continuar *en* su puesto, *con* salud, *por* buen camino;
contraponer (una cosa) *a* otra;

contrario *a, de* ese acuerdo, *en* opiniones;

convencer *de que* (debe hacer tal cosa);

convencerse *con* las razones que le dieron, *de* la razón de su amigo;

convenir *a* la salud, *con* otro, *en* alguna cosa;

convenir *en* algo y también *en* que; convinieron *en* que se haría tal cosa;

convocar *a* los socios a una reunión;

cooperar *a* reunir fondos, *con* alguien;

culpar *de* inconsciente, *en* uno cosas que se disimulan en otro;

cumplir *a* uno la promesa que se le hace, *con* su deber; (cuando se trate de deberes morales o religiosos, constrúyase con *con;* en los demás casos no necesita preposición);

curioso *de* noticias, *por* saber la verdad;

darse *a* escribir, *contra* un poste, *de* bofetadas, *por* vencido;

decaer *de* su prestigio;

decidir *de* todo, *en* un pleito, *sobre* un punto;

decidirse *a* ir, *en* favor de la propuesta, *por* el procedimiento anterior;

deducir *de, por* lo dicho;

defender (algo o a alguien) *de* sus contrarios, *con* sólidos argumentos;

degenerar *de* su antigua calidad;

deleitarse *con* la vista, *en* oír;

deliberar *sobre* una cuestión, *en* sesión ordinaria, *entre* los miembros del comité;

demandar *en* juicio, *ante* el juez, *por* calumnia;

deponer *de* su cargo, *en* juicio, *contra* el acusado;

derivar *hacia, de:* La situación derivó *hacia* la anarquía; la situación deriva *de* causas antiguas;

derramar(se) *en, por* el suelo;

derribar *por, en* tierra;

derrocar *por, en* tierra;

desacreditar(se) *ante* sus clientes, *en* su profesión;

desagradable *al* gusto, *con, para* la gente;

desagradecido *al* beneficio, *con* quien le ayudó;

desahogarse *de* su rencor;

desdecir *de* su carácter;

desdecirse *de* su promesa;

deseoso *de* honores;

desleal *a* su partido, portarse de modo desleal *con* su partido;

determinarse *a* hablar, *en* favor de la enmienda;

deudor *de, a* la Hacienda, *en, por* muchos miles de pesetas;

dichoso *con* su suerte, *en* su estado;

diestro *en* el regate;

diferir *a, para* mañana, *de* hoy a mañana, *de* su opinión, *en* opiniones, diferir *entre* ellos;

diputado *a, en* Cortes;

dirigir *a, hacia* (un sitio);

discernir (una cosa) *de* otra;

discrepar *de* una opinión o *de* una persona *en* ciertas cuestiones, *sobre* lo que oyeron, *en* eso, etc.

disculparse *de* algo, *con* alguien;

disentir *de* los otros, *en* creencias;

disertar *sobre;*

disgustarse *de, con* algo, *por* razones atendibles;

disparar *a, contra* (algo o alguien);

disputar *con* su mujer, *por, sobre* algo;

distinto *de lo* acordado;

distraerse *con* pasatiempos ridículos, *por* el cansancio, *de* la conversación;

diverso *de* lo demás;
dividir *entre* muchos, *en* partes, *por* mitad;
dotar *de* buenas instalaciones, *con* varios millones;
dudar *de* algo, *en* salir, *entre* una cosa y otra;

echar (algo) *a, por* tierra, *de* casa, *de* ver, *sobre* sí una responsabilidad;
elevarse *al, hasta, hacia* el cielo *por* los aires, *sobre* el nivel medio;
emborracharse *con, de* vino;
empedrar *con, de* adoquines;
empujar *a, hacia, hasta* el precipicio, *contra* la pared;
encaramarse *al* tejado, *en* un árbol;
encararse *a, con* uno;
enfrentarse *con* (no *a);*
enfurecerse *con, contra* alguien, *de* ver injusticias, *por* cualquier cosa;
engalanarse *con* plumas ajenas;
engañarse *con, por* las apariencias;
engreírse *de, con* su éxito;
enojarse *con* sus amigos, *de* lo que cuentan de él;
enredarse (una cosa) *a, con* otra, *de* palabra, *entre* las ramas;
envanecerse *con, de, por* la victoria;
envejecer *con, de, por* los disgustos;
enviciarse *con, en* el juego;
envolver(se) *con, en, entre* mantas, *con, en* papel;
equipar (a uno) *con, de* lo que precisa;
escabullirse *entre, por entre* la multitud;
escoger *de entre* el montón, *entre* varias cosas, *por, para* copiloto;
escribir *de, sobre* deportes;
escuchar *con, en* silencio;
escupir *al, en* el suelo;
escurrirse *al* suelo, *de, entre, de entre* las manos;

esencial *para* resolver el problema, *en* este asunto;
esforzarse *en, por* trabajar;
especular *con* esa posibilidad;
esperar *a* que venga; (pero, esperemos que venga a tiempo);
esperanza (tener esperanza *de que,* no *en que);*
estar *a, bajo* las órdenes de alguien, *con, en* ánimo de acometer la empresa, *por* la revisión de salarios, *de* vuelta *en* casa, *entre* compañeros, *para* salir, *por* suceder, *sin* entusiasmo, *sobre* la pista;
estéril *en, de* resultados;
estimular *a* una administración eficaz, *con* incentivos;
estrellarse *con* alguien, *contra, en* algo;
estribar *en* algo;
exceder (una cantidad) *a* otra, *de* peso, *en* dos millones el presupuesto;
excederse *en* sus facultades;
excusarse *con* alguien, *de* hacer algo;
eximir(se) *de* algo;
exonerar *del* cargo;
exponer *a, ante* los oyentes;

facultad *de* (tener la facultad *de* hacer tal cosa);
facultades *para* (tener las facultades *para* hacer tal cosa);
faltar *a* la palabra, *de* su domicilio, *en* algo, *por* averiguar ciertos datos;
favorable *a, para* alguien;
favorecido *de, por* la suerte, *por* el ministro;
fecundo *en* recursos, *de* ideas;
fértil *en, de* recursos;
fiel *a, con* sus correligionarios;
fijar *en* la pared;
forrar *de, en, con* tela;
franco *con, para* todos, *de* carácter, *en* sus reacciones; dejar la puerta franca *a* todos;

franquearse *a, con* alguien;
freír *con, en* aceite;

girar *en torno, a, hacia* la derecha, *por* una bocacalle;
gozar *con* el juego, *de* buena salud;
gozarse *con* el mal ajeno.
gozoso *con* la noticia, *del* triunfo;
graduarse *de* licenciado, *en* Medicina;
granjear(se) la voluntad *de* alguien;
gravoso *al* pueblo;
guardar *bajo, con* llave, *en* la memoria, *entre* algodones, *para* algo;
guiado *de, por* alguien;

hábil *en, para* los negocios;
hablar *de, sobre* un asunto, *con* alguien, *por* sí o por otro, *entre* dientes, *sin* ton ni son;
hacer *a* todo, *con* poco esfuerzo, *de* galán, *en* poco tiempo, *por* su propia subsistencia;
hacerse *a* la buena vida, *con, de* buenos libros, *de* rogar, *en* forma adecuada, *de* esta manera;
hervir (un lugar) *de* gente; holgarse *de, con* algo;
honrarse *con* la amistad, *de* complacer a alguien;

idóneo *para* algo;
igual *a* otro, *en* fuerzas;
igualar(se) *a, con* otro, *en* número de votos;
impaciente *con, de, por* la tardanza;
impedido *de* un brazo, *para* trabajar;
impelido *de* la necesidad, *por* el ejemplo;
impenetrable *a* todos;
impetrar *del* superior;
implacable *en* la ira;
implicar *a* alguien *en* algo;
implicarse *con* alguien, *en* el asunto;
impotente *contra* la adversidad, *para* obrar con acierto;

impropio *de* su condición;
impugnado *por, de* todos;
incapaz *de* hacer algo, *para* el cargo;
incitar *a* rebelarse, *contra* alguien;
incluir *en* algo, *entre* los candidatos;
incomprensible *a, para* los asistentes;
inconsecuente *en* sus ideas, *con, para con* los amigos;
increíble *a, para* muchos;
indeciso *en* resolver;
indemnizar *del, por* el daño;
independiente *de* todos, *en* sus opiniones;
indignarse *con, contra* alguien; *de, por* algo;
indisponer (a uno) *con, contra* otro;
indulgente *con, para* los errores ajenos, *en* sus juicios;
indultar *de* la pena;
infatigable *en, para* el trabajo;
inferior *a* otro, *en* talento;
infiel *a, con* sus amigos, *en* sus promesas;
inflexible *a* los ruegos, *en* su dictamen;
influir *con* el gobernador, *en* el asunto;
informar *de, sobre* algo; *a* alguien; informar *de que* no hubo sesión; en América informar *al;*
ingresar *en* (no *al);*
inhábil *para* el cargo, *en* sus manejos;
inhabilitar *para* algo, *en* su cargo;
inhibirse (el juez) *en* el conocimiento de una causa;
inmediato *a* la Plaza Mayor;
inocente *del* crimen, *en* su conducta;
inquietarse *con, por* los rumores;
insaciable *de* dinero, *en* su ambición;
insistir *en, sobre* algo; *con* alguien;
integrar *en* (no *a);*
interceder *con* alguien, *por* alguien;

interesado *en* una empresa;
interesarse *con* alguien, *por* alguien, *en* una solución rápida;
intolerante *con, para* sus amigos, *en* sus ideas;
inútil *en* este caso, *para* alcalde;
invitar *a* una cerveza;

jubilar(se) *de, en* un empleo;
justificarse *con* la directiva, *de* una omisión;
juzgar *por* un crimen, *de* alguna cosa, *en* un asunto, *sobre* apariencias;

lamentarse *de, por* la desgracia;
lento *en* tomar decisiones, *para* comprender;
levantar *a* lo alto, *del* suelo, *en* alto, *por* las nubes, *sobre* el nivel medio;
ligar *con* cuerdas;
limitado *de* talento, *en* ciencia;
litigar *con, contra* el casero, *sobre* una herencia;
llamar *a* la puerta, *al* orden, *con* la mano, *de* tú, *por* señas;
luchar *con, contra* la adversidad;

maldecir *a* otro, *de* todo;
mancomunarse *con* otros;
mantenerse *con, de* leche, *en* paz;
maravillarse *de* tanto descaro;
marcar *a* fuego, *con* tinta;
mayor *de* edad, *en* años;
medirse *con* (competir);
mezclarse *con* la gente, *en* negocios sucios;
mirar *por* los asuntos públicos;
moderarse *en* las palabras;
molesto *para, a* todos; *en* el trato;
morir *a* manos de los terroristas, *a* mano airada, morir *de* hambre;
motejar (a alguien) *de* ignorante;

necesario *para, a* la salud;
necesitado *de* ayuda;

negarse, negativa *a;*
negligente *en, para* el trabajo;

obligar *a* (restituir);
obstar (una cosa) *a, para* otra;
obstinarse *en* algo, *contra* alguien;
ocuparse *en* o *de:* ocuparse *en* resolver un asunto; ocuparse *del* asunto;
opinar *de* algo o *de* alguien, *sobre, en* una cosa;
oportuno *al, para* el caso, *en* su réplica;
optar *a* la alcaldía, *entre* dos soluciones, *entre* varios aspirantes;
ordenado *a, para* tal fin;
orgulloso *de, por, con* su éxito, *en* sus gestos;

pactar *con* otro, *entre* sí;
paliar (una cosa) *con* otra;
pararse *a* descansar, *ante* la puerta, *con* alguien, *en* la calle;
participar *de, en,* participar algo *a* alguien; participar (tomar parte) *de, en* los beneficios;
pasar *por* alto, *por* indeciso;
pensar *en, sobre* algo, *para* sí, *entre* sí;
perder *en, al* juego;
perjudicial *a, para* la vista;
persuadir(se) *para, a* hacer algo, *con* fuertes razones;
persuadir *de que* era verdad; persuadir a alguien *de* algo;
pertrecharse *con, de* lo necesario;
pleitear *con, contra* alguien;
postrado *con, de* la enfermedad;
presentar (a un candidato) *para* el cargo;
presentarse *a* alguien, *con* mal aspecto, *por* (o *como*) candidato, *por* el lado favorable;
presto *a, para* empezar la campaña, *en* obrar;

prevalecer nuestra opinión *entre* todos, la verdad *sobre* la mentira;

prevenirse *contra* ese riesgo; *de, con* lo necesario; *para* hacer algo;

proceder *a* la elección, *con, sin* acuerdo, *contra* los defraudadores, *en* justicia, *de* Andalucía;

prometerse (buen resultado) *de* una campaña;

promover *a* un cargo;

pronto *a* enfadarse, *de* genio, *en* las respuestas, *para* actuar;

propagarse *por, en* la comarca;

propasarse *en, a* una cosa;

propicio *para* hacer algo, *a* su petición;

proponer *a* alguien, *en* primer lugar, *para* una vacante, *por* mediador;

proseguir *con* su argumentación; *en* la tarea (también sin preposición);

protestar *contra, de* algo;

proveer *a* la demanda; *con* auxilios; *de* medios;

pugnar *con, contra* alguien; *en* defensa propia; *por, para* escaparse;

quedar *a* deber, *con* un amigo, *de* guardia, *en* algo, *en* casa, *para* mañana, *por* cobarde;

radicar *en* algo;

recabar *de* alguien;

reclamar (algo) *a* alguien, *de* alguien, *ante los* tribunales, *contra* un pariente, *en* juicio, *para* el partido;

reclinarse *en, sobre, contra* algo o alguien;

reconocer *por* aliado;

recostarse *en, sobre* la cama;

reflexionar *sobre* una materia;

reintegrarse *a* sus funciones;

remontarse *hasta, a* las nubes; *por* los aires; *sobre* los demás;

repartir (algo) *a, entre* los transeúntes, *en* trozos iguales;

requerir *de* alguien, *para* algo;

resignarse *a* una tarea, *con* su suerte;

resolverse *a* hacer algo, *a* favor de, *por* tal partido;

responsabilizar (o hacer responsable) *de* (no *por);*

rodear (un solar) *de, con* tapias;

sacar *a, en* hombros;

salir *con* un disparate, *contra* alguien, *de* casa, *de* pobre, *por* fiador, *a* o *en* hombros;

salpicar *de* aceite;

saltar (algo) *a* los ojos, *con* un disparate, *de* alegría, *por* una ventana;

satisfacer(se) *de* la deuda;

seguir *con* la tarea, *de* cerca, *en* el intento, *para* Cádiz;

seguirse (una cosa) *de* otra;

semejante *a* los anteriores;

semejarse una cosa *a* otra *por, en* algo;

sentarse *a* la mesa, *en* la silla, *sobre* un cajón;

servir *de* camarero, *en* una casa, *para* el caso, *por* la comida, *con, sin* sueldo;

severo *con, para* sus colaboradores, *de* rostro, *en* sus juicios;

sincerarse *ante* el juez, *con* otro, *de* la culpa;

singularizarse *en* todo, *por* su atuendo, *entre* todos;

sobresalir *en* mérito, *entre* todos, *por* su honradez;

sobresaltarse *con, de* la noticia;

soñar *con* fantasmas, *en* una cosa;

sorprenderse *ante, con, de, por* algo;

sospechoso *a* alguien, *de* malversación, *por* su comportamiento;

sostener *con* argumentos;
subordinado *a* alguien;
subsistir *con, de* la ayuda exterior;
suceder *a* alguien, *con* él lo que *con* el otro, *en* el cargo;
suelto *de* lengua, *en* el hablar;
sufrir (una impertinencia) *a* alguien, *con* resignación, *por* fidelidad a sus creencias;
sujetar *con, de, por* los brazos;
supeditado *a* que haya resolución favorable, *por* razones de peso;
superior *a* los demás, *en* valor, *por* su talento;
surtir *de* víveres;
suspendido *de* un gancho, *de* empleo y sueldo, *en* el aire, *por* las piernas;
sustentarse *con* hierbas, *de* ilusiones;

temer *de* alguien, *por* sus hijos;
temor *al* peligro;
tener *a* mano, *a* menos o *en* menos (algo), *entre* manos, *para* sí, *sin* sosiego, tener *por* sabido;
tenerse *de, en* pie, *por* sabio;
terciar *en* una discusión, *entre* quienes polemizan;
tirar *a* azul, tirar *a, hacia, por* tal sitio, *de* la levita;
tomar *a* pechos, *bajo* su protección, *con, en, entre* las manos, *por* las manos (a otro), *de* Ortega una idea, *en* mala parte, *hacia* la izquierda, *para* sí, *por* insulto, *sobre* sí;
topar *con, contra, en* un árbol;
trabajar *a* destajo, *de* vigilante, *en* la construcción, *para* comer, *por* mejorar de fortuna;
trabarse *de* palabras;
traducir *al* inglés; *del* inglés;
traer (algo) *a* alguien o *a* algún sitio, *consigo, de* Barcelona, *entre, en* manos, *hacia* sí, *por* los pelos; *sobre* sí;

traficar *en* drogas, *con* su cuerpo;
transportar *en* un camión, *a* lomo, *de* una parte *a* otra, *en* hombros;
tratar *de, sobre* un asunto, *con* alguien, *a* patadas, *de* cobarde, *en* ganados;
triunfar *de* sus adversarios, *en* las elecciones;

ufanarse *con, de* sus hechos;
último *de, entre* todos, *en* cumplir con su obligación;
ultrajar *con* insultos, *de* palabra, *en* la honra;
unirse *a* la manifestación, *con* los compañeros, *en* comunidad, *entre* sí;
uno *a* otro, *con* otro, *de* tantos, *entre* muchos, *para* cada cosa, *por* otro, *sobre* los demás, *tras* otro;
untar *con, de* aceite;
usar *de* mentiras;
útil *a* la comunidad, *para* un trabajo;

valerse *de* herramientas;
vanagloriarse *con, de, por* sus triunfos;
variar *de* opinión, *en* su postura;
vecino *al, del* edificio de Correos;
velar *a* los muertos, *en* defensa de la Constitución, *por* el bien público *sobre* el cumplimiento de los horarios;
vencer *a, por* traición, *en* la lid, *con* buenas armas;
vender *a* tanto el kilo, vender (algo) *en* tanto, vender *por* mil pesetas;
venir *a* casa, *a* tierra, *con* alguien, *de* Sevilla, *en* ello, *por* buen conducto, *sobre* nosotros mil desgracias;
ver *de* hacer algo, *con* un telescopio, *por* una rendija;

verter *al* suelo, *al* castellano, *del* inglés, *en* el jarro;
vigilar *en* defensa, *por* el bien público;
virar *a, hacia* la costa, *en* redondo;
visible *a, entre, para* todos;

vivir *a* gusto, *de, por* milagro, *de* limosna, *en* paz, *sobre* un volcán;
votar *con* la mayoría, *en* el referéndum, *por* alguien;

zambullirse *en* el agua.

7.41.   Un problema particularmente difícil del idioma, aún no resuelto gramaticalmente, es el empleo de la preposición *a* ante el complemento directo. Si bien hay casos claros, existen otros fronterizos, en que el uso vacila y opta sin aparentes razones por la presencia de *a* o por su omisión. Pero, en general, el complemento preposicional aparece ante *nombres comunes o propios de persona:* «El médico examinó *al* enfermo», frente a: «El médico examinó la revista», «Llamamos *a* Elisa», frente a «Llamamos un taxi».

7.42.   No se debe emplear la preposición en los despachos (aunque el *Esbozo* académico lo autoriza) ante *nombres propios no personales:* «Visitamos la Paz»; «Atravesaremos el Amazonas»; «Conozco muy bien los Pirineos catalanes»; «La nave surcó el Pacífico».

7.43.   Los pronombres observan la regla 7.41: «Lo vi a *él*», «No conozco *a* nadie», «Ese *a* quien tú conoces».

7.44.   Igualmente la observan los nombres colectivos personales: «Deleitó *al* público», «Entrevistamos *a* la concurrencia», «Eso exasperará *al* electorado».

7.45.   La razón del funcionamiento aparentemente anómalo de las reglas antedichas parece residir en la capacidad del verbo para recibir complementos directos personales, en unos casos sí y en otros no. Hay verbos que nunca pueden recibirlos: *accionar, acortar, acuñar, afilar, arrendar, falsificar, publicar,* etc.

7.46.   Hay otros verbos que, por el contrario, son complementados siempre por nombres personales, individuales o colectivos: *adular, agasajar, consolar, convidar, indultar,* etc. Normalmente exigen la preposición.

7.47.   Pero existen otros muchos verbos que pueden recibir complementos personales y no personales:

> Alabar el cuadro - Alabar *al* pintor
> Acarició el libro - Acarició *al* niño
> Aguarda su llegada - Aguarda *a* su mujer
> Distribuyó las cartas - Distribuyó *a* los huéspedes
> Coordina las materias - Coordina *a* los redactores
> Respeta las leyes - Respeta *al* director
> Acusar el golpe - Acusar *a* alguien
> Consultar una cuestión - Consultar *a* un abogado

En estos ejemplos actúan preferentemente las normas de 7.41.

7.48.   La preposición *a* puede anteponerse a nombres no personales que funcionan como complementos circunstanciales. Así, en «Esperamos su llegada», *su llegada* funciona como complemento directo; pero en «Esperamos *a* su llegada», este complemento funciona como circunstancial («hasta que llegue»). La misma distinción se establece entre «Mirar la calle» y «Mirar *a* la calle». Estos casos, y otros parecidos, no constituyen, pues, excepción a la regla general; esos nombres no son complementos directos.

7. 49.   Es muy frecuente —y correcto— que algunos nombres no personales se construyan con preposición cuando el verbo pertenece al grupo aludido en el párrafo 7.46 y se quiere poner de relieve el componente humano que existe en el complemento directo; se escribirá, pues, según intenciones expresivas personales que no pueden regularse:

> Salvó la ciudad o Salvó *a* la ciudad.

> Conoce bien el (o *al)* mundo que lo rodea.

> El ministro ha denunciado a ese periódico.

> El crudo invierno que azota*(a)* esa región.

7.50.   Muchas veces, sin embargo, no existe en el complemento ese componente semántico personal; pero, en cambio, el verbo indica acciones perfectamente humanas, y ello basta para inducir la presencia de la preposición:

> Acusó *a* las normas vigentes de ser culpables del accidente.

> La ley ampara (*a*) todas las aguas del litoral nacional.

> Hay que combatir enérgicamente (*a*) la pobreza.

> Será difícil atender (*a*) toda la demanda.

Cuando no es obligada la preposición, conviene prescindir de ella, como en los tres últimos ejemplos.

7.51. Hay nombres personales que se construyen sin preposición, incluso con verbos del grupo descrito en el párrafo 7.46, cuando tales nombres van en plural y poseen un significado indefinido.

> Acuartelar las tropas; Reclutar voluntarios; Opera muchos enfermos al cabo del día; Encontró pocos conocidos en la reunión; La paz también forja héroes.

Pero la preposición puede aparecer si no existe el rasgo indefinido o si se atenúa tal intención en quien habla o escribe;

> Han acuartelado *a* la Policía Nacional; Reclutó *a* unos pocos asistentes para su partido; Opera *a* algunos enfermos pudientes en esa clínica; Encontró *a* unos pocos amigos en la reunión; La paz forja *a* los héroes de la ciudadanía.

7.52. La existencia del rasgo indefinido para decidir la ausencia de preposición afecta también a los nombres personales en singular. Compárese:

> No conozco individuo más torpe - No conozco *a ese* individuo.

> Tengo una tía enferma - Tengo *a* mi tía enferma.

> Busco un cocinero - Busco *a* un cocinero.

> Llama (*a*) un médico - Llama *al* médico.

7. 53. A veces, el complemento directo personal propaga su preposición al no personal con el que va seriado:

>Registraban a los peatones y *a* los coches.

>Teme a Juan como *al* grito de su conciencia.

7. 54. En el español de América se advierte una tendencia a emplear la preposición en muchos casos en que no se usaría en España; he aquí varios ejemplos recogidos en la prensa hispanoamericana:

>Resoluciones que amparan *a* cien mil hectáreas.

>Es preciso liberar *a* nuestra economía.

>Natalicio González elogia *a* la lucha contra el terrorismo.

>Las llamas pusieron en peligro *a* otros establecimientos.

>Los chinos temen *a* las purgas y *a* una guerra total.

>Una locomotora chocó y partió por la mitad *a* un convoy de pasajeros.

Estos ejemplos pueden explicarse por la fuerza que tiene en algunos países americanos la tendencia que se ha descrito en el párrafo 7.50.

7.55. Quizá el defecto más constantemente observado en los despachos es la redundancia (materia inerte a efectos informativos). Como término medio, tales redundancias rondan el 30 por 100 del contenido de los mensajes de EFE. Ha de tenerse muy presente este hecho por el aumento considerable de costo que ello produce en su tratamiento y difusión.

7. 56. Este defecto se debe normalmente a un despilfarro de medios expresivos, que se produce al dejar los despachos en su primera redacción, sin someterlos a corrección posterior. Como ya

se advertía en el párrafo 2.2, conviene redactar por segunda vez cada noticia, con la atención puesta en la propiedad del léxico, la corrección de la sintaxis y el posible ahorro de recursos lingüísticos, sin mengua, claro es, de la información. Conservar ésta es más importante que ahorrar, pero tal vez no sea difícil compaginar ambas cosas.

Sobre transcripción

Cada una de las lenguas modernas que usan el alfabeto latino confiere un valor fonético distinto a determinados caracteres propios, o a dígrafos o trígrafos que los combinan.

El respeto a la forma gráfica que un nombre tenga en su lengua original no lleva consigo la sujeción a su peculiar fonética cuando lo lean hablantes de otro idioma.

Para intentar la pronunciación única habría que recurrir a un sistema de transcripción fonética internacional; pero existiría la dificultad de conseguir que un alfabeto fonético (distinto del corriente en cada lengua) llegara a ser manejado por los no especialistas y sirviera para los medios de difusión verbal.

Cuestión especial es la de los «exónimos» tradicionales, es decir, los nombres propios que en una lengua vienen designando secularmente a personas o entidades geográficas cuyos nombres tienen forma distinta en el país a que pertenecen: *Florencia, Florence, Firenze; Londres, Londra, London*; etc. Nombres todos respetabilísimos por pertenecer al acervo cultural de cada comunidad lingüística.

El problema se presenta con los nombres propios en lenguas con alfabetos distintos al latino, o sin tradición escrita (lenguas ágrafas). Su transcripción latina varía según se haga al español, al inglés, al francés, al alemán, al italiano. Así ocurre que aparece un mismo nombre con varias grafías. El problema afecta directamente a la prensa, a la radio y a la televisión, y también se encuentra en mapas, libros, etc.

La ONU resolvió el problema estableciendo unos principios básicos. Principios que, por ser respetuosos con las preferencias de la nación a que pertenece el topónimo, no tienen en cuenta la conveniencia de los países que lo han de recibir, y de hecho suponen una abrumadora generalización de latinizaciones basadas en equivalencias fonéticas con el inglés. Los países del Extremo Oriente, con pocas excepciones, han adoptado sistemas de transcripción con la mira puesta en el inglés; otro tanto han hecho la India, Oriente

Medio y muchas naciones africanas. Y los países que no transcriben según la fonética inglesa se basan en la francesa: todo el norte de África y gran parte del África subsahariana.

Estas transcripciones no sirven en español y, al igual que proceden ingleses y franceses, debemos adaptar los sonidos de esos nombres a la grafía y fonética propias, evitando así la confusión y los errores al pronunciar los topónimos provenientes del árabe, del ruso o del suahili, por citar algunos ejemplos.

A continuación se incluyen cinco cuadros, dos del alfabeto cirílico, otro del árabe, otro del hebreo y otro del griego, en los que se indica la transcripción de cada una de sus letras en inglés, francés y español, para facilitar así la corrección comparando el español con las otras dos lenguas dominantes, en el caso de que se desconozca el alfabeto de la lengua original.

En la transcripción al español se ha procurado el mayor acercamiento posible a la pronunciación original.

Antes de pasar a los cuadros particulares de los alfabetos mencionados, es conveniente tener en cuenta unas normas generales para la adaptación al español de los nombres que llegan transcritos al inglés o al francés:

Forma incorrecta en español		*Forma más aproximada que se debe adoptar*
Inglés	*Francés*	*Español*
TH	TH	Z
J/G	DJ/G	Y/CH
KH	KH	J
GH	GH	G/GU
OO	OU	U
	SS	S
EE		I/Y

Además de la doble ese, «ss», deben evitarse todas las duplicaciones consonánticas ajenas al español y escribir una sola consonante. (*Muamar al Gadafi* y no *Muammar al Gadafi*, *Sadam Husein* y no *Saddam Hussein*. Préstese especial atención a las transcripciones del árabe y afines en las que aparezca una «ll», que debe cambiarse por «l»: *Abdalah* y no *Abdallah*.)

TRANSCRIPCIÓN SIMPLIFICADA DEL ALFABETO ÁRABE

Inglés	Francés	Español	Árabe
a	a	a	ا
b	b	b	ب
t	t	t	ت
th	th	z	ث
j	dj/g	y/ch	ج
h	h	h	ح
kh	kh	j	خ
d	d	d	د
th	d/z	d	ذ
r	r	r	ر
z	z	z	ز
s	s	s	س
sh	sh	sch/ch	ش
s	s	s	ص
d/dh	dh	d	ض
t	t	t	ط
z	th	z	ظ
—	—	—	ع
gh	gh	g/gu	غ
f	f	f	ف
k	k	q	ق
k	k	k	ك
l	l	l	ل
m	m	m	م
n	n	n	ن
h	h	h	ه
w	w/ou	u	و
y/ee	y	y/i	ي

En árabe no se escriben las vocales, pero en las transcripciones se encuentran algunas influencias del inglés o del francés

| e/ee | i | i | ◌ِ |
| oo | ou | u | ◌ُ |

TRANSCRIPCIÓN DEL ALFABETO CIRÍLICO BÚLGARO

Inglés	Francés	Español	Cirílico búlgaro	
a	a	a	а	А
b	b	b	б	Б
v	v	v	в	В
g/gh-	g/gh-	g/gu-	г	Г
d	d	d	д	Д
(No se encuentra en nombres propios ni de ciudad)			дз	Дз
dj	dj	y	дж	Дж
e	e	e	е	Е
j	j/g	$\begin{cases} \text{y+voc/} \\ \text{j+con} \end{cases}$	ж	Ж
z/s	-s-/z	s (sonora)	з	З
i/ee/y	i/y	i	и	И
i/ee/y	i/y	i/-y	й	Й
k	k	k	к	К
l	l	l	л	Л
m	m	m	м	М
n	n	n	н	Н
o	o	o	о	О
p	p	p	п	П
r	r	r	р	Р
s	s-/-ss-	s	с	С
t	t	t	т	Т
oo/o	ou	u	у	У
f	f	f	ф	Ф
h/kh	kh	j	х	Х
ts	ts	ts	ц	Ц
ch	tch	ch	ч	Ч
sh	cg	sh	ш	Ш
sht	cht	sht	щ	Щ
i/ee/y	i/y	i/-y	ь	
e	e	a	ъ	Ъ
u-/you	iou/you	iu/yu	ю	Ю
ia/ya	ia	ia	я	Я

TRANSCRIPCIÓN DEL ALFABETO CIRÍLICO RUSO

Inglés	Francés	Español	Cirílico ruso
a	a	a	А а
b	b	b	Б б
v	v	v	В в
g/gh	g/gh	g/gu	Г г
d	d	d	Д д
e,ye	e	e	Е е
zh	dj	y/ch	Ж ж
z/s	s/z	s (sonora)	З з
i/ee/y	i/y	i	И и
ĭ, i, y	i/y	i/y	Й й
k	k	k	К к
l	l	l	Л л
m	m	m	М м
n	n	n	Н н
o	o	o	О о
p	p	p	П п
r	r	r	Р р
s	s/ss	s	С с
t	t	t	Т т
u/oo/o	ou	u	У у
f	f	f	Ф ф
kh, x	kh	j	Х х
ts, c	ts	ts	Ц ц
ch, č	tch	ch	Ч ч
sh, š	ch	sh	Ш ш
shch, šč	cht	sht	Щ щ
y/ee/y	i/y	i/y	Ъ' ъ'
y, i			Ы ы
			Ь' ь'
e	e	a	Э э
yu	iou/you	iu/yu	Ю ю
ya	ia	ia	Я я

TRANSCRIPCIÓN DEL ALFABETO GRIEGO

Inglés	*Francés*	*Español*	*Griego*	
a	a	a	Α	α
b	b	b	Β	β
g	g	g	Γ	γ
d	d	d	Δ	δ
e	e	e	Ε	ε
z	z	s	Ζ	ζ
ê	e	e	Η	η
th	th	c/z	Θ	θ
i	i	i	Ι	ι
k	k	c/k/qu	Κ	κ
l	l	l	Λ	λ
m	m	m	Μ	μ
n	n	n	Ν	ν
x	x	x	Ξ	ξ
o	o	o	Ο	ο
p	p	p	Π	π
r, rh	r	r/rr	Ρ	ρ
s	s	s	Σ	σ, s[1]
t	t	t	Τ	τ
u, y	u	u/y	Υ	υ
ph	ph	ph/f	Φ	φ
kh, ch	kh	j	Χ	χ
ps	ps	ps	Ψ	ψ
ô	o	o	Ω	ω

TRANSCRIPCIÓN DEL ALFABETO HEBREO

Inglés	Francés	Español	Hebreo
—	—	—	א
b,v	b/v	b/v	ב
g	g	g	ג
d	d	d	ד
h	h	h	ה
v, w	v/w/ou	v/u	ו
z	z	z/s	ז
ḥ	h	h	ח
ṭ	t	t	ט
y, j, i	y/dj	y/ch	י
k, kh	k/kh	k/j	ך, כ
l	l	l	ל
m	m	m	ם, מ
n	n	n	ן, נ
ṣ	s	s	ס
—	—	—	ע
p, f	p/f	p/f	ף, פ
ṣ	s	s	ץ, צ
k̄	k/c	k/c/qu	ק
r	r	r/rr	ר
ś	s	s	שׁ
sh	sh	sch/sh/ch	שׁ
t, th	t/th	t/z	ת

(Para la correcta transcripción de los topónimos, véase el capítulo titulado «Normas sobre topónimos».)

No se ha incluido el cuadro de transcripción de los caracteres chinos porque en ese país han establecido un sistema de latinización igual para todo el mundo, llamado «pinyin», naturalmente muy influido por la fonética inglesa.

Normas sobre topónimos

Conviene distinguir entre tres clases de topónimos, a efectos de su escritura (y pronunciación en los medios audiovisuales):

1. Nombres de uso tradicional y muy arraigado en castellano, que corresponden, en general, a países o lugares (normalmente españoles y europeos) y deben conservar su forma castellana: Londres, Dresde, Aquisgrán, Basilea, Múnich (pronúnciese Múnik, no Miúnik), Ratisbona, Maguncia, Milán, Florencia, Amberes, Bruselas, Gotemburgo, Friburgo, Gotinga, Lérida, Gerona, Vitoria, Orense, etc.

Se recomienda mantener la escritura: México, Texas, Oaxaca; pero no olvidar que se pronuncia Méjico, Tejas y Oajaca.

2. Nombres que, teniendo correspondencia castellana, se reproducen en la prensa internacional con las formas del país, a veces reclamadas por los Gobiernos respectivos con actitud anticolonialista. En los despachos aparecen, a menudo, con grafía inglesa. Recomendaciones:

a) Respetar la forma castellana del nombre extranjero cuando es tradicional.

b) Poner entre paréntesis su equivalente castellano, hasta que los lectores u oyentes se acostumbren a identificarlos.

c) Sin embargo, mantener Pekín (no Beijing), Antioquía (no Antakya), etc.

3. Nombres que no tienen correspondencia castellana, y que hay que transcribir hispanizando las grafías, como Abiyán, Nuakchot, Abu Dabi, etc.

En las páginas siguientes se incluyen tres listas de topónimos, correspondientes a los tres casos explicados.

1. Nombres que deben conservar su forma castellana:

En lugar de	Debe decirse
Aachen	Aquisgrán
Abjazia	Abjasia
Al Hoceima	Alhucemas
Anvers/Antwerp	Amberes
Antakya	Antioquía
Aomen	Macao
Asilah	Arcila
Auvergne	Auvernia
Avignon	Aviñón
Basel	Basilea
Basra	Basora
Beijing	Pekín
Belorus	Bielorrusia
Bologna	Bolonia
Boujdour	Bojador
Bordeaux	Burdeos
Bougie	Bugía
Bruxelles	Bruselas
Burma	Birmania
Catalunya	Cataluña
Chechenia	República Chechén
Cornwall	Cornualles
Den Haag	La Haya
Djerba/Jerba	Gelves/Yerba
Dresden	Dresde
Empuries	Ampurias
Fes	Fez
Figueres	Figueras
Frankfurt	Fráncfort
Freiburg	Friburgo
Genève	Ginebra
Girona	Gerona
Grenada	Granada (Isla)
Göteborg	Gotemburgo
Göttingen	Gotinga
Guyana	Guayana
Hawaii	Hawai
Hessen	Hesse
Ingushetia	República Ingush
Izmir	Esmirna

Kampuchea	Camboya
Kashmir	Cachemira
Key West	Cayo Hueso
Kishiniov/Kishiniev	Chisinau
Köln	Colonia
Ksar Kabir	Alcazarquivir
La Golette	La Goleta
La Valletta	La Valeta
La Youne	El Aaiún
Livorno	Liorna
Lleida	Lérida
Lorraine	Lorena
Louisiana	Luisiana
Mainz	Maguncia
Makkah	La Meca
Malaya/Malaysia/Malaisia	Malasia
Mantova	Mantua
Meknes	Mequínez
Mers el Kebir	Mazalquivir
Milano	Milán
Mississippi	Misisipi (o Misisipí)
Missouri	Misuri
Moscowa	Moscú
Mumbai	Bombay
München	Múnich
Nabatiyeh	Nabatea
Nablús	Naplusa
New Orleans	Nueva Orleans
Newfoundland	Terranova
New Hampshire	Nuevo Hampshire
New Jersey	Nueva Jersey
New Mexico	Nuevo México
New York	Nueva York
Niedersachsen	Baja Sajonia
North Carolina	Carolina del Norte
North Dakota	Dakota del Norte
Padova	Padua
Pennsylvania	Pensilvania
Perugia	Perusa
Regensburg	Ratisbona
Rouen	Ruán
Saida	Sidón
Saint Jean de Luz	San Juan de Luz

Seu d'Urgell (La)	Seo de Urgel (La)
Sousse	Susa
South Carolina	Carolina del Sur
South Dakota	Dakota del Sur
Tarablos	Trípoli
Tatarstán	Tartaria
Tbilisi	Tiflis
Terrassa	Tarrasa
Tesalonique	Salónica
Tetouan	Tetuán
Torino	Turín
Toulon	Tolón
Tübingen	Tubinga
Turkmenia	Turkmenistán
Varanasi	Benarés
Vilnius	Vilna
West Virginia	Virginia Occidental o del Oeste
Yangón	Rangún
Zelouane	Zeluán

2.   Nombres que, por intereses políticos del país respectivo, hay que respetar en su nueva forma, pero siempre recordando, entre paréntesis, su nombre castellano:

> Antananarivo (Tananarivo)
> Bangladesh (Bengala)
> Bioko (Fernando Poo)
> Burkina Faso (Alto Volta)
> Ciudad Ho Chi Minh (Saigón)
> Dajla (Villa Cisneros)
> Yerba (Gelbes)
> Esauira (Mogador)
> Gdansk (Danzig)
> Malabo (Santa Isabel)
> Myanmar (Birmania)
> Sri Lanka (Ceilán)
> Taiwán (Formosa)
> Tallin (Reval)

3. Nombres sin correspondencia en castellano y que hay que transcribir hispanizando las grafías:

En lugar de	Debe escribirse
Abidjan	Abiyán
Abu Dhabi	Abu Dabi
Abuja	Abuya
Ajmán	Achmán
Aleppo	Alepo
Azerbaidzhan/Azerbaiján	Azerbaiyán
Antananarivo	Tananarivo
Bophuthatswana	Bofutatsuana
Botswana	Botsuana
Bujumbura	Buyumbura
Dakla	Dajla (Villa Cisneros)
Dar es Salaam	Dar as Salam
Djibouti/Jibuti	Yibuti
Essaouira	Esauira (Mogador)
Fidji/Fiji	Fiyi
Fujairah	Fuyairah
Ghardahia	Gardaya
Gizeh	Guiza
Jeddah/Jiddah	Yida
Jibuti	Yibuti
Kairouan	Kairuán
Katar	Qatar
Kazakhistán	Kazajistán
Kenya	Kenia
Khartoum	Jartum
Khorasán	Jurasán
Khuzistán	Juzistán
Kilimandjaro	Kilimanyaro
Kirghizistán	Kirguizistán
Koweit	Kuwait
Lesotho	Lesoto
Malawi	Malaui
Marrakesh	Marraquech
Mogadiscio	Mogadischo
Mogreb	Magreb
N'Djamena	Yamena
Nouadhibou	Nuadibú
Nouakchott	Nuakchot
Ouagadougou	Uagadugu

Ouargla	Uargla
Ouarzazate	Uarzazat
Oum al Qaiuein	Um al Qaiuain
Oujda/Uxda	Uchda
Punjab	Punyab
Riyad	Riad
Ras al Khaima	Ras al Jaima
Swazilandia	Suazilandia
Tadzhikistán	Tayikistán/Tayikia
Tchad	Chad
Yiddah	Yida
Zimbawe	Zimbabue

Otros topónimos dudosos:

Incorrecto	*Correcto*
Antioquía (Colombia)	Antioquia
Batton Rouge	Bâton Rouge
Calí (Colombia)	Cali
Checoeslovaquia	Checoslovaquia
Chequia	República Checa
Ciudad El Cabo/Ciudad de El Cabo	Ciudad del Cabo
Katar	Qatar
Nueva Zelandia	Nueva Zelanda
Paramarivo	Paramaribo
Rhin	Rin
Rumania	Rumanía
Sidney (Australia)	Sydney
Sofia	Sofía
Thailandia	Tailandia
Tahiti	Tahití
Tokyo	Tokio
Tunicia	Túnez
Ukrania	Ucrania
Yugoeslavia	Yugoslavia

Algunos gentilicios
que se prestan a confusión

A

Abisinia o Etiopía: abisinio, etíope. Abiyán (Costa de Marfil): abiyí, abiyanés.

Abu Dabi (Emirato de Arabia): abudabita.

Adra (Almería) *Ábdera:* abderita, abderí.

Afganistán (Asia) *Paropamisio:* afgano, paropamisio.

Aix-en-Provence (Francia) *Aquae Sextiae:* acuense, aixés, aquisextino, sextense, aixense.

Aix-les-Bains (Francia): acuense, aixés, aixense.

Akka (Israel) *Accra, San Juan de Acre, Ptolemaida*: ptolemaíta, aceo.

Alaska (est. Estados Unidos): alasqueño, alasquiano, alasquense, alascense.

Albania: albanés, albano, arnaúte.

Albi (Francia) *Alba Augusta:* albigense.

Alcalá de Henares (Madrid) *Complutum:* alcalaíno, complutense, alcalaeño.

Alcántara (cualquier ciudad): alcantarino.

Alcázar de San Juan (Ciudad Real): alcense, alcés, alcazareño, alcaceño.

Alcazarquivir o Ksar-el-Kebir (Marruecos) *Oppidum Novum:* casis, kazrí.

Algarve (reg. Portugal): algarveño, algarvio.

Almuñécar (Granada) *Sexi:* almuñequero, sexitano.

Alto Volta (Burkina Faso) (Africa): voltense.

Amberes (Bélgica) *Antuerpia:* amberino, antuerpiense, amberiense.

Ammán (Jordania) *Rabbab* o *Rabbat Ammón, Filadelfia:* ammonita, rabbatita, ammamí.

Amsterdam (Holanda) *Amstelodamum:* amstelodamense, amsterdamés, amstelodamés.

Angeles, Los (California, Estados Unidos): angeleno, angelopolitano, angelino.

Angola: angoleño.

Angora o Ankara (Turquía) *Ancyra:* angorense, angorino, ancirense.

Anjou (reg. Francia) *Andegavum:* andegavense, andegavo, angevino.

Antigua, isla (Antillas): antiguano.

Antigua (Guatemala): antigüeño.
Antioquia (Colombia, dep.): antioqueño.
Antioquía (Siria) *Antakya:* antioqueno, antioquense, antioqueño.
Aquisgrán (Alemania) (Aachen o Aix-la-Chapelle) *Aquae Grani:* aaquelenes, aachiano, aquisgranense, aachense.
Arabia Saudí: saudí.
Arcila (Marruecos) *Zilis, Okile:* azilí, azailí.
Arles (Francia) *Arelate* y *Sextanorum Colonia:* arelatense, arlesiano, arlesiense, sextano.
Asia austral o meridional: austroasiático.
Astorga (León) *Asturica Augusta:* asturicense, astorgano.
Asunción (Paraguay): asunceno, asunceño.
Australia: australiano.
Australia (población indígena): australiense.
Ávila *Oliba, Abula, Avela:* abulense, avilés.
Ayaristán: ayario.
Azerbaiyán: azerbaiyano, azerbaiyaní, azerbaiyanés.

B

Babilonia: babilonio
Badajoz *Pax Augusta, Beturia:* badajocense, badajoceño, pacense.
Bagdad (Irak): bagdadí.
Bahamas o Lucayas, islas: bahamense, lucayo, bahameño.

Bahrain (emirato Arabia): bahrainí.
Balbek (Líbano) *Heliópolis:* heliopolita.
Beluchistán (Pakistán) *Gedrosia:* beluchí, gedrosio, baluchi.
Bangladesh: bengalí.
Barbastro (Huesca): barbastrense, barbastrino.
Barbate (Cádiz): barbateño.
Basilea (Suiza): basilense, basileense.
Bechuanalandia (Sudáfrica): bechuano.
Belgrado (Servia) belogradense, belgradense.
Betania (Palestina): betanita.
Biarritz (Francia): biarrota.
Bierzo, El (reg. León): berciano, bergidense.
Birmania *(Burma,* en inglés): birmano, burmés.
Bofutatsuana: bofutatsuanés.
Botsuana *Bechuanalandia* (África): botsuano, botsuaniano, botsuanés.
Brabante (reg. de Holanda y Bélgica) *Brachanetum:* brabanzón, brabantés, brabantino.
Brasilia (Brasil): brasiliense.
Bretaña (reg. de Francia) *Armórica:* bretón, armoricano.
Brozas (Cáceres): brocense, broceño.
Buenos Aires (Argentina): porteño, bonaerense.
Burdeos (Francia) *Burdigala:* burdigalense, bordolés, bordelés.
Burundi (África): burundés, burundiano.

C

Cabo de Hornos (Chile): caphornicense.

Cabrera, isla (Baleares) *Capraria:* caprariense.

Calahorra (Logroño) *Calagurris Nasica:* calagurritano, calahorrano, calahorreño.

Calatañazor (Soria) *Voluce, Qalat en-Nosur:* volucense.

Calatayud (Zaragoza) *Bilbilis, Qalat Ayub:* bilbilitano.

Cali (Colombia): caleño, calima, caliqueño, caliense.

Callao, El (Perú): chalaco.

Camberra (Australia): camberrano.

Camboya (est. Asia): camboyano, camboyés, camboyense.

Cambridge (Estados Unidos): cantabrigense.

Cambridge (Inglaterra) *Cantabrigia, Camboritum:* cantabrigense.

Caná (Palestina): cananeo.

Canterbury (Inglaterra) *Cantwabyrig, Duroverum, Durwhern Cantuaria:* cantuariense.

Capri, isla (Italia) *Capreae:* capriota, caprense.

Carolina (Colombia): carolineño, carolinita, carolinense.

Carolina, N. S. (Estados Unidos): carolinense, caroliniano.

Carolina, La (Jaén): carolinense, caroliense.

Carolina del Norte (Estados Unidos): norcarolino, norcaroliniano.

Carolina del Sur (Estados Unidos): surcarolino, surcaroliniano.

Carolinas, Las (islas Oceanía): carolino, carolinense.

Casablanca (Colombia): casablanqués, casablancuno.

Casablanca (Marruecos) (en árabe Dar al Baida): baidaní, baidaui.

Caspe (Zaragoza): caspolino.

Ceilán, isla *Taprobana, Sri Lanka:* ceilanés, sinalés.

Centroamérica: calentano, centroamericano.

Cerdeña, isla (Italia): sardo.

Ceuta *Ad Septem Fratres, Medina Septa:* ceutí, septense.

Chaco (reg. América del Sur): chaquense, chaqueño.

Chaco (prov. Argentina): chaqueño.

Chaco de Bolivia: calchaquí.

Chachapoyas (Perú): chachapoyense, chachapoyuno.

Chechén (República): chechén(es).

Chad: chadí, chadiano.

Champagne (Francia): campanense, champenés, champañés.

Cherburgo (Francia) *Coralium:* corialense, cherburgués, cherburgense.

Chester (Inglaterra) *Deva:* cestriano, cestriense.

Chichicastenago (Guatemala): maxeno.

Ciudad Real *Clunia:* ciudadrealeño, cluniense.

Ciudad Rodrigo (Salamanca) *Mirobriga, Caliabria, Laneia Transcudana:* mirobrigense, civitatense, rodericense, transcudano.

Coblenza (Alemania) *Confluentia:* coblenciense, confluentiense, coblencés.

Cognac (Francia): coniacense.

Coimbra (Portugal) *Conímbriga:* conimbricense, coimbricense, colimbriense, coimbrano.

Colmenar (Málaga): colmenarense, colmenareño.

Colmenar de Oreja (Madrid): colmenarete.

Colmenar Viejo (Madrid): colmenareño.

Colorado (est. Estados Unidos): coloradino, coloradeño.

Comoras, islas (Índico): comoriense, comoreño, comorense, comoro.

Concepción (Colombia, Cuba y Paraguay): concepcionero.

Concepción (Chile) *Penco:* penquisto. Concepción (Honduras): concepcioneño.

Constanza (Alemania) *Constantiacum:* constanciense.

Constanza (Rumanía) *Tomos* o *Tomi:* tomitano, tomita.

Copenhague (Dinamarca) *Hafnia, Codania, Kobmaendenes Havn:* hafnino, codano, hafnio, kobmendense.

Córdoba *Corduba, Colonia Patricia:* cordobés, cordubense, patriciense.

Córdoba (Argentina): cordubense, cordobés.

Córdoba (Bolívar, Colombia): cordobense.

Córdoba (Nariño, Colombia): cordobeño.

Corrientes (Argentina): corrientense, corrientino.

Costa de Marfil: ivoriano, ivorense, eburnense, marfileño.

Cretona (Italia) *Eretum:* eretino.

Crimea, península *Quersoneso Táurico:* crimense, quersonense.

Crimea, región *Táuride, Jazaria:* crimeano, jázaro, tauro, tauricano.

Cuenca (Ecuador): cuencano.

Cuenca (España): cuencano, conquense.

Cuenca de Campos (Valladolid): cuenquín.

Cufa o Kufa (Irán): cufí.

Cullera (Valencia) *Sucro:* sucronense, cullerense.

Curazao o Curaçao (islas Antillas Holandesas): curazoleño, curasoleño, curassaviense, curazaense.

Cuzco (Perú): cuzqueño, cuzcoense.

Czestochowa (Polonia): cestocoviense.

D

Dahomey/Benin: dahomeyano, dahomense, beninés, eboense.

Damasco (Siria): damasceno, damaceno, damascense.

Dax (Francia): daqués.

Delhi (India): delhí.

Dijon (Francia) *Divio o Castro Divionense:* divionense, dijonés.

Dinamarca: danés, dinamarqués, dánico, cimbrio.

Dubrovnik o Ragusa (Yugoslavia) *Ragusium:* ragusiano.

Durango (México): durangueño.

Durango (est. México): duranguense.

Durango (Vizcaya): durangués.
Düsseldorf (Alemania): dussel-
dorfés.

E

Écija (Sevilla) *Astigi o Augusta
Firma:* astigitano, ecijano.
Elba (isla, Italia) *Ilva, Aethalia:*
etalio, ilvense.
Elche (Alicante) *Julia Augusta,
Ilici:* ilicitano, ilicense, elchense.
El Salvador: salvadoreño.
Esauira (Marruecos) *Mogador:*
sauirí.
Estocolmo (Suecia) *Holmia:* hol-
miense, estocolmés, estocol-
mense.
Estrasburgo (Francia): estrabur-
gués, argentoratense, estrate-
burgense, argentinense.
Exeter (Inglaterra) *Exonia, Isca:*
exoniense, iscense.

F

Félix (Almería): felisario.
Fernancaballero (Ciudad Real):
fernanduco.
Femando Poo (isla, Guinea): fer-
nandino, fernandense.
Fez (Marruecos): fasi, fecí.
Filadelfia (cualquier ciudad): fila-
delfino.
Filiadelfia (Colombia): filadelfano.
Filadelfia (Estados Unidos): fila-
delfiense, filadelfiano.

Finlandia *Finnia:* finlandés, finio,
finés.
Fiyi (islas, Polinesia): fiyiano.
Florida (Colombia): floridano.
Florida (est. Estados Unidos): flori-
dano, floridense, floridiano.
Florida (Honduras): florideno.
Florida, La (Colombia): florideño.
Fontibre (Santander) *Juliobriga:*
juliobrigense.
Formosa (Argentina, territ.): for-
moseno.
Formosa (isla, China): formosano,
formosino.
Fráncfort (Alemania): francfortés,
francofurdense.
Friburgo de Brisgovia (Alemania):
friburgués, friburgense.
Frisia (reg. Holanda): frisio, frisón.
Fuencarral (Madrid): fuencarrale-
ro, foncarralero.

G

Gabón: gabonense, gabonés.
Gambia: gambiano, gambiense.
Gaza (Palestina): gazense, gazeo,
gazita, gazano.
Gdansk o Dantzig (Polonia): gdans-
kés, gedanio, gedanense, dantzi-
gués, gdanskense.
Ghana: ghanés, ghaneano, gha-
niense, ghanata.
Ginebra (Suiza) *Augusta Allobro-
gum, Lossanemis:* alobrogés,
ginebrino, genevense, ginebrés,
genavense.
Glasgow (Escocia) *Glasgua:* glas-
gowiense, glaswegiano, glas-
guense.

Golán (reg. Siria): gaulanita.
Gomorra (Palestina): gomorreo, gomorrense, gomorrano.
Granada (España) *Iliberis:* granadino, iliberitano.
Granada (Colombia): granadino.
Granada (Nicaragua): granatense.
Granada (isla, Antillas): granadense.
Guadalajara (España) *Caracea o Arriaca:* caracense, carriacense, arriacense, guadalajareño, alcarreño.
Guadalajara (México): guadalajarense, tapatío.
Guadalupe (Cáceres) *Aquae Lupiae:* guadalupense, guadalupeño.
Guadalupe (Colombia): guadalupeno.
Guadalupe (México): guadalupano.
Guadalupe (isla, Antillas): guadalupeño, guadalupiense.
Guardia, La (Pontevedra): guardés.
Guardia, La (Toledo): guardiolo.
Guardia de Jaén, La (Jaén) *Mentesa Bastitana:* guardeño, mentesano.
Guinea (Conakry, Bissau, Ecuatorial): guineano, guineo.

H

Haya, La o 's Gravenhage (Holanda) *Haga Comitis:* hagacomitense, hayense, hagués.
Hebrón (Judá): hebronita.
Helsinki (Finlandia): helsinguino.
Hierro, isla (Canarias): herreño.

Hong-Kong (China): honkonguense.
Huelva *Olbia, Aestuaria, Onuba:* olvisino, onubense, huelveño.
Huesca *Osca:* oscense.
Huéscar (Granada): oscense.

I

India: indio.
Ingushetia o República Ingush: ingush(es).
Israel: israelí.

J

Jaca (Huesca) *Iaca:* jacense, jacetano, jaqués, jaquetano, iacetano, iacense.
Jaffa (Palestina) *Joppe:* jopita.
Jamaica, isla: jamaicano, jamaiquense, jamaiquino, jamaicense.
Japón: japonés, nipón, japonense.
Jartum (Sudán): jartumita.
Jatmandú (Nepal): jatamansino, jatamansio.
Játiva (Valenis), *Saetabis:* jatibés, jativés, setabense, setabino, setabitano, setabiense.
Jericó (Palestina): hierocontino, hierocuntino, jericontino, jericuntino.
Jericó (Colombia, Antioquia): jericoano.
Jericó (Colombia, Boyacá): jericó, iericoense.
Jerusalén (Colombia): jerusaleño, salemita.

Jerusalén (Palestina) *Jebús o Salem:* hierosolimitano, jerosolimitano solimitano, hierosolimita, yerusalmí.

Jurasán (reg. Irán) *Partia:* joarasano, jurasano.

Juzistán (prov. Irán): juz, juzistaní.

K

Kampuchea *Camboya:* kampucheano, kambuja, camboyano.

Kenia: keniano.

Kirguizistán: kirguís.

Kiribati, islas (Pacífico) (Gilbert): kiribatí.

Konisberg (Prusia) Kaliningrad (URSS): regiomontano, koenisbergense.

Kuangchu (China) *Cantón:* cantonés.

Kurdistán: kurdo.

Kuriles, islas (Asia): kuriliano, kuriliense, kuriltsí (ant. pobladores).

Kuwait: kuwaití.

L

Lagos (Nigeria): lagosense, lagosino.

Laos (est. Asia) *Langxong:* laocio, laosiano, laotiense, laotiano.

Laponia (reg. Escandinavia): lapón.

Larache (Marruecos) *Lixus* (El-Arisch): lisense, araixi.

Lausana (Suiza) *Lousonna o Losanna:* lausanense, lausanés, lousonense, losanense.

Lebrija (Sevilla) *Nebrija, Nebrissa:* lebrijano, nebrijano, nebrisense.

Leipzig (Alemania) *Lipsia:* lipsiense.

León *Legio Séptima Gémina:* legionense, leonés.

Lepanto (Grecia) *Naupacta:* naupactio, naupacto.

Lérida *Ilerda:* ilerdense, leridano, leridense.

Lesoto (África) *Basutolandia:* basuto.

Liberia: liberiano.

Liébana, valle (Santander): lebaniego, lebanense.

Liechtenstein: liechtenstiano, liechteinés, liechtensteinense.

Lieja (Bélgica) *Leodium o Leucia:* leodiense, liejense, liejés, leuco, leigense.

Lille (Francia) *Insula:* insulense, lilés, lilense, lillense.

Limoges (Francia) *Lemovicum, Augustorium lemovicensium:* lemosín, lemovicense, lemosino, limusino.

Línea, La (Cádiz): liniense, linense.

Lípari, isla (Eolias, Tirreno) *Lipara, Meligunis:* liparense, lipareo, lipariota, liparitano, meligúnida.

Liria (Valencia) *Edeta, Lauro, Leiria:* liriano, edetano, leiriense.

Lisboa (Portugal) *Olisipo:* lisboeta, lisbonense, lisbonés, lisboés, lisbonino, olisiponense.

Liverpool (Inglaterra): liverpudliano.

Llivia (Gerona) *Julia Libyca:* libiense, lliviense.

Lloret de Mar (Gerona): loretense.

Logroño *Lucronium, Juliobriga, Vareia:* logroñes, lucroniense, juliobrigense.

Lorca (Murcia) *Ilorci, Elioeroca:* ilorcitano, lorquino, lorquí, eliocrocense.

Lugo *Lucus Augusta:* lucense, luqués.

Lusitania Portugal: lusitano, luso.

Lyon (Francia) *Lugdunum:* lugdunense, lionés.

M

Maastricht (Holanda) *Trajectum aa Mosam:* moseno, maastrichtense.

Macao (China): macaense, macaísta.

Madagascar: madecasiano, malgache.

Madeira, islas *Insulae Purpurarie:* maderés, maderiano, maderiense.

Madrid: madrideño, madrileño, matritense, mayrití (hispár), mageritense.

Magreb, El (región O. de África: Marruecos, Argelia y Túnez): magrebí, mogrebí, mogrebino, magribí.

Maguncia o Mainz (Alemania) *Maguntiacum, Mogontiacum:* magunciense, maguntino, mogontiacense, mogontiaco.

Mahón (Baleares) *Municipium Flavianum Magontanum, Portus Magonis:* magontano, mahonense, mahonés, magonense, magoniano.

Makalakalandia (reg. Rodesia): makalaka.

Málaga *Málaca:* malacitano, malagueño, malagués.

Malaui o Nyasalandia (África): malauí, malauiano.

Mali (África: Sudán): malí, maliense.

Malta, isla *Melita:* maltés, maltense melitano, melitense.

Managua (Nicaragua): manguero, manguense.

Manila (Filipinas): manilense, manileño.

Manizales (Colombia): caldense, manizaleño, manizalita.

Maputo (Mozambique) *Lourenzo Marques:* laurenciano, laurentino.

Maracaibo (Venezuela): maracucho, maraibero, marabino.

Marraquech (Marruecos): marracusí, marrakusí.

Martos (Jaén) *Tucci, Augusta Gemella,* Itucci: marteño, tucciano.

Mataró (Barcelona) *Iluro:* ilurense, mataronense, mataronés.

Mauricio, isla (Índico): mauriciense, mauriciano.

Meca, La (Arabia Saudí) *Makoraba:* mequí, mecano.

Medellín (Badajoz) *Metellinum, Castra Metelli:* metelinense, metilinense.

Medellín (Colombia): medellinense medellense.

Medina de Rioseco (Valladolid) riosecano.

Medina Sidonia (Cádiz) *Asido, Methymna Assidonia:* medinense, asidonense, medinés.

México, *Tenochtitlan:* mexicano, tenochca.

Mequínez o Meknes (Marruecos): mequinés, miknasí.

Mérida (Badajoz) *Emerita Augusta:* emeritense, merideño.

Micronesia (Oceanía): micronesio.

Mónaco *Arx Herculis Monaeci:* monegasco, moneciense.

Monegros, Los (reg. Aragón): monegrino.

Mongolia o Mogolia: mongol o mogol.

Montserrat, islas (Antillas): montserratiano.

Mora (Toledo): moracho.

Mora de Ebro (Tarragona): morense.

Mora de Rubielos (Teruel): morano.

Mora la Nueva (Tarragona): moranovense.

Mozambique: mozambiqueño, mozambicano.

Múnich (Alemania): muniqués.

N

Namibia (África): namibiano, namibio.

Nankín (China): nanquinés.

Naplusa o Naplús (Palestina) *Flavia Neapolis, Siquem:* neapolita, siquemita.

Nápoles (Italia) *Neapolis, Parténope:* napolitano, neapolitano, partenopeo.

Nassau (Indias Occ. Holandesas): nasauense.

Naurú, isla (Polinesia): nauruano.

Nautla (México): nauteco.

Nava (Asturias): navarrusco, naveto

Navalmoral de la Mata (Cáceres) moralo.

Nepal (Asia): nepalés, nepalí, nepalense.

Newfoundland (o Terranova) (Canadá): neofundlandés, neofinlandés.

Niebla (Huelva) *Tlipla, Ilipa, Elepla:* iliplense, ilipense.

Niger, Rep. del (África): nigerio, nigeriense, nigerino.

Nigeria (África): nigeriano.

Nilo, valle del (Egipto); nilótico.

Nimega (Holanda) *Ulpia Noviomagus:* noviomagense, nimegés, nimegense.

Nínive (Asiria): ninivita, niniveo, nineo.

Niza (Francia) *Nicea:* nicense, nicés, nizardo.

Nueva Caledonia (Oceanía): neocaledonio, neocaledoniense, neocaledoniano.

Nueva Escocia (prov. de Canadá); acadiano, acadiense.

Nueva Gales del Sur (Australia): neosurgalés.

Nueva Guinea (Oceanía) (Irian, nombre indígena): neoguineano, neoguineo.

Nueva York (Estados Unidos) *Nueva Amsterdam:* neoyorquino.

Numancia (ant. Soria): numantino.

O

Oaxaca (est. México): oaxaqueño, zapoteca, oaxacano.

Oca (Burgos) *Auca Patricia:* aucense.

Ocaña (Toledo) *Oceanie, Oleania:* ocañense, olcadense, ocañero.

Ojén (Málaga): ojenete.

Olot (Gerona): olotense, olotino.

Omán (península arábiga): omaní.

Oporto (Portugal) *Portus Cale:* portuense, portucalense, portugalense.

Orange (est. Sudáfrica): bóer.

Orense, *Aquae Calidae, Auria, Auregia:* orensano, auriense.

Orihuela (Alicante) *Orcelis, Aurariola:* orcelitano, oriolano, oriolense.

Osetia: oseta, osete.

Oslo (Noruega): osloense.

Ostia (Italia): ostiense, portuense, ostiano.

Ottawa (Canadá) *Bytown:* bitowniense, ottaués.

Oviedo (Asturias) *Ovetum, Lucus Asturum:* ovetense.

Oxford (Inglaterra) *Oxonia, Oxenford, Oxnaford:* oxoniano, oxoniense, oxfordiense, oxfordiano, oxfordense, oxenfordense.

P

Pagalu *Annobón* (isla Guinea): bonanense, annobonense.

País de Gales (Inglaterra) *Gaula:* galés, cambrense.

Pakistán: paquistaní.

Palermo (Italia) *Panormus:* palermitano, panormitano, peloritano.

Palma, La, isla (Canarias): palmero.

Palma de Mallorca (Baleares) *Medina Mayurca:* palmesano, palmense.

Palmar de Troya, El (Sevilla): palmariano.

Palmas, Las (Canarias): palmense.

Palos de Moguer (Huelva): palense, palermo.

Pamplona (Navarra) *Pompelón o Pompeiópolis:* pampilonense, pamplonica, pamplonés, pompelonense.

Papúa (archip. Bismark): papuano, papú.

Parls (Francia) *Lutetia Parisorum:* parisiense, luteciense.

Pathan (India, reg.): patán.

Patmos, isla (Espóradas): patmiota.

Pekín (China): pequinés, pequinense.

Pentápolis (cualquiera de las cinco de los antiguos): pentapolitano.

Perú: peruano, perulero, peruviano.

Petra (Baleares): petrense.

Petra (Nabatea, Arabia): petrense.

Petra (Sicilia): petrino.

Pisa (Italia): pisano, pisata.

Pisa (Peloponeso): piseo.

Poitou (reg. Francia): poitevino, pictón.

Posadas (Argentina): posadense, posadeño.

Posadas (Córdoba): maleño.

Potes (Santander): lebaniego.

Puerto Rico, *Borinquén:* borinqueño, puertorriqueño.

Puerto Rico (Bolivia): puertorriquense.

Punyab (India): panyabí, punyabí.

Q

Qatar (península arábiga): qatarí.

Qubaiba, Al (Palestina), *Emaús:* emausita.

Quebec (Canadá): quebequés.

Quezaltenango (Guatemala, dep.): quezalteco.

Quimbaya (Colombia): quimbaya, quimbayuno.

Quintanar de la Orden (Toledo): quintanareño.

Quintanar de la Sierra (Burgos): serrano, serranopinariego, pinariego.

Quintana Roo (terr. fed. México): quintanarroense.

R

Ragusa (Sicilia) *Hibla Herea:* hibleo, arragocés, hiblense.

Ragusa (Yugoslavia) Dubrovnik, *Epidauro:* raguseo, ragusano, epidaurio, epidauritano.

Ram Alah (Palestina) *Ramah:* ramatita.

Reinosa (Santander) *Julióbriga:* reinosano, juliobrigense.

Rentería (Guipúzcoa): renteriano.

Reus (Tarragona) *Redis:* reusense.

Rías Bajas gallegas: meiriño.

Río de Janeiro (Brasil): fluminense, carioca.

Rosario (Argentina): rosarino, rosariense.

Rosario (Colombia): rosario.

Rosario (Uruguay): rosarino.

Rosario, El (Canarias): rosariero.

Rosas (Gerona) *Rhoda:* rosense, rodense.

Ruanda (Rep. África): ruandés.

S

Saba (Sabea, Arabia Feliz), *Sheba Mareh* (Yemen): sabeo.

Sagunto (Valencia) *Murviedro, Muri Veteres o Arse:* murviedrés, saguntino, rútulo, arsetano.

Sahara (África): saharense, saharaui, sahariano.

Saint-Emilion (Francia): santemilionés.

Saint-Malo (Francia): maluino, macloviano.

Saint-Tropez (Francia) *Heraclea o Athenópolis:* heraclense, atenopolita, tropeciense.

Salamanca, *Helmántica o Salmántica:* charro, salmantino, salmanticense, helmántico, salamanquino, salamanqués, helmanticense.

Salomón: salomonés.

Salzburgo (Austria), *Juravia o Colonia Adriana, Salisburgum:* juvaviense, salzburgués, salburguense, salisburguiense.

Samoa, islas (Polinesia): samoano, samoense.

San Antonio (Texas, Estados Unidos): sanantoniano.

San Antonio de las Vegas (Cuba): veguero.

San Antonio de los Baños (Cuba): ariguanense (de una laguna llamada Ariguanabó).

San Carlos (Chile): sancarlino.

San Carlos (Nicaragua): carleño.

San Carlos (Uruguay): carolino.

San Carlos (Venezuela): carlense.

San Carlos de la Rápita (Tarragona): rapitense, rapiteño.

Sancti-Spíritus (Cuba): guayabero, espirituano.
San Felipe (Cuba): filipeño.
San Felipe (Chile): sanfilipeño.
San Felipe (Venezuela): filipense.
Sangüesa (Navarra) *Iturisa o Ituren:* ituricense, iturisense, sangüesino.
San Juan de Luz (Francia): sanjuandeluciense, luciense.
San Marino, República (Europa): sanmarinés, sanmarinense.
Santa Cruz (Bolivia): cruceño.
Santa Cruz de la Palma (Canarias): palmero.
Santa Cruz de Tenerife (Canarias): candelariero, tinerfeño.
Santiago de Compostela (La Coruña): compostelano, santiagués.
Santiago de Cuba (Cuba): santiaguero.
Santiago de Chile (Chile): santiaguino.
Santillana del Mar (Santander) *Santa Juliana:* sanjulianense.
Santo Domingo (Rep. Dominicana): dominicano.
Santo Domingo de la Calzada (Logroño): calceatense.
Santo Domingo de Silos (Burgos): silense.
Santo Tomé, isla (Atlántico): angolar (descendientes de esclavos angoleños que la poblaron), santomense.
Sao Paulo (Brasil, ciudad): paulistano, paulista, sampaulero.
Senegal: senegalés.
Senegambia (África): senegambiano, senegambino.
Seúl (Corea): seulés, seulense.

Sevilla, *Julia Rómula o Hispalis:* romulense, hispalense, hispaleto, hispaliense, sevillano.
Sidón (Líbano), *Saida:* sidonio, sidoniano, sidonita.
Sigüenza (Guadalajara), *Segontia:* segonciense.
Simancas (Valladolid) *Septimanca:* simanquino, septimancense, septimanqués, septimanquense.
Sinaí (peníns. Egipto): sinaíta.
Sind (prov. Pakistán): sindi, sindí.
Singapur, isla (Malasia): singapurés, singaporense.
Sitges (Barcelona), *Subura:* sitgetano, suburense, subrense, sigetano.
Sodoma (Palestina): sodomita.
Somalia: somalí.
Southampton (Inglaterra), *clausentum:* clausentino.
Soweto (Sudáfrica): sowetoyano, sowetano.
Sri Lanka o Ceilán, isla, *Taprobana:* ceilandés, ceilanés.
Suazilandia (África): suazili o suazi.
Suez (Egipto), *Arsinoe:* arsinoíta.
Suiza, *Helvetia:* helvecio, helvético, suizo.
Sunem o Sunam, *Sulam:* sulamita, sunamita.

T

Talavera de la Reina (Toledo), *Caesaróbriga o Talábriga:* talabricense, talaverano.
Tánger (Marruecos) *Tingis:* tangerino, tingitano, tanyaní (hispár).
Tanzania (África) (Zanzíbar + Tanganika): tanzano.

Tarifa (Cádiz), *Tingintera, Mallaris, Julia Joza o Julia Transdueta:* tarifeño, tinginterano.

Tarragona, *Tarraco, Cesse:* tarraconense, tarraconita, cesetano, cosetano.

Tasmania (Australia), isla: tasmano.

Tayikistán o Tayikia: tayik.

Tebas (Egipto): tebeo, tebano.

Terranova, *Newfoundland* (prov. Canadá): terranovense.

Teruel, *Turba, Túrbula, Turbolium:* turolense, turboleta.

Tiro, *Sur* (Líbano): tirio.

Tirol del Sur (Italia): surtirolés.

Tívoli (Italia), *Tibur:* tiburtino.

Tobago (Trinidad y): tobago.

Togo (África): togolés.

Tonga, islas (Polinesia): tongano, tongués.

Toro (Zamora), *Octodunum, Tauro, Albucela:* octodunense, torés, toresano, albucelense.

Trinidad (Bolivia): trinitario.

Trinidad (Colombia): trinitense.

Trinidad (Cuba): trinitario.

Trinidad (Honduras): triniteco.

Trinidad (Uruguay): trinitario.

Trinidad y Tobago, islas: trinitense.

Trípolis (Grecia), *Tegea:* tripolitano.

Trípoli (Líbano) Ardat: tripolitano.

Trípoli (Libia): Oea: tripolitano, trablesí.

Tubinga (Alemania): tubingense, tubingués.

Turkestán (reg. Asia): turquestaní.

U

Ucrania: ucraniano, ucranio.

Ulster (reg. Irlanda) *Ultonia:* ulvesteriano, ultoniano, ulsterés.

Uzbekistán: uzbego, uzbeco, usbeco.

V

Valsaín (Segovia) *Vallis Sabinum:* valisabinense.

Vírgenes, islas (Estados Unidos): virginislandés.

Viti (isla, Fiyi): vitiense.

W

Washington (Estados Unidos): washingtoniano.

Waziristán (reg. Afganistán): wazirí.

Winchester (Inglaterra) *Vinovia, Caer Givente, Venta Belgarum, Wintonia:* vinoviense, vintoniense.

Windsor (Inglaterra) *Vindonis:* vindomense.

Y

Yamena (Chad): yamenense.

Yebala (reg. Marruecos): yeblí.

Yemen Himyar: yemení, yemenita, himyarí.

Yibuti (Somalia): yibutí, yibutiense.

Z

Zagreb (Yugoslavia) Agram: agramita.

Zaire: zaireño, zairés, zairense, zairota.

Zambia: zambio, zambés, zambeño.

Zimbabue: zimabuo.

Zuira (Marruecos) *Esauira, Mogador*: zuirí.

Zúrich (Suiza) *Turicum:* zuriqués, turicense.

Zúrich (cantón, Suiza) *Tigurinus Pagus*: tigurino.

Lista de gobernantes

Lista de gobernantes y políticos cuyas lenguas no emplean el alfabeto latino, o no tienen tradición escrita, y crean problemas de transcripción al español.

En la lista se incluyen solamente los nombres de los jefes de Estado, y en algunos casos, por ser nombrados a menudo en las noticias, están también incluidos el Primer Ministro o el Ministro de Asuntos Exteriores.

ABJASIA
Líder
Vladislav Ardzimba

AFGANISTÁN
Presidente del Consejo Revolucionario
Burhanudín Rabani
Primer Ministro
Qazi Amín Uaqad / Gulbudín Hekmatyar

ALBANIA
Presidente y líder del Partido Demócrata
Sali Berisha

ARABIA SAUDÍ
Rey
Fahd ibn Abdulaziz
Ministro de Asuntos Exteriores
Príncipe *Saud al Faisal**

ARGELIA
Presidente
Liamín Zerual
Primer Ministro
Mokdad Sifi

---

* Cuando aparece la primera parte del nombre en redonda, esa palabra no forma parte de dicho nombre, sino que es un título que lo acompaña.

ARMENIA
Presidente
Levon Ter-Petrosian
Primer Ministro
Grant Vagratián

AZERBAIYÁN
Presidente
Heidar Aliev
Primer Ministro
Panaj Huseinov

BAHREIN
Emir
Jeque *Isa ben Sulmán al Jalifa*
Príncipe heredero
Hamad ben Isa Jalifa

BANGLADESH (BENGALA)
Presidente
Abdurrahmán Bisuar
Primera Ministra
Jaleda Zia

BENÍN
Presidente
Nicefore Seglo

BIELORRUSIA
Presidente
Alexander Lukashenko
Primer Ministro
Michas Chigir

BIRMANIA (UNIÓN DE MYANMAR)
Presidente y Primer Ministro
General *Tan Shue*

BOFUTATSUANA
Presidente
Lucas Manyane Mangope

BOSNIA-HERZEGÓVINA
Presidente
Alia Izetbegovic
Primer Ministro
Haris Silajdzic

BOTSUANA
Presidente
Quet Ketumile Joni Masire

BRUNEI
Sultán
Sir *Muda Hasanal Bolkiah Mui-zadín*

BULGARIA
Presidente
Yeliu Yelev

BURKINA FASO (ALTO VOLTA)
Presidente
Blaise Campaoré

BURUNDI
Presidente
Sylvestre Ntimbantuganya

BUTÁN
Rey
Druk Gyalpo *Jigme Singye Uangchuk*

CAMBOYA (KAMPUCHEA)
Presidente del Consejo Nacional
Supremo y jefe de Estado
Rey *Norodom Sihanuk*

CAMERÚN
Presidente
Paul Biyá

CEILÁN (SRI LANKA)
Presidente
Bandaralke Kumaratunga

CHAD
Presidente
Idris Deby
Primer Ministro
Yimasta Kobila

CHECHÉN (REPÚBLICA)
Presidente
Yojar Dudáyev

CHINA (REPÚBLICA POPULAR)
Presidente
Jiang Zemin
Primer Ministro
Li Peng
Ministro de Asuntos Exteriores
Qian Qichen

CHINA (TAIWÁN)
Presidente
Li Teng-hui

CHIPRE
Presidente
Glafcos Clerides

CHIPRE (REPÚBLICA TURCA DEL
NORTE DE)
Presidente
Rauf Denktash

CISKEI
Jefe de la Junta Militar
Jhosua Oupa Gqozo

COMORAS (ISLAS)
Jefe de Estado
Saíd Mohamed Yobar

CONGO
Presidente
Pascal Lisuba

COREA DEL NORTE
Presidente del Presidium
Vacante (posiblemente *Kim Yong Li)*

COREA DEL SUR
Presidente
Kim Yung-sam

COSTA DE MARFIL
Presidente
Henri Konán Bedié

EGIPTO
Presidente
Mohamed Hosni Mubárak
Ministro de Asuntos Exteriores
Amro Musa

EMIRATOS ÁRABES UNIDOS
Presidente
Jeque *Zayed bin Sultán al Naha-
yán*

ERITREA
Jefe de Estado y del Gobierno
Isaías Afeworki

ETIOPÍA
Jefe de Estado
Meles Zenaui
Primer Ministro
Tamat Layme

FIYI (ISLAS)
Presidente
Ratu Sir *Kamisese Mara*
Primer Ministro
Sitiveni Rabuka

GABÓN
Presidente
Albert Bernard Omar Bongo

GAMBIA
Presidente del Consejo Provisional
de las Fuerzas Armadas
Capitán Yaya Yammeh

GEORGIA
Presidente
Eduard Shevardnadze

GHANA
Presidente
Jerry Rawlings

GRECIA
Presidente
Costis Stefanopulos
Primer Ministro
Andreas Papandreu

GUINEA (CONAKRY)
Presidente
Lansana Conté

GUINEA ECUATORIAL
Presidente
Teodoro Obiang Nguema Basogo

HERZEG-BOSNA (REPÚBLICA
CROATA DE)
Presidente del Consejo Presiden-
cial y Presidente de la Federación
croato-musulmana
Kresimir Zúbak

INDIA
Presidente
Shankar Dayal Sharma
Primer Ministro
Narasima Rao

INDONESIA
Presidente
General *Suharto*

INGUSHETIA (REPÚBLICA INGUSH)
Presidente
Ruslán Aushev

IRÁN
Presidente
Alí Akbar Hashemí Rafsanyani
Ministro de Asuntos Exteriores
Alí Akbar Velayati

IRAQ
Presidente
Sadam Husein
Ministro de Asuntos Exteriores
Mohamed Said al Sahaf

ISRAEL
Presidente
Ezer Wizman
Primer Ministro
Isaac Rabín
Ministro de Asuntos Exteriores
Simón Peres

JAPÓN
Emperador
Akihito
Primer Ministro
Tomichi Murayama

JORDANIA
Rey
Husein ibn Talal
Ministro de Asuntos Exteriores
Abdel Karim Al Kabariti

KAZAJISTÁN
Presidente
Nursultán Nazarbayev

KENIA
Presidente
Daniel Arap Moi

KIRIBATI
Presidente
Teatao Teanaki

KIRGUIZISTÁN
Presidente
Askar Akayev

KUWAIT
Emir
Jeque *Yaber al Ahmad al Yaber al Sabah*
Ministro de Asuntos Exteriores
Jeque *Sabah al Ahmad al Sabah*

LAOS
Presidente
Nuhak Fumsaván

LESOTO
Rey
Moshoeshoe II

LÍBANO
Presidente
Elías Haraui
Primer Ministro
Rafic Hariri
Ministro de Asuntos Exteriores
Fares Buez

LIBERIA
Presidente del Consejo de Estado
Wilton Sankawulo

LIBIA
Líder de la Revolución
Muamar al Gadafi
Primer Ministro
Abdel Meyid al Qaud
Ministro de Asuntos Exteriores
Yuma Fasani

MACEDONIA
Presidente
Kiro Gligorov
Primer Ministro
Branko Crvenkovski

MADAGASCAR
Presidente
Albert Zafy

MALASIA
Jefe de Estado (Rey elegido cada cinco años)
Tuanku Jaafar Abdurrahmán

MALAUI
Presidente
Bakili Muluzi

MALDIVAS
Presidente
Momún Abdulgayum

MALI
Presidente
Alfa Umar Konaré

MARRUECOS
Rey
Hasán II
Primer Ministro y Ministro de Asuntos Exteriores
Abdelatif Filali

MAURICIO
Presidente
Casam Jugnauth

MAURITANIA
Presidente
Muauiya Sidi Ahmed Uld Tayá

MONGOLIA
Presidente
Punsalmagin Ochirbat

MONTENEGRO
Momir Bulatovic

NAMIBIA
Presidente
Sam Nuyoma
Ministro de Asuntos Exteriores
Theo Ben Gurirab

NAURÚ
Presidente
Bernard Dowiyogo

NEPAL
Rey
Birendra Bir Bikram Shah Dev
Príncipe heredero
Gyaiandra Bir Bikram Shah

NÍGER
Presidente
Usmán Mahamán

NIGERIA
Jefe de Estado
Sani Abacha

OMÁN
Sultán
Qabús bin Saíd

OSETIA DEL NORTE
(NOROSETIA)
Presidente
Ajsarbek Galazov

PAKISTÁN
Presidente
Faruq Legari
Primera Ministra
Benazir Buto

PALESTINA
Presidente
Yaser Arafat

PAPÚA NUEVA GUINEA
Gobernador general
Uiua Koroui

QATAR
Emir
Jeque *Jalifa bin Hamad al Zani*

REPÚBLICA ÁRABE SAHARAUI
DEMOCRÁTICA
Presidente
Mohamed Abdelaziz
Ministro de Asuntos Exteriores
Mohamed Salem Uld Salek
Responsable de Relaciones Exteriores del F.P.
Bachir Mustafá Sayed

REPÚBLICA CENTROAFRICANA
Presidente
Ange Félix Patase

RUANDA
Presidente
Pasteur Bizimungu

107

RUSIA
Presidente
Boris Yeltsin
Primer Ministro
Víktor Chernomirdin
Ministro de Asuntos Exteriores
Andrei Kozírev

SALOMÓN (ISLAS)
Gobernador General
Moses Pitakaka

SAMOA OCCIDENTAL
Jefe de Estado (Rey)
Malietoa Tanumafili II

SENEGAL
Presidente
Abdú Diuf

SERBIA
Presidente
Slobodan Milosevic

SEYCHELLES (ISLAS)
Presidente
France Albert Rene

SIERRA LEONA
Presidente
Valentin E. M. Strasser

SINGAPUR
Presidente
Ong Teng Cheong

SIRIA
Presidente
Hafez al Asad
Ministro de Asuntos Exteriores
Faruk al Charáa

SOMALIA
Presidente (provisional)
Alí Mahdi Mohamed

SUAZILANDIA
Rey
Msuati III

SUDÁN
Presidente
Omar Hasán al Bashir

TAILANDIA
Rey
Bumibol Adulyade - Rey Rama IX
Primer Ministro
Banharn Silapa-Archa
Ministro de Asuntos Exteriores
Kasem Samosorn Kasemri

TANZANIA
Presidente
Ali Hasán Muinyí

TAYIKISTÁN
Presidente
Emomalí Rajmonov (Imán Alí Rajmonov)

TOGO
Presidente
Ñasingbé Eiademá
Primer ministro (Gobierno provisional):
Joseph Kongoh

TONGA
Rey
Tuafaaho Tupu IV

TRANSKEI
Jefe de la Junta Militar
Bantu Holomisa

TÚNEZ
Presidente
Zin al Abidín ben Alí
Primer Ministro
Hamed Karui
Ministro de Asuntos Exteriores
Habib Benyahia

TURKMENISTÁN
Presidente
Saparmurad Niyazov

TUVALÚ
Gobernador General
Toaripi Lauti

UCRANIA
Presidente
Leonid Kuchma

UGANDA
Presidente y Primer Ministro
Youeri Museveni

UZBEKISTÁN
Presidente
Islam Karimov
Primer Ministro
Abdulhashim Mutalov

VANUATÚ
Presidente
Jean-Marie Leye

VENDA
Presidente
Gabriel Ramushuana

VIETNAM
Presidente
Le Duc Anh
Ministro de Asuntos Exteriores
Nguyen Manh Cam

YAMATU (Vid. FIYI, ISLAS)

YEMEN
Presidente
Alí Abdulah Saleh

YIBUTI
Presidente
Hasán Guled Aptidón

YUGOSLAVIA (SERBIA
Y MONTENEGRO)
Presidente
Zoran Lilic
Primer Ministro
Radoje Kontic

ZAIRE
Presidente
*Mobutu Sese Seko Kuku Ngbendu
Ua Za Banga*
Primer Ministro
Leon Kengo Wa Dondo

ZAMBIA
Presidente
Frederik Chiluba

ZIMBABUE
Presidente
Robert Gabriel Mugabe

ZULULANDIA
Rey
Goodwill Zueletini

Abreviaturas

a.C. antes de Cristo
a) alias
A./AA./ Alteza/Altezas
AA.EE. Asuntos Exteriores
a.m. *ante meridiem* (antes del mediodía)
art., art.º artículo
atl.º atlético
Av., Avda. avenida
Ayto. ayuntamiento

C Celsius (grados centígrados)
c/ calle
cap. capítulo
ctra. carretera
C.F. club de fútbol
c/c cuenta corriente
c.c. centímetros cúbicos
cents. centavos
cénts. céntimos
cfr. véase
cg centígramo
Cía compañía
cl centilitro
cm centímetro
C.P. código postal
cta. cuenta
cte. corriente

CV caballos de vapor

D. don
D.ª doña
d.C. después de Cristo
dcha. derecha
D.E.P. descanse en paz
dg decigramo
Dg decagramo
Dir. Director
d.J.C. después de Jesucristo
dl decilitro
Dl decalitro
D.m. Dios mediante
dm decímetros
Dm decámetros
D.N.I. documento nacional de identidad
D.P. distrito postal
Dpto. departamento
Dr. doctor
Dra. doctora

ed. edición
EE.UU. Estados Unidos
Emmo. Eminentísimo

E.M. Estado Mayor
entlo. entresuelo
E.P.D. en paz descanse
etc. etcétera.
Exc.ª Excelencia
Excmo., -a. Excelentísimo, -a

F Fahrenheit (grados)
F.C., f.c. ferrocarril
FF.CC. ferrocarriles
f.º, fol. folio

grs. gramos

Ha. hectárea
Hg hectogramo
Hl hectolitros
Hm hectómetros
hnos. hermanos

ib., ibid. ibídem (en el mismo
    lugar)
íd. ídem (lo mismo)
Ilmo., Ilma. Ilustrísimo, -a
Iltre. Ilustre
izq., izqda. izquierda
J.C. Jesucristo
JJ.OO. Juegos Olímpicos

Kg, kg kilogramo
kgm kilográmetro
Kl kilolitro
Km, km kilómetro
Km/h, km/h kilómetros por hora
K.O., k.o. knock-out, fuera de
    combate
Kw, kw kilovatio

Kw/h, kw/h, kwh kilovatios/hora

l litro
Lic. licenciado, -da
Ldo., Lda. licenciado, -da
loc. cit. loco citato (en el lugar
    citado)
Ltda. sociedad (limitada)

m metro
ml mililitro
mg miligramo
Mg miriagramo
Mm miriámetro
mm milímetros
Mons. Monseñor

N Norte
N.ª S.ª Nuestra Señora
N.B. nota bene, obsérvese
NE. Nordeste
NIF. número de identificación
    fiscal
n.º número
NO. Noroeste
N.S. Nuestro Señor
N.T. Nuevo Testamento
núm. número

O. Oeste
ob. cit. obra citada
Op. Cit. Opus citatum (obra ci-
    tada)

p.a. por autorización, por au-
    sencia
p., pág., págs. página, páginas

111

pár. párrafo
P.D. posdata (después de la fecha del final de una carta)
p.ej. por ejemplo
p.m. *post meridiem* (después del mediodía)
p.o. por orden
PP. Padres (en orden religiosa)
pral. principal
pbro. presbítero
Prof., Prof[a]. profesor, profesora
P.S. *post scriptum* (posdata)
pta., ptas., pts. peseta, pesetas
P.V.P. precio de venta al público

q.d.e.p. que descanse en paz
q.e.g.e. que en gloria esté
q.e.p.d. que en paz descanse
q.e.s.m. que estrecha su mano
q.s.g.h. que santa gloria haya
Qm. quintal métrico

R.D. Real Decreto
Rvdo., Rdo. Reverendo
R.I.P. *requiescat in pace* (descanse en paz)
R.O. Real Orden
r.p.m. revoluciones por minuto

s segundo
S. San
s.a. sin año
S.A. Su Alteza
S.A. Sociedad Anónima
S.A.I. Su Alteza Imperial
S.A.R. Su Alteza Real
S.A.S. Su Alteza Serenísima
Sdad. sociedad

S.E. Su Excelencia
s.e.u.o. salvo error u omisión
s.f. sin fecha
S.L., Sdad. Lda. Sociedad Limitada
S.M. Su Majestad
S.N. Servicio Nacional
Sr., Sra. señor, señora
Sres., Srs. señores
Srta. señorita
S.S. Su Santidad, Su Señoría
ss. siguientes
SS.AA. Sus Altezas
SS.MM. Sus Majestades
Sto., Sta. santo, santa
tel., teléf. teléfono
Tm. tonelada métrica

Ud. usted
Uds. ustedes

v. véase; verso
V. usted; véase
V.A. Vuestra Alteza
V.A.R. Vuestra Alteza Real
Vd., Vds. usted, ustedes
Vda. viuda
V.E. Vuestra Excelencia
v. gr., v.g. verbigracia
V.I. Vuestra Señoría (o Usía) Ilustrísima
vid. *vide*, ve, véase
V.M. Vuestra Majestad
V.° B.° visto bueno
vol. volumen
V.S. Usía, Vuestra Señoría

W, Ws vatio, vatios

112

Siglas

Nota: Las siglas deben ir siempre precedidas por el artículo del sustantivo principal: la ONU, la OLP, el GATT, etc. Puede escribirse con puntos: A.E.C., o sin ellos: AEC.

AA Agencia de Atenas (Agencia griega de prensa)

AAA Alianza Apostólica Anticomunista (Argentina).

AAEE Ministerio de Asuntos Exteriores

ABC Atomic... Bacteriological and Chemical (atómico, bacteriológico y químico). American Broadcasting Corporations (Corporaciones Norteamericanas de Radiodifusión).

ABM Anti-Ballistic Missile (antimisil balístico).

ABQ Atómico, bacteriológico y químico. Véase ABC.

ACAN Agencia Centroamericana de Noticias.

ACDC Asociación de Consumidores de Derivados del Cannabis (España).

ACE Allied Command in Europe (Mando Aliado en Europa), de la OTAN.

ACNUR Véase UNHCR.

ACR Alta Comisaría para Refugiados. Véase UNHCR.

ACUDE Asociación de Consumidores y Usuarios de España.

ADA Ayuda del Automovilista (España).

ADADA Asociación de Amigos del Alcohol (España).

ADECU Asociación para la Defensa de los Consumidores y Usuarios (España).

ADELPHA Asociación para la Defensa Ecológica y del Patrimonio Histórico-Artístico (España).

ADENA Asociación para la Defensa de la Naturaleza (España).

ADN Véase DNA.

AEC Atomic Energy Commission (Comisión de Energía Atómica) (EUA).

AECI Agencia Española de Cooperación Internacional.

AEDE Asociación de Editores de Diarios Españoles.

AEDENAT Asociación Ecologista de Defensa de la Naturaleza.

AEE Véase ESA.

AFANIAS Asociación de Familias con Niños y Adultos Subnormales. Madrid (España).

AFC   Automatic Frequency Control (Control Automático de Frecuencias: CAF).

AFHQ   Allied Forces Headquarters (Cuartel General de las Fuerzas Aliadas).

AFP   Agence France-Presse (Agencia Francia-Prensa).

AGAAC   Véase GATT.

AI   Amnesty International (Amnistía Internacional).

AICBM   Anti-Intercontinental Ballistic Missile (antimisil intercontinental).

AID   Agency for International Development (Organismo para el Desarrollo Internacional) (EUA).

AIDS   Acquired Inmunodeficiency Syndrome (Síndrome de Inmunodeficiencia Adquirida: SIDA).

AIEA   Agence Internationale de l'Energie Atomique. Véase IAEA.

AISS   Association Internationale de la Securité Sociale. Véase ISSA.

ALADI   Asociación Latinoamericana de Integración.

ALALC   Asociación Latinoamericana de Libre Comercio, sustituida por la Aladi.

ALECSO   Arab League Educational, Cultural and Scientific Organization (Organización Educativa, Cultural y Científica de la Liga de los Estados Árabes).

AMDG   Ad Majorem Dei Gloriam (A la mayor gloria de Dios).

AMSAM   Anti-Missile Surface-to-Air Missile (Misil antimisil tierraure).

AMSE   Association Mondiale des Sciences de l'Éducation. Véase WAAER.

AMTC   Army Missile Test Center (Centro Misilístico de Pruebas del Ejército).

ANA   Arab News Agency (Agencia de Noticias Árabe). Athens News Agency (véase AA). Asociación Noticiosa Argentina.

ANAFE   Asociación Nacional de Arbitros de Fútbol Españoles.

ANELE   Asociación Nacional de Editores de Libros de Enseñanza (España).

ANF   Atlantic Nuclear Force (Fuerza Nuclear Atlántica: FNA).

ANFAC   Asociación Nacional de Fabricantes de Automóviles y Camiones (España).

ANIGP   Asociación Nacional de Informadores Gráficos de Prensa.

ANPE   Asociación Nacional de Profesorado Estatal de EGB (España).

ANSEA   Association des Nations du Sud-Est Asiatique (véase ASEAN).

ANT   Armes Nucléaires Tactiques (Armas Nucleares Tácticas).

AP   Associated Press (Prensa Asociada). Alianza Popular (España).

APA   Asociación de Padres de Alumnos (España).

APC   Armoured Personnel Carrier (Transporte Oruga Acorazado: TOA).

APDH   Asamblea Permanente por los Derechos Humanos (España).

APETI   Asociación Profesional Española de Traductores e Intérpretes.

APG Asamblea Popular Gallega,
API Asociación de la Prensa
Internacional (Bruselas).
APIE Agrupación de Periodistas
de Información Económica (España).
APIL Agrupación de Periodistas de
Información Laboral (España).
APN Agentsvo pecháti Novosti
(Agencia de Prensa Novotsi,
URSS).
APRA Alianza Popular Revolucionaria Americana (Perú)
ARAMCO Arabian American Oil
Company (Compañía Arabonorteamericana de Petróleos).
ARDE Alianza Revolucionaria
Democrática (Nicaragua).
ARGMA Army Rocket and
Guided Missile Agency (Agencia de Cohetes Misiles Dirigidos del Ejército).
ASEPEYO Asistencia Sanitaria
Económica para Empleados y
Obreros (España).
ASM Air-to-Surface Missile (Misil
aire-tierra).
ASMS Advanced Surface Missile
System (Sistema de Misiles de
Tierra Avanzados).
ASPLA Asociación Sindical de Pilotos de Líneas Aéreas (España).
ASTANO Astilleros y Talleres del
Noroeste, S.A. (España).
ASW Anti-Submarine Warfare
(Guerra antisubmarina).
ATA Aberri Ta Askatasuna (Patria y libertad) (primitivo
nombre de ETA).
ATBM Anti-Tactical Ballistic Missile (Misil balístico antitáctico).
ATE Antiterrorismo ETA (España).

ATG Anti-Tank Gun (cañón contracarro).
ATP Asociación de Tenistas Profesionales.
ATS Ayudante Técnico Sanitario
(España).
AVE Alta velocidad Española
(Nombre de un tren).
AVENSA Aerovías Venezolanas,
S.A.
AVIACO Aviación y Comercio,
S.A. (España).
AVIANCA Aerovías Nacionales
de Colombia, S.A.
AVN Véase Avianca.
AWACS Airborne Warning and
Control System (Sistema Aerotransportado de Control y Alerta).

B

BAE Biblioteca de Autores
Españoles. Banco Árabe Español (también Aresban).
BALTAP Baltic Allied Power
(Mando Supremo Aliado para
el Báltico), de la OTAN.
BASIC Beginner's All-Purpose
Symbolic Instruction Code
(Código de Instrucción Simbólico de Uso Múltiple para Principiantes), lenguaje de programación de computador.
BBC British Broadcasting Corporation (Compañía Británica de
Radiodifusión).
BC Banco Central (España).
BCE British Commonwealth and
Empire (Imperio y Comunidad
Británicos).
BDE Banco de Datos para la
Educación.

BFO Beat Frequency Oscillator (Oscilador de Frecuencia de Batido).

BICC Bureau International des Chambres de Commerce (Oficina Internacional de las Cámaras de Comercio) (París).

BIDA Bureau International des Droits d'Auteur (Oficina Internacional de Derechos de Autor).

BIH Bureau International de l'Heure (Oficina Internacional de la Hora).

BIOS Biological Satellite (Satélite Biológico).

BIPM Bureau International des Poids et Mesures (Oficina Internacional de Pesas y Medidas. París).

BIRD Banque Internationale pour la Reconstruction et le Développement. Véase IBRD.

BI(SW) Befrienders International-Samaritans Worldwide (Amigos Internacionales-Samaritanos Universales).

BITD Bureau International des Tarifs Douaniers (Oficina Internacional de Tarifas Aduaneras).

BMD Ballist Missile Defense (Misil Balístico Defensivo). Ballistic Missile Division (División de Misiles Balísticos).

BMEWS Ballistic Missile Early Warning System (Sistema de Alerta Previa contra Misiles Balísticos) (EUA).

BMW Bayerische Motorenwerke (Fábrica Bávara de Motores). (RFA).

BMWS Ballistic Missile Weapon System (Sistema para la Defensa de Misiles Balísticos).

BNF Baskus Normal Form (Notación Normal de Backus), utilizada en la descripción de los lenguajes de programación de computador.

BOE Boletín Oficial del Estado (también llamado Gaceta de Madrid).

BOSS Biological Orbiting Space Station (Estación Espacial Orbital Biológica).

BR Brigate Rosse (Brigadas Rojas). Italia.

BRD Bundesrepublik Deutschland (República Federal de Alemania. RFA).

BSD Ballistic System División (División de Sistemas Balísticos).

BTH Beyond the Horizon (más acá del horizonte), radar de impulsos.

BUIT Bureau de l'Union Internacionale des Télécommunications (Oficina de la Unión Internacional de Telecomunicaciones). Véase UIT.

BUP Bachillerato Unificado y Polivalente (España). British United Press (Prensa Unida Británica).

BW Baden-Wurttenberg (RFA). Biological Warfare (guerra biológica).

BWR Boiling Water Reactor (Reactor de Agua Hirviente).

C

CAC Comisión del Acuerdo de Cartagena (Pacto Andino).

CAD   Computer Aided Design (Diseño Asistido por Computador: DAC). Computer Aided Drafting (Dibujo Asistido por Computador: DAC).

CAE   Computer Aided Engineering (Ingeniería Asistida por Computador: IAC).

CAF   Control Automático de Frecuencias. Véase AFC.

CAFTA   Central American Free Trade Association (Asociación de Libre Comercio Centroamericano).

CAL   Conversational Algebraic Language (Lenguaje Algebraico Conversacional), para programación de computador.

CAMPSA   Compañía Arrendataria del Monopolio de Petróleos, Sociedad Anónima. España (también se grafía Campsa).

CASA   Construcciones Aeronáuticas, S.A. (España).

CAT   Comisaría de Abastecimientos y Transportes (España). Compañía Arrendataria de Tabacos (España). Computer Aided Translation (traducción con ayuda de computador).

CATV   Community Antenna Television (Antena de Televisión Colectiva). Cable Televisión (televisión por cable).

CBS   Columbia Broadcasting System, Inc. (emisora de radio y televisión de los Estados Unidos).

CC   Cuerpo Consular. Comité Central.

CCC   Council for Cultural Cooperation. Conseil de Coopera-tion Culturelle (Consejo de Cooperación Cultural, del Consejo de Europa. Estrasburgo. Cañón contracarro).

CCCP   Esta sigla, que parece formada por letras latinas, representa en realidad un conjunto de letras cirílicas iguales a estas y equivalentes a SSSR.

CCL   Carro de Combate Ligero.

CCOO   Comisiones Obreras

CCP   Carro de Combate Pesado.

CD   Corps Diplomatique (Cuerpo Diplomático).

CDG   Centre Dramatic de la Generalitat (Centro Dramático de la Generalidad de Cataluña), España.

CDN   Centro Dramático Nacional. España.

CDS   Centro Democrático Social. España.

CE   Comunidad Europea.

CEA   Confédération Européene de l'Agriculture (Confederación Europea de la Agricultura) Brougg. Commissariat a l'énergie atomique (Comisariado para la Energía Atómica) Francia. Compañía Ecuatoriana de Aviación.

CEAPA   Confederación Española de Asociaciones de Padres de Alumnos.

CEC   Círculo de Escritores Cinematográficos (España).

CECA   Communauté européenne du charbon et de l'acier (Comunidad Europea del Carbón y del Acero). Luxemburgo. Confederación Española de Cajas de Ahorro.

CED   Conferencia Europea de Desarme. Véase EDC.

CEDADE   Círculo Español de Amigos de Europa.

CEE   Centro de Estudios de la Energía (España). Communauté économique européenne (Comunidad Económica Europea). Confederación Empresarial Española. Véase CEOE.

CEEA   (Véase EURATOM).

CEIM   Confederación Empresarial Independiente de Madrid (España).

Celibride Comité de Liaison International des broderies rideaux et dentelles (Comité de Enlace Internacional de Bordados, Visillos y Encajes).

CEOE   Confederación Española de Organizaciones Empresariales.

CEPAL   Véase ECLA.

CEPSA   Compañía Española de Petróleos, S.A.

CESC   Conferencia Europea de Seguridad y Cooperación.

CETME   Centro de Estudios Técnicos de Materiales Especiales (España).

CEU   Centro de Estudios Universitarios (España).

CFR   Contact Flight Rule (Regla de Vuelo por Contacto). Commercial Fast Reactor (Reactor Ligero Comercial), RU.

CGPJ   Consejo General del Poder Judicial (España).

CGT   Confederación General de Trabajadores (Perú). Confederación General del Trabajo (Argentina). Confederación General de Trabajadores (México).

Confédération General du Travail (Confederación General del Trabajo) (Francia).

CIA   Central Intelligence Agency (Servicio Central de Información).

CICR   Comité International de la Croix-Rouge (Comité Internacionl de la Cruz Roja) (Ginebra).

CIF   Código de identificación Fiscal

CIFC   Centro de Investigaçoes das Ferrugens do Cafeeiro (Centro de Investigaciones de las Royas del Cafeto).

CIME   Comité Intergouvernemental pour les migrations européennes. Véase TCEM.

CIO   Comité Internacional Olympique. Véase IOC.

CIP   Centro Internacional de la Papa (patata) (Lima). Club Internacional de Prensa (Madrid).

CIR   Centro de Instrucción de Reclutas (España).

CIU   Convergencia (Democrática de Catalunya) i Unió (Democrática de Catalunya).

CMT   Confédération mondiale du travail (Confederación Mundial del Trabajo).

CMEA   Council for Mutual Economic Assistance (Comecon) (Consejo de Asistencia Económica Mutua).

CNAG   Confederación Nacional de Agricultores y Ganaderos (España).

CNP   Consejo Nacional Palestino. Fund. por la Liga Árabe en 1964; a su vez, el CNP creó la OLP.

CNT   Confederación Nacional del

Trabajo (España). Confederación Nacional de Trabajadores (Colombia, Chile, México, Uruguay).

CODECA Corporación de Desarrollo Económico del Caribe. Confederación de Estados Centroamericanos.

COE Comité Olímpico Español. Compañía de Operaciones Especiales (España).

CONFEDEN Confederación de Federaciones Deportivas Nacionales (España).

COMECON Véase CMEA.

CONCA Confederación Nacional de Cámaras Agrarias (España).

COPE Cadena de Ondas Populares Españolas.

COPLACO Comisión de Planeamiento y Coordinación del Area Metropolitana de Madrid.

COPYME Confederación de la Pequeña y Mediana Empresa (España).

COU Curso de Orientación Universitaria (España).

CPME Confederación de Pequeñas y Medianas Empresas (España).

CRS Compagnies républicaines de sécurité (Compañías Republicanas de Seguridad) (Francia).

CS Conseil de Sécurité (Consejo de Seguridad), de la ONU.

CSCE Conférence sur la sécurité et la coopération en Europe (Conferencia sobre la Seguridad y la Cooperación en Europa).

CSIC Consejo Superior de Investigaciones Científicas (España).

CSJM Consejo Supremo de Justicia Militar (España).

CSN Consejo de Seguridad Nuclear (España).

CSP Cuerpo Superior de Policía (España).

CSPM Consejo Superior de Protección de Menores (España).

CTNE Compañía Telefónica Nacional de España.

CVC Compact Video Cassette (casete compacto de vídeo).

D

DA Defensa Aérea.

DAC Véase CAD.

DBR Deutsche Bundesrepublik (República Federal de Alemania: RFA).

DC District of Columbia (Distrito de Columbia), EUA (comprende Washington y sus alrededores).

DDR Deutsche Demokratische Republik (República Democrática Alemana: RDA).

DDT Diclorodifeniltricloroetano (insecticida).

DEA Drug Enforcement Agency (Departamento Estadounidense Antidroga)

DELCO Dayton Engineering Laboratories Corporation, Ohio (Sociedad de Laboratorios de Ingeniería Dayton, Ohio). Se escribe con minúsculas, delco, cuando se aplica al dispositivo de encendido por batería de los motores de automóvil, creado por esta sociedad norteamericana.

DF Distrito Federal (México, Brasil).

DGS   Dirección General de Seguridad (España); actualmente, DSE.

DIU   Dispositivos Intrauterinos (anticonceptivos).

DM   Deutsche Mark (marco alemán, unidad monetaria de la RFA).

DNA   Desoxyribonucleic Acid (ácido desoxirribonucleico: ADN).

DNEF   Delegación Nacional de Educación Física y Deportes (España).

DNI   Documento Nacional de Identidad (España).

DOMUND   Domingo Mundial de Propagación de la Fe.

DPA   Deutsche Presse Agentur (Agencia de Prensa Alemana) (RFA).

DRAE   Diccionario de la Real Academia Española.

DSE   Dirección de la Seguridad del Estado (España).

DUE   Diccionario del Uso del Español (María Moliner).

E

EAJ   Eusko Alderdi Jetzalea (Partido Nacionalista Vasco: PNV).

EAU   Emiratos Arabes Unidos.

EB   Encyclopaedia Britannica (Enciclopedia Británica).

EBB   Euskadi Buru Batzar (Consejo Nacional del PNV, España).

EBD   Euskadiko Batzar Demokratikoa (Asamblea Democrática de Euskadi).

EC   Esquerra de Catalunya (Izquierda de Cataluña).

ECG   Electrocardiograma.

ECLA   United Nations Economic Commission for Latin America (Comisión Económica de las Naciones Unidas para la América Latina: Cepal)

ECOPETROL   Empresa Colombiana de Petróleos.

ECU   European Currency Unit (unidad de cuenta europea).

EE   Euskadiko Ezquerra (Izquierda de Euskadi).

EEM   Escuela de Estado Mayor (España).

EEUU   Estados Unidos.

EFTA   European Free Trade Association (Asociación Europea de Libre Intercambio: AELI).

EG   Esquerda Galega (Izquierda Gallega).

EGB   Educación General Básica (España).

EKA   Euskal Karlista Alderdia (Partido Carlista de Euskadi).

ELA   Eusko Langileen Alkartasuna. Véase STV.

ELP   Ejército de Liberación de Palestina; de la OLP.

EM   Estado Mayor.

EMCF   European Monetary Cooperation Fund (Fondo Europeo de Cooperación Monetaria).

EME   Estado Mayor del Ejército.

EMF   European Monetary Fund (Fondo Monetario Europeo).

EMT   Empresa Municipal de Transportes (Madrid).

EMU   European Economic and Monetary Union (Unión Europea Económica y Monetaria).

EN Editora Nacional (España).
ENAGAS Empresa Nacional de Gas (España).
ENASA Empresa Nacional de Autocamiones (España).
ENEA European Nuclear Energy Agency (Agencia Europea para la Energía Nuclear).
ENG Electronic News Gathering (Equipos de producción electrónica ligera. Grabación electrónica de noticias).
ENP Empresa Nacional del Petróleo (España).
ENPETROL Empresa Nacional de Petróleos (España).
ENSIDESA Empresa Nacional Siderúrgica (España).
ENV Esquerra Nacionalista Valenciana (Izquierda Nacionalista Valenciana) (España).
ERC Esquerra Republicana de Catalunya (Izquierda Republicana de Cataluña) (España).
ERT Explosivos Río Tinto (España).
ESA European Space Agency (Agencia Espacial Europea).
ETA Euskadi ta Askatasuna (Patria Vasca y Libertad).
ETS Escuelas Técnicas Superiores (España).
EUA Etats-Unis d'Amerique (Estados Unidos de América). Véase USA.
EUI Estados Unidos de Indonesia.
EUM Estados Unidos de México.
Euratom (CEEA), Communauté européenne de l'energie atomique (Comunidad Europea de la Energía Atómica).
EUROVISION Unión Europea de Radiodifusión (European Broadcasting Union: EBU).
EVR Electronic Video Recording (grabación electrónica de la imagen).
EWR Early Warning Radar (radar de alerta previa).

F

FAC Front d'Alliberament Catalá (Frente de Liberación Catalán).
FACA Futuro Avión de Combate y Ataque (España).
FAD Foment de les Arts Decoratives (Fomento de las Artes Decorativas), Barcelona.
FAI Fédération Astronautique Internationale. Véase IAF. Federación Anarquista Ibérica (España).
FAL Frente Arabe de Liberación; de la OLP.
FAO Food and Agriculture Organization of the United Nations (Organización de las Naciones Unidas para la Agricultura y la Alimentación).
FARC Fuerzas Armadas Revolucionarias Colombianas.
FASNUDS Fonds d'Affectation Spéciale des Nations Unies pour le Développement Social. Véase UNTFSD.
FATO Fuerza Aérea del Teatro de Operaciones (España).
FBI Federal Bureau of Investigation (Oficina Federal de Investigación).
FC Ferrocarril. Fútbol Club.

FDN   Fuerzas Democráticas Nicaragüenses.

FE   Falange Española.

FEA   Falange Española Auténtica. Federación Española de Automovilismo. Federación Española de Atletismo.

FECOM   Fonds Européen de Coopération Monétaire. Véase EMCF.

FECSA   Fuerzas Eléctricas de Cataluña, S.A.

FED   Fondo Europeo de Desarrollo.

FEF   Federación Española de Fútbol; también RFEF.

FE-JONS   Falange Española de las JONS.

FEMSA   Fábrica Española de Magnetos, S.A.

FENOSA   Fuerzas Eléctricas del Noroeste, S.A. (España).

FEVE   Ferrocarriles de Vía Estrecha (España).

FGS   Fondo de Garantía Salarial.

FIAA   Fédération Internationale d'Athlétisme Amateur. Véase IAFF.

FIAT   Fabbrica Italiana Automobili Torino (Fábrica Italiana de Automóviles de Turín).

FIB   Feria Internacional de Barcelona; antes FOIM.

FIBA   Fédération Internationale de Basketball Amateur (Federación Internacional de Baloncesto Amateur. Ginebra. Fédération Internationale de Boxeo Amateur (Federación Internacional de Boxeo Amateur).

FIEP   Fédération Internationale d'Éducation Physique (Federación Internacional de Educación Física). Bruselas.

FIFA   Fédération Internationale de Football Association (Federación Internacional de Fútbol Asociación). París.

FIJ   Fédération Internationale des Journalistes. Véase IFJ.

FILE   Fundación Internacional Lengua Española (España).

FINUL   Force Intérimaire des Nations Unies au Liban (Fuerza Interina de las Naciones Unidas en el Líbano).

FIPLV   Fédération Internationale des Professeurs de Langues Vivantes (Federación Internacional de Profesores de Lenguas Vivas). París.

FISA   Fédération Internationale du Sport Automobile (Federación Internacional del Deporte del Automóvil).

FIT   Fédération International des Traducteurs (Federación Internacional de Traductores). París.

FITUR   Feria Internacional del Turismo.

FLA   Frente de Liberación Árabe (para la liberación de Palestina).

FLG   Frente de Liberación Gay EUA; extendido posteriormente a otros países de América y Europa.

FLM   Frente de Liberación de la Mujer (España).

FLN   Front de Libération Nationale (Frente de Liberación Nacional) (Argelia).

FLS   Frente de Liberación Sandinista (Nicaragua).

FM   Frequency Modulation (Modulación de frecuencia).

FMI Fonds Monétaire Internacional. Véase IMF.

FMLN Frente Farabundo Martí para la Liberación Nacional (El Salvador).

FN Fuerza Naval. Frente Nacional (nuevo partido de Blas Piñar).

FNAPE Federación Nacional de Asociaciones de Prensa de España.

FNU Forces des Nations Unies (Fuerzas de las Naciones Unidas)

FOB Free on board.

FOE Federación de Amigos de la Tierra (Friends of the Earth Federation).

FOP Fuerzas de Orden Público (España).

FORATOM Forum Atomique Européen (Fórum Atómico Europeo). París.

FORPPA Fondo de Ordenación y Regulación de Productos y Precios Agrícolas (España).

FORTRAN Formula Translation (Servicio universal y simbólico de programación en ordenadores para trabajos científicos).

FP Formación Profesional (España). Frente Popular (varios países).

FPA Foreign Press Association (Asociación de la Prensa Extranjera) RU.

FPDLP Frente Popular Democrático para la Liberación de Palestina

FPLP Frente Popular para la Liberación de Palestina.

FPNUL Fuerza Provisional de las Naciones Unidas en el Líbano. Véase FINUL.

FRELICAN Frente de Liberación de Canarias (España).

FROM Fondo de Regulación y Ordenación del Mercado (España).

FS Franco Suizo (unidad monetaria de Suiza).

FSK Frequency Shift Keying (modulación digital por desplazamiento de frecuencia).

FSLN Frente Sandinista de Liberación Nacional (Nicaragua). Véase FNL.

FUNDES Fundación de Estudios de Sociología (España).

FUNU Force d'Urgence des Nations Unies. Véase UNEF.

FYSER Finanzauto y Servicios (España).

G

GAE Grupo Aéreo Embarcado (España).

GAL Grupos Antiterroristas de Liberación (España).

GAT Greenwich Apparent Time (Hora Aparente de Greenwich).

GATT General Agreement on Tariffs and Trade (Acuerdo General sobre Aranceles Aduaneros y Comercio). Véase AGAAC.

GB Great Britain (Gran Bretaña).

GEE General Electric Equipment (Equipo General Eléctrico); la sigla designa un sistema de radionavegación semejante al Ioran.

GEO   Grupos Especiales de Operaciones (de la Policía Nacional) (España).

GH   Growth Hormone (hormona del crecimiento).

GLP   Gas Licuado del Petróleo.

GM   General Motors (EUA). Guided Missile (misil teledirigido).

GMC   General Motors Corporation. Véase GM.

GMT   Greenwich Mean Time (hora media de Greenwich).

GNL   Gaz Naturel Liquefié (gas natural licuado).

GOSBANK   Gosudarstvenni Bank (Banco del Estado de la URSS).

GPL   Gas de Petróleo Líquido.

GPLD   Grupo Parlamentario Liberal Democrático (España).

GRAPO   Grupos de Resistencia Antifascista Primero de Octubre (España).

GULAG   Glavnoie Uptavlenie Laguerei (Dirección General de Campos de Concentración URSS). (La palabra gulag, escrita con minúscula inicial, se ha convertido en nombre común con el significado de «campo de concentración soviético»).

H

HB   Herri Batasuna (Unidad Popular), España.

HDC   Hidrocortisona.

HDVS   High Definition Video System (sistema de vídeo de alta definición).

HEC   Hidroeléctrica de Cataluña, S.A. Hermandad de Excombatientes, España.

HF   High Frequency (Alta Frecuencia).

HGH   Human Growth Hormone (hormona del crecimiento humano).

HI-FI   High Fidelity (alta fidelidad. También Hi-Fi, hi-fi).

HISPANOIL   Hispánica de Petróleos (España).

HQ   Headquarters (Cuartel General).

HT   High Tension (alta tensión).

HUNOSA   Empresa Nacional Hullera del Norte, S.A. (España).

I

IAA   International Advertising Association (Asociación Internacional de Publicidad).

IAC   Véase CAE.

IAEA   International Atomic Energy Agency (Organismo Internacional de Energía Atómica: OIEA. Nueva York).

IAF   International Astronautical Federation (Federación Astronáutica Internacional: FAI. París). International Automobile Federation (Federación Internacional del Automóvil).

IAFF   Véase FIAA.

IB   Iberia. Líneas Aéreas de España, S.A.

IBA   International Boxing Association (Asociación Internacional de Boxeo).

IBM International Business Machines (Sociedad Internacional de Material Electrónico). EUA. Intercontinental Ballistic Missile. Véase ISBM.

ICADE Instituto Católico de Alta Dirección de Empresas (España).

ICAI Instituto Católico de Artes e Industrias (España).

ICAO International Civil Aviation Organization (Organización de Aviación Civil Internacional) (véase OACI).

ICBM Intercontinental Ballistic Missile (misil balístico intercontinental).

ICE Instituto de Ciencias de la Educación (España).

ICEM Intergovernmental Committee for European Migration (Comité Intergubernamental para las Migraciones Europeas: CIME). Bruselas.

ICGI International Council of Goodwill Industries (Consejo Internacional de Industrias de Buen Nombre). Milwaukee.

ICI Instituto de Cooperación Iberoamericana (España).

ICO Instituto de Crédito Oficial (España).

ICONA Instituto Nacional para la Conservación de la Naturaleza (España).

ICPO International Criminal Police Organization (Organización Internacional de Policía Criminal: OIPC). (Más conocida por Interpol) (Viena).

ICR Intergovernmental Committee for Refugees (Comité Inter-gubernamental para los Refugiados), también IGCR.

ICS International Crocodrilian Society (Sociedad Internacional Cocodrileana).

ICT International Computers and Tabulators (Internacional de Computadores y Tabuladores), también BTM.

IDI Institut de Droit International (Instituto de Derecho Internacional).

IDO Instituto de Documentaciones de Origen (de los vinos españoles), España.

IEAL Instituto de Estudios de la Administración Local (España).

IEE Instituto de Estudios Económicos (España).

IEM Instituto de Enseñanza Media (España).

IFEMA Instituto Ferial de Madrid.

IFJ International Federation of Journalists (Federación Internacional de Periodistas). Bruselas.

IFO Identified Flying Objects (objeto volador identificado: OVI).

IGA International Gay Association (Asociación Homosexual Internacional).

IGME Instituto Geográfico y Minero de España.

IGN Instituto Geográfico Nacional, España.

IHAC Instituto Hispanoárabe de Cultura (España).

IHS Desde 1534, emblema de la Compañía de Jesús. También se ha escrito IHC y JHS. (No es correcto interpretarlo como Iesus Hominum Salvator.)

IJF International Judo Federation

(Federación Internacional de Judo), Londres.

IKA International Kiteflier Association (Asociación International de Voladores de Cometas).

IL L'Internationale Libérale (Union Libérale Mondiale) (Internacional Liberal) (Unión Liberal Mundial).

ILG Instituto de Lingua Galega (Instituto de la Lengua Gallega), España.

ILO International Labour Organization (también OIT), antes BIT.

ILP Index Librorum Prohibitorum (índice de libros prohibidos).

ILTF International Lawn Tennis Federation (Federación Internacional de Tenis). París.

IM Interceptor Missile (misil interceptor).

IMCA International Motor Contest Association (Asociación Internacional de Competiciones de Motor).

IMEC Instrucción Militar de la Escala de Complemento (España), también IPS.

IMF International Motorcycle Federation (Federación Internacional Motociclista). International Monetary Fund (Fondo Monetario Internacional: FMI). Washington.

IMPA International Movement for Peace Action (Movimiento Internacional de Acción para la Paz).

IMPE Instituto de la Mediana y Pequeña Empresa (España).

IMPI Instituto de la Mediana y Pequeña Industria (España).

IMSA International Motor Sport Association (Asociación Internacional de Deportes del Motor).

INAP Instituto Nacional de la Administración Pública (España).

INB Instituto Nacional de Bachillerato (España).

INBAD Instituto Nacional de Bachillerato a Distancia (España).

INC Instituto Nacional de Colonización (España). Instituto Nacional de Consumo (España).

INDO Instituto Nacional de Denominaciones de Origen de los Vinos Españoles (España).

INDUBAN Banco de Financiación Industrial (España).

INE Instituto Nacional de Estadística (España).

INEE Instituto Nacional de Educación Espacial (España).

INEF Instituto Nacional de Educación Física (España).

Inem Instituto Nacional de Empleo (España).

INEM Instituto Nacional de Enseñanza Media (España).

INFE Instituto Nacional de Fomento de la Exportación (España).

INH Instituto Nacional de Hidrocarburos (España).

INI Instituto Nacional de Industria (España).

INLA International Nuclear Law Association (Asociación Internacional de Derecho Nuclear).

INLE Instituto Nacional del Libro Español.

INR Intelligence and Research of

the State Department (Espionaje e Investigación del Departamento de Estado), EUA.

INRI Iesus Nazarenus Rex Iudaeorum (Jesús Nazareno Rey de los Judíos).

INSALUD Instituto Nacional de la Salud (España).

INSERSO Instituto Nacional de Servicios Sociales (España).

INTA Instituto Nacional de Técnica Aeroespacial (España).

INTELSAT International Telecommunications Satellite (Organización Internacional de Telecomunicaciones por Satélite).

INTERPOL Véase ICPO.

INTOURIST Véase Inturist.

INTURIST Vsesoyúznoe Aktzionérnoe Obschestvo Inostránomu Turízmu v SSSR (Sociedad Anónima de la Unión Soviética para el Turismo Extranjero en la URSS).

IOC International Olympic Commitee (Comité Olímpico Internacional: COI).

IOGT International Organization of Good Templars (Organización Internacional de los Buenos Templarios).

IP Impact Point (Punto de Impacto).

IPC International Press Centre (Centro Internacional de Prensa). Fund. 8-5-1974, Bruselas. Indice de Precios al Consumo.

IPI International Press Institute (Instituto Internacional de Prensa: IIP).

IPRI. Instituto Peruano de Relaciones Interplanetarias.

IPS International Press Service (Servicio Internacional de Prensa).

IPU Inter-Parliamentary Union (Unión Interparlamentaria: UIP).

IQSY International Quiet Sun Year (Año Internacional del Sol Quieto).

IRA Irish Republican Army (Ejército Republicano Irlandés).

IRBM Intermediate Range Ballistic Missile (misil balístico de alcance intermedio).

IREC Institut Rossellonès d'Estudis Catalans (Instituto Rosellonés de Estudios Catalanes).

IRER Infra-Red Extra Rapid (rayos infrarrojos extrarrápidos).

IRPF Impuesto sobre la Renta de las Personas Físicas (España).

IRTP Impuesto sobre el Rendimiento del Trabajo Personal (España).

IRYDA Instituto Nacional de Reforma y Desarrollo Agrario (España).

IS International Socialista (Internacional Socialista).

ISBN International Standard Book Number (Número Internacional Uniforme para los libros).

ISBNA International Standard Number Agency (Agencia del Número Internacional Uniforme para los Libros).

ISC International Supreme Council of World Masons (Consejo Supremo Internacional de Masones Mundiales).

ISIS Integrated Scientific Information System (Sistema Integrado de Información Científica).

ISO International Organization for Standardization (Organización Internacional de Normalización).

ISSN International Standard Serials Number (Número Internacional Normalizado de Publicaciones en Serie).

ITE Impuesto de Tráfico de Empresas (España).

ITT International Telegraph and Telephone Corporation (Compañía Internacional de Telégrafos y Teléfonos).

IU Izquierda Unida (España).

IUCW International Union for Child Welfare (Unión Internacional de Protección de la Infancia).

IUPA International Union of Press Associations (Unión Internacional de Asociaciones de Prensa).

IUSSI International Union for the Study of Social Insects (Unión Internacional para el Estudio de los Insectos Sociales).

IVA Impuesto sobre el Valor Añadido.

J

JAL Japan Air Lines (Líneas Aéreas Japonesas).

JEN Junta de Energía Nuclear (España).

JHS Véase IHS.

Jr. Junior (el más joven). Se aña-

de en inglés al apellido del hijo, para distinguirlo del padre.

JSE Juventudes Socialistas de España.

K

KAS Komité Abertzale Sozialista (Comité Patriota Socialista), España.

KGB Komitet Gosudárstvennoe Bezopásnosti (Comité de Seguridad del Estado), URSS.

KKK Ku-Klux-Klan.

KLM Kominkiljke Luchtvaart Maatschappij (Líneas Aéreas de los Países Bajos).

L

LAB Langille Abertzale Batzordea (Asamblea de Trabajadores Patriotas), España.

Iádar Laser Detection and Ranging (detección y localización por medio del rayo láser).

LAFTA Latin America Free Trade Association. Véase ALALC.

LAS League of Arab States (Liga de los Estados Arabes: LEA).

Láser Light Amplification by Stimulated Emission of Radiation (luz amplificada por la emisión estimulada de radiación).

LAU Ley de Autonomía Universitaria (España).

LCR Liga Comunista Revolucionaria (España).

LEA Ligue des États Arabes. Véase LAS.

LECE   Ligue européenne de coopération économique (Liga Europea de Cooperación Económica).

LF   Low Frequencies (bajas frecuencias).

LGM   Little Green Men (hombrecillos verdes).

LLLI   La Leche League International (Liga Internacional La Leche). Fund. 1956.

LMT   Local Mean Time (hora media local).

LOAPA   Ley Orgánica de Armonización del Proceso Autonómico (España).

LODE   Ley Orgánica Reguladora del Derecho a la Educación (España).

LRU   Ley Orgánica de Reforma Universitaria (España).

LSD   Lysergsäurediäthylamid Lysergic Diethylamide (dietilamida del ácido lisérgico).

LT   Low Tension (baja tensión).

LTA   Lawn Tennis Association. RU.

LVA   Lev (unidad monetaria de Bulgaria); plural, leva.

LW   Long Wave (onda larga).

M

M-19   Movimiento 19 de Abril. (Colombia).

MAAF   Mediterranean Allied Air Forces (Fuerzas Aéreas Aliadas del Mediterráneo).

MAC   Movimiento Autonomista Canario (procedente del MPAIAC).

MAE   Ministerio de Asuntos Exteriores (España).

MALP   Movimiento de Acción para la Liberación de Palestina.

MAP   Maghreb Arab Presse (Agencia de Prensa Árabe de Magreb), (Marruecos).

MATESA   Maquinaria Textil del Norte de España, S.A. (España).

MBFR   Mutual Balanced Force Reduction (Reducción mutua y equilibrada de fuerzas).

MBS   Mutual Broadcasting System (Sistema de Radiodifusión Mutua). (Emisora de televisión estadounidense.)

MC   Mercado común. Véase CEE. Movimiento Comunista (España).

MCA   Motion Corporations of America (Corporaciones del Cine de Norteamérica) EUA.

MCE   Mercado Común Europeo. Véase CEE.

MEAC   Museo Español de Arte Contemporáneo.

MEC   Ministerio de Educación y Ciencia.

MEN   Middle East News Agency (Agencia de Noticias del Oriente Medio) (Egipto). A veces se usa MENA.

MENA   Véase MEN.

MERCASA   Mercados Centrales de Abastecimientos, S.A. (España).

MERCOSA   Empresa Nacional de Mercados de Origen de Productos Agrarios, S.A. (España).

MG   Morris Garages (empresa constructora de automóviles del Reino Unido). Military Government (Gobierno Militar).

M-G-M Metro-Goldwyn-Mayer Incorporated (productora cinematográfica estadounidense).

MIC Movimiento para la Independencia de Canarias (España).

MIDAS Missile Defense Alarm System (sistema defensivo de alarma misilística).

MIG M. I. Guriévich (el nombre de este ingeniero ruso se aplica a los aviones que construyó con la colaboración de A. Z. Urikoyán en la URSS).

MIR Médico Interno y Residente (España).

MLM Movimiento de Liberación de la Mujer (España).

MLS Movimiento de Liberación de Sebta (Ceuta). España.

MMRBM Mobile Medium Range Ballistic Missile (misil balístico transportable de alcance medio).

MOBOT Mobile Robot (robot movible). Si se usa como palabra común, es voz llana: móbot.

MOC Movimiento de Objetores de Conciencia (España).

MOMA Museum of Modern Art (Museo de Arte Moderno). Nueva York.

MOPU Ministerio de Obras Públicas y Urbanismo (España).

MOSAD Mosas Lealiyah Beth (Organización para la Segunda Emigración). Servicios Secretos Israelíes.

MP Military Police (policía militar).

MPAIAC Movimiento para la Autodeterminación y la Independencia del Archipiélago Canario (España).

MPLAC Movimiento Popular de Liberación del Archipiélago Canario (España).

MRBM Medium-Range Ballistic Missile (misil balístico de alcance medio).

MRL Movimiento Revolucionario Liberal (Colombia).

MSI Movimiento Sociale Italiano (Movimiento Social Italiano).

MSR Missile Site Radar (emplazamiento de radar para lanzamiento de misiles).

MUA Mando Único Antiterrorista (España).

MUFACE Mutualidad General de Funcionarios Civiles del Estado (España).

MULC Mando Único para la Lucha Contraterrorista (España).

MUNPAL Mutualidad Nacional de Previsión de Administración Local (España).

N

NAFTA North Atlantic Free Trade Area (Zona del Libre Comercio del Atlántico Norte).

NAP North Atlantic Pact (Pacto del Atlántico Norte).

NASA National Aeronautics and Space Administration (Administración Nacional de Aeronáutica y del Espacio) EUA.

NATA National Aviation Trade Association (Asociación Nacional de Comercio Aéreo).

NATC North Atlantic Treaty Council (Consejo del Tratado del Atlántico Norte).

NATO North Atlantic Treaty

Organization (Organización del Tratado del Atlántico Norte: OTAN). Washington.

Navsat Navigation Satellite (satélite de navegación).

NBC National Broadcasting Company (Sociedad Nacional de Radiodifusión) EUA.

NBQ (Guerra) Nuclear, Biológica y Química.

NBS National Broadcasting Service (Servicio Nacional de Radiodifusión). EUA.

NCI National Cancer Institute (Instituto Nacional del Cáncer) EUA.

NF Nouveaux Francs (nuevos francos). Francia.

NKGB Noródni Kornitet Gosudarstvennoi Bezopasnosti (Comisariado del Pueblo para la Seguridad del Estado) URSS.

NSA National Security Agency (Agencia Nacional de Seguridad), EUA.

NSU Neckar-Sulm (fábrica de automóviles de la RFA).

NU Naciones Unidas. Véase ONU.

NY New York (Nueva York).

NYC New York City (ciudad de Nueva York).

NYS New York State (Estado de Nueva York).

NYT New York Times (diario de Nueva York).

O

OACI Organisation de l'Aviation Civile Internationale (véase ICAO).

OALP Organización de Acción para la Liberación de Palestina (de la OLP).

OAP Organización Árabe de Palestina (de la OLP).

OAS Organisation de l'Armée Secrete (Organización del Ejército Secreto). Organization of American States (véase OEA).

OCAS Organization of Central American States (véase Odeca).

OCDE Organisation de Coopération et de Developpement Économiques (Organización para la Cooperación y el Desarrollo Económicos: OCDE). París.

OCLALAV Organisation Commune de Lutte Antiacridienne et de Lutte Antiaviaire (Organización Común de Lucha contra la Langosta y las Aves Nocivas), Fort Lamy.

OCU Organización de Consumidores y Usuarios (España).

OEA Organización de los Estados Americanos, Washington.

OET Oficina de Educación Iberoamericana, Madrid.

OID Oficina de Información Diplomática (del Ministerio de Asuntos Exteriores), España.

OIJ Organisation Internationale des Journalistes (también IOJ).

OIPC Organisation Internationale de Police Criminelle (también ICPO).

OISS Organización Iberoamericana de Seguridad Social, Madrid.

OIT Organisation Internationale du Travail (Organización Internacional del Trabajo) (también BT e ILO).

OJD Oficina de Justificación de la Difusión (España).

OLP Organización de Liberación de Palestina.

OMNI Objeto Marino No Identificado.

OMS Organisation Mondiale de la Santé (Organización Mundial de la Salud).

OMT Organización Mundial de Turismo, Madrid.

ONCE Organización Nacional de Ciegos Españoles.

ONU Nations Unies (Organización de las Naciones Unidas).

OPA Oferta Pública de Adquisición.

OPAEP Organisation des Pays Arabes Exportateurs de Petrole (Organización de los Países Árabes Exportadores de Petróleo).

OPEC Organization of the Petroleum Exporting Countries - Organisation des pays exportateurs de pétrole (Organización de los Países Exportadores de Petróleo: OPEP).

ORA Operación de Regulación de Aparcamientos (Madrid).

OUA Organisation de l'Unité Africaine (Organización de la Unidad Africana). Addis-Abeba.

OVNI Objeto Volante No Identificado.

P

P-2 Propaganda Due (Propaganda Dos). Italia (logia masónica).

PAL Phase Alternating Line (línea de fase alternante). RFA.

PAP Polska Agencia Prosowa (Agencia de Prensa Polaca).

PASC Partido Autonomista Socialista de Canarias (integrado en la Confederación Socialista), España.

PASD Partido Andaluz Social Demócrata (España).

PCA Partido Comunista de Andalucía (España). Partido Comunista de Aragón (España). Partido Comunista de Asturias (España).

PCC Partido Comunista de Cantabria (España). Partit dels Comunistes de Catalunya (España). Partido Comunista de Canarias (España).

PCE Partido Comunista de España.

PCE(I) Partido Comunista de España (Internacional).

PCE(ML) Partido Comunista de España Marxista-Leninista.

PCE(R) Partido Comunista de España (Reconstituido).

PCEU Partido Comunista de España Unificado.

PCF Parti Comuniste Français (Partido Comunista Francés).

PCI Partido Comunista Italiano.

PCMLI Partido Comunista Marxista Leninista Internacional (España).

PCOE Partido Comunista Obrero Español.

PCR Partido Comunista Reconstituido (España).

PCU Partido Comunista de Unificación (España).

PDP Partido Demócrata Popular (España).

PEMEX   Petróleos Mexicanos (México).

PEN   Fédération Internationale des PEN clubs (Federación Internacional de los Clubes PEN). El término PEN, de origen incierto, proviene del término inglés «pen» (gente de) «pluma», ya que el club acoge a todos los profesionales de la pluma.

PETRONOR   Refinería de Petróleos del Norte, S.A. (España).

PGC Parque Móvil de la Guardia Civil (España).

PIB   Producto Interior Bruto.

PIC   Puntos de Información Cultural (del Ministerio de Cultura), España.

PL   Partido Liberal (España).

PM   Policía Militar.

PMM   Parque Móvil de Ministerios Civiles (España).

PNB   Producto Nacional Bruto.

PND   Personal No Docente (de las universidades españolas).

PNN   Producto Nacional Neto. Profesor No Numerario (España).

PNV   Partido Nacionalista Vasco (España).

Polisario.   Frente Político de Liberación del Sahara y Río de Oro (Sahara Occidental).

POUM   Partit Obrer d'Unificació Marxista (Partido Obrero de Unificación Marxista) (España).

PP   Partido Popular.

PRI   Partido Revolucionario Independiente (México).

PSC   Partit Socialista de Catalunya (Partido Socialista de Cataluña).

PSOE   Partido Socialista Obrero Español.

PSUC   Partit Socialista Unificat de Catalunya (Partido Socialista Unificado de Cataluña).

PTE-UC   Partido de los Trabajadores de España - Unidad Comunista (Santiago Carrillo).

PVP   Precio de Venta al Público.

PYME   Pequeña y Mediana Empresa.

PYMECO   Pequeña y Mediana Empresa Comercial.

R

RACE   Real Automóvil Club de España.

radar Radio Detection and Ranging (detección y localización por radio).

RAE   Real Academia Española.

RAF Royal Air Force (Reales Fuerzas Aéreas), RU.

RAG   Real Academia Gallega.

RAI Radio Audizioni Italia (emisora de radio y televisión italiana).

RAM   Royal Air Maroc (Reales Líneas Aéreas Marroquíes).

RALV   Real Academia de la Lengua Vasca.

RASD   República Árabe Saharaui Democrática.

RCA   Radio Corporation of America (Compañía de radio y televisión), EUA.

RCE   Radio Cadena Española.

RENFE   Red Nacional de los Ferrocarriles Españoles.

RFA   Véase BRD.

RNA   Ribonucleic Acid (ácido ribonucleico: ARN).

RNE   Radio Nacional de España.

RTF   Radio-Télévision Française (Radio Televisión Francesa).

RTV Radiotelevisión.
RTVE Radiotelevisión Española.
RU Reino Unido.

S

S.A. Sociedad Anónima. Su Alteza.
S.A.I. Su Alteza Imperial.
SALT Strategic Arms Limitation Talks (Conversaciones para la Limitación de Armas Estratégicas).
SAR Servicio Aéreo de Rescate.
S.A.R. Su Alteza Real.
SAVA Sociedad Anónima de Vehículos Industriales (España).
SEAT Sociedad Española de Automóviles de Turismo.
SELA Sistema Económico Latinoamericano.
SER Sociedad Española de Radiodifusión.
SEREM Servicio Especial de Rehabilitación de Enfermos y Minusválidos (España).
SGAE Sociedad General de Autores de España.
SHAPE Supreme Headquarters Allied Powers in Europe (Cuartel General Supremo de las Potencias Aliadas en Europa).
SIDA Véase AIDS.
SIMO Salón Informativo de Material de Oficina (España).
SL Sociedad Limitada.
S.M. Su Majestad.
SMI Sistema Monetario Internacional.
SNCF Société Nationale des Chemins de fer Français (Sociedad Nacional de los Ferrocarriles Franceses).
SOC Sindicato de Obreros del Campo (España).
sonar Sound Navigation Ranging (detección submarina por ondas sonoras).
SONIMAG Sonido e Imagen (Salón Monográfico Español).
SOS Save our Souls (Salvad nuestras almas). Señal Internacional de Gran Peligro.
SPP Sindicato Profesional de Policías (España).
SPQR Senatus Populusque Romanus (El Senado y el Pueblo Romanos).
SSBS Sol-Sol Balistiques Stratégiques (Misiles Balísticos Estratégicos tierra-tierra).
SSI Service Social International (Servicio Social Internacional).
SSM Surface-to-surface Missile (misil tierra-tierra).
SSSS Servicio Secreto de Su Santidad (Vaticano).
START Strategic Arms Reduction Talks (Conversaciones Sobre la Reducción de Armas Estratégicas); sustituye a las SALT.
STV Solidaridad de Trabajadores Vascos. Véase ELA.
SUM Surface-to-Underwater Missile (misil tierra-submarino).
SUP Sindicato Unificado de Policía (España).
SW Short Waves (ondas cortas).
SWAPO South West Africa People's Organization (Organización del Pueblo de África del Suroeste), Namibia.

T

TAF Tren Automotor (o articulado) Fiat.

Talgo Tren Articulado Ligero Goicoechea-Oriol. Estas siglas, que el uso ha convertido en palabra de uso común, se escriben con mayúscula sólo en la primera letra, y en redonda: Talgo.

TAM Tactical Air Missile (misil aéreo táctico).

TANJUG Telegrafska Agencija Nova Jugoslavija (Agencia Telegráfica de la Nueva Yugoslavia).

TAP Transportes Aéreos Portugueses.

TASS Telegrafnoe Aguenstvo Sovetskoie Soiutsa (Agencia Telegráfica de la Unión Soviética).

TAV Tren de Alta Velocidad.

TCH Telegrafía (o Telefonía) Con Hilos.

TER Tren Español Rápido.

TGV Trains à Grande Vitesse (Trenes de Gran Velocidad), Francia.

TIR Transport International Routier (Transporte Internacional por Carretera).

TNT Trinitrotolueno.

TOA Véase APC.

TRBM Tactical-Range Ballistic Missile (Misil Balístico de Recorrido Táctico).

TSA Tabacalera, S.A. (España).

TSH Telegrafía (o Telefonía) Sin Hilos.

TV3 Televisió Catalana (tercer canal) (Televisión Catalana), España.

TVA Taxe à la valeur ajoutée (tasa sobre el valor añadido). Véase IVA.

TVE Televisión Española.

TWA Trans World Airlines (Líneas Aéreas Transmundiales). EUA.

U

UAE United Arab Emirates (Emiratos Árabes Unidos: EAU).

UCE Unificación Comunista de España.

UCI Unidad de Cuidados Intensivos.

UE Unión Europea.

UEFA Union of European Football Associations (Unión de Asociaciones Europeas de Fútbol).

UER Unión Européene de Radiodifusión (Unión Europea de Radiodifusión).

UFO Unidentified Flying Objet (Objeto Volante No Identificado: OVNI).

UGT Unión General de Trabajadores (España).

UHF Ultra High Frequencies (frecuencias ultraaltas).

UIFI Union Internationale des Fabricants d'Imperméables (Unión Internacional de Fabricantes de Impermeables).

UIM Union Internationale des Métis (Unión Internacional de Mestizos). Fund. 28-4-1957, Bazzaville.

UIMP   Union Internationale pour la protection de la Moralité Publique (Unión Internacional para la protección de la Moralidad Pública)

UIP   Véase IPU.

UIT   Union Internationale des télécommunications (Unión Internacional de Telecomunicaciones).

UJCE   Unión de Juventudes Comunistas de España.

UK   United Kingdom (Reino Unido: Gran Bretaña e Irlanda del Norte).

UN   United Nations. Véase ONU.

UNCTAD   United Nations Conference on Trade and Development (Conferencia de las Naciones Unidas sobre Comercio y Desarrollo).

UNDC   United Nations Disarmament Commission (Comisión de las Naciones Unidas para Desarme)

UNED   Universidad Nacional de Educación a Distancia (España).

UNESCO   United Nations Educational, Scientific and Cultural Organization (Organización de las Naciones Unidas para la Educación, la Ciencia y la Cultura).

UNHCR   United Nations High Commissioner for Refugees (Alta Comisaría de las Naciones Unidas para los Refugiados: ACNUR).

UNICEF   United Nations Children's Fund (Fondo de las Naciones Unidas para la Infancia).

UNIPYME   Unión de Organizaciones de la Pequeña y Mediana Empresa (España).

UNITA   União Nacional para a Independencia Total de Angola (Unión Nacional para la Independencia Total de Angola).

UNIVAC   Universal Automatic Computer (Computador Automático Universal), computador electrónico.

UNO   United Nations Organization (Organización de las Naciones Unidas). Véase ONU.

UNPA   United Nations Postal Administration (Administración Postal de las Naciones Unidas).

UNRWA   United Nations Relief and Works Agency for Palestine Refugees in the Near East (Organismo de Socorro de las Naciones Unidas para los Refugiados Palestinos en Oriente Medio). Beirut.

UNTFSD   United Nations Trust Fund for Social Development (Fondo Fiduciario de las Naciones Unidas para el Desarrollo Social: FFNUDS).

UNTSO   United Nations Truce Supervision Organization (Organización de las Naciones Unidas para la Supervisión de la Tregua) (para Palestina).

UPG   Union do Povo Galego (Unión del Pueblo Gallego), España.

UPI   United Press International (Prensa Internacional Unida). EUA.

UPN   Unión del Pueblo Navarro.

URSS   Union des Républiques Socialistes Sovietiques (Unión de

Repúblicas Socialistas Soviéticas), también SSSR.

US   United States (Estados Unidos), también USA.

USA   The United States of America (los Estados Unidos de América: EUA).

USIA   United States Information Agency (Agencia de Información de los Estados Unidos).

USO   Unión Sindical Obrera.

USSR   Union of Soviet Socialist Republics (Unión de Repúblicas Socialistas Soviéticas: URSS).

UTA   Union des Transports Aériens (Unión de los Transportes Aéreos), Francia.

UVI   Unidad de Vigilancia Intensiva (en hospitales).

V

VVARG   Varig Viaçao Aérea Rio Grandense (Empresa de Líneas Aéreas de Río Grande) (Brasil).

VERDE   Vértice Español de Reivindicación Desarrollo Ecológico.

VHF   Very High Frequencies (muy altas frecuencias).

VHS   Video Home System (sistema de vídeo casero).

VIASA   Venezolana Internacional de Aviación, S.A.

VIP   Very Important Person (persona muy importante).

VLF   Very Low Frequency (frecuencia muy baja).

VRT   Video Recording Tape (cinta de grabación de vídeo).

VTR   Videotape Recording (grabación en cinta de vídeo).

W

WASP   White, Anglo-Saxon, Protestant (protestante, anglosajón, blanco).

WHO   World Health Organization. Véase OMS.

WWF   World Wildlife Fund (Fondo Mundial para la Naturaleza), Zúrich.

X

XUV   XRay and Ultraviolet (rayos X y ultravioleta).

Y

YIEE   Youth International Educational Exchange (Intercambio Educativo Internacional de Jóvenes).

YMCA   World Alliance of Young Men's Christian Associations (Alianza Mundial de Asociaciones Cristianas de Jóvenes: ACJ), París.

Z

ZANU   Zimbabwe African National Union (Unión Nacional Africana de Zimbabue).

Sobre Léxico*

* La Agencia EFE y los autores agradecen públicamente a don Manuel Seco, de la Real Academia Española, su autorización para emplear libremente su utilísimo *Diccionario de dudas y dificultades de la lengua española* (Madrid, Espasa-Calpe, novena edición, 1986), y a don José María Lozano Irueste su permiso para la inclusión de las numerosas voces económicas en inglés de su *Glosario de términos de Economía y Hacienda* (Madrid, Instituto de Estudios Fiscales, 1986), con su traducción.

A

A. Evítense las construcciones galicadas *a motor, a vela, a reacción,* etc. De igual modo deben evitarse los giros *acto a celebrar, decisión a tomar, asunto a resolver,* etc.; escríbase *que se ha de tomar, que debe ser resuelto,* etc. Con frecuencia puede suprimirse el complemento *a + infinitivo:* «Ese comportamiento no es un modelo (*a seguir*).» Cuando en la frase el complemento directo debe llevar *a* y hay otro complemento que también la lleva, se suprime la *a* del complemento directo: «Llevó (a) sus hijos a la escuela.»

ABAJO. Adverbio que se usa con verbos de movimiento («vamos *abajo»*). En cambio, *debajo* va con verbos que indican situación («lo coloqué *debajo»*).

A BASE DE. No es lo mismo que *a fuerza de. A base de:* tomando como base, fundamento o componente principal: «Bebida hecha *a base de* zumos naturales.» *A fuerza de:* loc. prep. que, seguida de un sustantivo o de un verbo, indica el modo de obrar empleando con intensidad el objeto designado por el sustantivo siguiente, o reiterando mucho la acción expresada por el verbo. No es correcto escribir: «El público hundió la obra *a base de* alborotos.» Dígase *«a fuerza de* o con alborotos».

ABDICAR. Un soberano, pontífice, emperador o príncipe no *dimite,* sino que *abdica* o *renuncia* a su dignidad o a su cargo. Metafóricamente se puede *abdicar de* una militancia, responsabilidades, deberes, siempre con la preposición *de.*

ABERTURA, APERTURA. No deben confundirse. *Abertura* es la «acción o efecto de abrir algo físicamente: «En la tapia había una *abertura.» Apertura* significa *inauguración* o *comienzo:* «Se ha celebrado la *apertura* del curso.»

ABIGARRAR. Significa «poner a una cosa varios colores mal combinados». No debe confundirse con *abarrotar* («llenar un espacio de personas o cosas»). De un recinto lleno de gente hay que decir que está *abarrotado,* nunca *abigarrado.*

ABOLICIÓN. Es el acto de derogar un precepto o costumbre. Empléese, para otros significados, *supresión* («La *supresión* de las cooperativas»).

ABOLIR. Sólo se usan las formas que tienen *i* en la desinencia.

ABORDAR. Es anglicismo en el sentido de subir a un avión o buque. Dígase *subir a bordo, embarcar* o simplemente *subir.*

ABORDO/A BORDO. *Abordo* es sinónimo de *abordaje. A bordo* significa "en la embarcación".

A BORDO DE. Como metáfora, tratándose de automóviles, evítese; en vez de «huyeron *a bordo de* un Chrysler», dígase «huyeron *en* un Chrysler».

ABORTISTA. 1. Partidario del aborto. 2. Que practica el aborto.

ABRUPTO. Esta palabra significa en español: *escarpado, áspero, rudo.* En inglés, en su primera acepción, significa *repentino, brusco, precipitado.* Es incorrecto, pues, escribir: «Fue muy *abrupta* la decisión de adelantar las elecciones.»

ABSOLUTIZAR. Este verbo no existe. Sustitúyase por *arrogarse, apropiarse, atribuirse, servirse de algo, utilizar en provecho propio...*

ABSTRAER. Su uso es rebuscado cuando se emplea como sinónimo de *prescindir.*

ABURRIRSE A MUERTE. Construcción galicada. En español decimos «aburrirse mortalmente».

ACADEMIA DE LA LENGUA. Dígase *Real Academia Española* o *Academia Española;* tales son sus nombres oficiales desde su fundación.

ACADÉMICOS. Es un anglicismo procedente de la mala traducción del inglés «academic» cuando se usa con el significado de *universitario* o *profesor universitario.*

A CAMPO TRAVÉS. Dígase a *campo traviesa,* salvo en «un campeonato de campo través o de campo a través».

ACARREAR. Significa *ocasionar, producir, traer, traer consigo,* pero sobre todo cuando se trata de *daños* o *desgracias.*

ACCÉSIT. Debe usarse esta forma también para el plural.

ACCESO DE ENTRADA. Se trata de un error lingüístico, ya que no existen accesos de salida.

ACCIDENTE FORTUITO. Redundancia. Un accidente es siempre algo inesperado, un suceso fortuito.

ACCIONAR. 1. Poner en movimiento una cosa. 2. Hacer movimientos y gestos para dar a entender alguna cosa. No equivale, pues, a *obrar, operar, actuar,* etc. No es correcto escribir: «Entre estos grupos, los que sobresalen por su capacidad de *accionar* utilizando medios militares de lucha.» Debió escribirse *actuar* u *operar.*

ACCIONARIAL. No es palabra española. El adjetivo correcto es *accionario/a.* «Participaciones *accionarias* en una refinería.»

«ACCRUED INTEREST». Tradúzcase por *interés acumulado.*

ACERBO/ACERVO. Evítese la confusión gráfica entre el adjetivo *acerbo,* cruel o amargo, y el nombre *acervo,* montón o haber que pertenece en común a varias personas: "dolor *acerbo*"; "el *acervo* de conocimientos".

ACOMPAÑADO DE. Un cantante es acompañado *de* un instrumentista, pero acompañado *al* piano, mientras que si él mismo es también el instrumentista, entonces se acompaña *con* el piano.

ACORDAR. Incorrecto cuando se emplea con las acepciones de «conceder» y «poner a otros de acuerdo».

ACORDARSE DE. Aunque con frecuencia se omite *de* en la lengua hablada («No me acuerdo dónde vive»), la preposición no debe omitirse en la escrita. Sin embargo, es incorrecto *recordarse de*.

ACREDITAR. Es voz que se emplea de forma equivocada como sinónimo de *conseguir*.

ACROBACÍA. Escríbase *acrobacia*. Es frecuente la acentuación incorrecta entre aviadores.

ACTA. No equivale a ley, decreto, convenio, etc. *Acta* es la relación escrita de lo sucedido, tratado o acordado en una junta. La voz inglesa *act* sí significa en español *ley*.

ACTA DE GUERRA. Traducción incorrecta del inglés «war act». En español debe decirse *ley de poderes de guerra*.

ACTITUD. No debe confundirse con *aptitud*.

ACTIVO (EN). ACTIVIDAD (EN). Aunque ambas expresiones significan lo mismo, dígase *en activo* cuando se refiere a personas y *en actividad* en los demás casos.

ACTUACIÓN. Al ejercicio que hace una persona de los actos propios de su naturaleza le llamamos *actuación*. No es correcto decir «No estoy de acuerdo con su *accionar*», sino «No estoy de acuerdo con su *actuación*.»

ACTUAL/ACTUAL. En inglés quiere decir, *efectivo, real, de verdad*; en español *del momento presente, de actualidad, de hoy en día*.

ACUARIO. Mejor emplear esta palabra que la latina «aquarium».

A CUENTA DE. No confundir con *por cuenta de*: «Está gastando *a cuenta de* su futura herencia», pero «lo compra *por cuenta de* su empresa».

ACUERDO. Véase *de acuerdo con*.

ACUÍCOLA. Animal o vegetal que vive en el agua.

ADECUAR. Se conjuga como «averiguar» y sigue las mismas normas de acentuación.

ADDÉNDUM Y ADDENDA. (singular y plural, respectivamente). Deben usarse con la grafía latina de la *doble d*.

ADELANTE. Empléese cuando expresa movimiento («Siga *adelante*»); si sólo expresa posición, utilícese *delante* («Se instalarán *delante* del palacio...»; «Sitúese *delante* de mí»).

ADENTRO. Empléese con verbos de movimiento («Entraron *adentro*»); con los demás verbos, *dentro* («Están *dentro*»). Pero con verbos de movimiento, puede usarse *dentro*, precedido de las preposiciones *para* o *hacia* («Fueron *para* o *hacia dentro*»).

ADHERENCIA. No equivale a *adhesión*. *Adherencia* es unión física, pegadura de las cosas. *Adhesión* es acción o efecto de adherirse, conviniendo en un dictamen o partido. («La estricta *adherencia* al dogma marxista», es frase incorrecta.)

ADHERENTES. Es incorrecto en el sentido de *seguidores, partidarios,* etc.

ADHERIR. No debe usarse *adherir* con el significado de la forma pronominal de *adherirse.*

ADICCIÓN. Es la condición de «adicto a las drogas». Empléese preferentemente *toxicomanía,* a no ser que se indique la droga (*«Adicción* a la heroína»). No confundir con *adición,* «suma».

ADICIÓN. Véase *adicción.*

ADJUNTO. Puede usarse como adverbio: *«Adjunto* le envío la lista de libros», aunque es más normal su uso como adjetivo: «Le envío *adjunta* la lista de libros.»

ADLÁTERE. Prefiérase esta forma a las demás: *a látere, alátere* y *ad látere.*

«ADMINISTERED PRICES». Debe traducirse por *precios intervenidos* o *precios regulados,* según el caso.

ADMINISTRAR. Tratándose de medicamentos debe utilizarse este verbo y no *suministrar* (que es «abastecer de una cosa»).

ADOLECER DE. Significa «tener o padecer algún defecto» («Su informe *adolece* de imprecisión»). Se usa seguido de nombres como *falta, escasez, exceso* («La ciudad *adolece* de escasez de agua»).

ADONDE. Se escribe así cuando se expresa el antecedente: «En el lugar *adonde* nos dirigimos.» Y *a donde* si el antecedente no se expresa: «Nos dirigimos *a don-de* están ellos.» Si tiene valor interrogativo, siempre *adónde:* «Pero, ¿*adónde* pudieron ir?»

ADOPTAR. Es galicismo en frases como «... sin que se haya adoptado el presupuesto». (*«Adopter:* aprouver par un vote»). No debe utilizarse cuando significa *aprobar* o *aceptar.*

A DOS DÍAS DE LA LLEGADA DE... Con esta construcción se indica el tiempo que falta para que suceda alguna cosa. No confundir con «a *los* dos días de la llegada de», con lo que se indica el tiempo transcurrido desde que sucedió alguna cosa.

ADULTERAR. *"Adulteraban* las facturas presentadas". Tratándose de documentos, facturas, etc., es más apropiado hablar de falsificar.

ADVERSO. Significa «contrario, enemigo, desfavorable». Es, por tanto, incorrecto decir «Dos diarios editorializan hoy... con opiniones *adversas»,* cuando lo que se quiere decir es «con opiniones contrarias», «distintas».

ADVERTENCIA TEMPRANA. Las Fuerzas Armadas utilizan únicamente la expresión *alerta previa.*

ADVERTIR. No es correcta la construcción: «Cuando el policía *se advirtió* de que estaban aguardándolo»; escríbase: «Cuando el policía *advirtió que*...»

ADYACENTE. Distíngase de *circundante*. *Adyacente* es lo que está junto a otra cosa; *circundante*, lo que la rodea.

AEROBÚS. Tradúzcase así el inglés o francés *airbus*, como lo hace el DRAE.

AERÓDROMO. Es vocablo esdrújulo.

AERONAUTA. No *areonauta*.

AERONÁUTICA. No *areonaútica*.

AEROSPACIAL. Perteneciente o relativo a la navegación aérea.

AEROPIRATA. Dígase *pirata aéreo*.

AERÓSTATO O AEROSTATO. Es vocablo esdrújulo o llano.

A ESCALA/A ESCALA DE. Se está extendiendo el uso de esta locución («Una creciente recesión *a escala* internacional»), en competencia con la también abundante *a nivel de*. No debe abusarse de ella: «Una creciente recesión internacional» diría lo mismo.

A FALTA DE. Debe evitarse este giro en casos como «*A falta de* seis minutos...», dígase «*Cuando faltan* o *faltaban* seis minutos...»

AFECTAR. "... esta ayuda de la UE *afecta* a los primeros gastos de la policía palestina...". Este uso de *afectar* (calco del francés *affecter)* corresponde en español a *destinar, aplicar...*

«AFFAIRE». Dígase *caso, asunto, escándalo, relación* (amorosa).

AFICHE. Preferible *cartel*.

ÁFRICA DEL SUR/SUR ÁFRICA. "... el Jefe de Estado de *Sur África*". El nombre oficial de este país es *República de Sudáfrica*, lo podemos simplificar y llamarlo *Sudáfrica*, pero jamás *África del Sur*, ya que se referiría a la parte sur o meridional de este continente a la que pertenecen varios países, como África del Norte está compuesta por varios países también. Tampoco debemos decir *Sur África*, ningún país se llama así. *África del Sur, África del Norte, África del Este* y *África del Oeste* son nociones geográficas, en cada una de ellas hay varios países —en África del Norte, están, entre otros, los países del Magreb. Uno de los países situados en África del Sur es la *República Sudafricana* o *Sudáfrica;* Namibia, también está en África del Sur.

AFROAMERICANO. Inadmisible esta voz para designar a los negros de los Estados Unidos. Todos los negros de América —del Norte, del Centro y del Sur— son *afros* y *americanos*, o sea, que es suficiente con utilizar la palabra *negro*, al igual que se utlizan *blanco, amarillo* e *indio*, sin falsos pudores y sin miedo de utilizar un término que sólo es peyorativo si se usa como tal.

AFRONTAR. Es hacer frente a algo: «El Gobierno *afrontará* el problema con resolución.» *Confrontar* es comparar, cotejar una cosa con otra, especialmente escritas (DRAE). *Enfrentar* es malquistar una persona con otra, y también ponerlas frente a frente.

AFUERA. Cuando complementa verbos que expresan movimiento se emplea *afuera*, que significa *hacia el exterior:* «Si quieres pelear, vete *afuera.*» Pero con el significado de *en el exterior*, es preferible usar *fuera*: «*Fuera*, en la calle, hace mucho calor.» Los hispanohablantes de América tienden a utilizar *fuera*.

AGGRESSIVE/AGRESIVO. En inglés significa *resuelto, dinámico, entusiasta, emprendedor, insistente, asertivo.* En español quiere decir *propenso a faltar al respeto, a ofender o a provocar.*

AGNÓSTICO, ATEO. No deben confundirse estas dos voces. *Agnóstico* es aquel que sólo cree en lo demostrado; por lo tanto no se plantea que Dios exista o no, no cree en su existencia ni en su inexistencia mientras éstas no sean demostrables. *Ateo* es aquel que niega la existencia de Dios.

AGRAVANTE. m. y f. «*La* circunstancia *agravante, el* hecho *agravante.*»

AGREDIR. Verbo defectivo. Sólo se usa en las formas que tienen en su desinencia con la vocal *i*.

AGREGACIÓN. Es el puesto de (profesor) *agregado* y no *agregaduría*.

AGRESIVO. Evítese la acepción inglesa («Una *agresiva* campaña de publicidad»; «un vendedor agresivo»). Sustitutos posibles: *intenso, activo, dinámico, audaz, de empuje, de acción, de iniciativas, emprendedor.* En español significa «que ofende, provoca o ataca».

AGROINDUSTRIA. Neologismo innecesario; dígase *industria agraria.*

A GROSSO MODO. Es incorrecto; dígase *grosso modo.*

AGUDIZAMIENTO. Sólo *agudización* aparece en el DRAE.

A LA ALTURA DE. Véase *altura de (a la).*

A LA HORA. Es galicismo en frases como: «El coche iba a 100 kilómetros *a la hora»;* debemos decir: «El coche iba a 100 kilómetros *por hora.*»

A LA MAYOR BREVEDAD. Véase *brevedad (con la mayor).*

AL. En noticias de América sobre fútbol es frecuente oír: «... jugará en casa frente *a* Independiente de Argentina». Lo correcto es *al.*

ALARMA/ALERTA ROJO. Escríbase *alarma/alerta roja.*

ALAUÍ. No *alauita.*

ÁLBUM. Hablando de un solo disco fonográfico, dígase *elepé* o *disco de larga duración.* La carpeta con más de un disco es un *álbum* (plural, *álbumes).*

AL CABO DE, AL FINAL DE. Estos dos sintagmas no son equivalentes. *Al cabo de* significa «después del tiempo que se expresa» («Volvió *al cabo de* una hora»). No es, pues, aconsejable decir: «El anuncio fue hecho *al cabo de* la reunión que mantuvo con su colega nicaragüense.» Dígase «*al final de* la reunión...».

ALEATORIO. Quiere decir *fortuito, azaroso,* no *discutible* o *relativo.*

ALEGAR. El verbo inglés «to allege» no siempre quiere decir lo mismo que *alegar*, puede significar también *declarar, afirmar, pretender, pretextar...* Utilícese el verbo conveniente.

ALÉRGENO / ALERGENO. Es un vocablo grave o llano.

ÁLGIDO. Aunque este adjetivo significa «muy frío», especialmente referido a enfermedades, la Academia también ha registrado su uso figurado con el sentido de «momento o período crítico o culminante de algunos procesos orgánicos, físicos, políticos, sociales, etc.».

ALIMENTARIO / ALIMENTICIO. Distíngase con cuidado entre ambas palabras. *Alimenticio* se dice de los alimentos y de su capacidad nutritiva. *Alimentario* es lo referente a la legislación sobre fabricación y venta de alimentos («Código alimentario»).

AL OBJETO DE. Dígase *con el objeto de* o *para*.

ALOCUCIÓN. Es un discurso breve, dirigido por un superior a sus inferiores, secuaces o súbditos. No se diga, pues, que «el diputado, en su *alocución,* pidió a los parlamentarios...». No debe confundirse con *locución,* ni *elocución.*

A LO LARGO DE. Equivale a *durante;* pero se abusa de esta locución, que resulta cómica en frases como: «*A lo largo de su* breve intervención», o «Aplaudieron *a lo largo de* un minuto.»

A LO QUE SE VE. Dígase *por lo que se ve.*

A LOS DOS DÍAS DE. Esta construcción indica el tiempo transcurrido desde que sucedió alguna cosa. Véase *a dos días de.*

ALREDEDOR. Se escribe en una sola palabra.

AL RESPECTO DE. Dígase *respecto de* o *respecto a.*

ALTA. Como sustantivo singular, va precedido por *el*: «El médico le dio *el alta.*» Como adjetivo, lleva el artículo *la*: «*La alta* fiebre le impidió trabajar».

ALTA COMISARÍA. Dígase así, y no *Alto Comisariado* o *Alto Comisionado.*

ALTA COSTURA. Parece imposible erradicar este galicismo.

ALTA FIDELIDAD. Empléese en vez de «hi-fi».

ALTA PELUQUERÍA. Parece imposible erradicar este galicismo.

ALTA VELOCIDAD. Evitar este anglicismo. Diremos *gran velocidad.*

ALTERNATIVA. Es «opción» entre dos cosas, «disyuntiva», «dilema». Uso correcto: «Se me ofrecía la *alternativa* de ir a los toros o al fútbol.» Uso incorrecto: «Este partido constituye una *alternativa* de poder.» Sin embargo, dada la presión creciente de este vocablo en tal acepción, la Academia la ha reconocido. Pero no debe abusarse de ella; hay otras que, normalmente, serán preferibles: *opción* o *posibilidad;* porque aburre tanta *alternativa.*

ALTO-A. Evitemos este anglicismo, innecesario, incluso entrecomillado: *"altas comodidades".* *High* no siempre se traduce por *alto-a:* no decimos *alta* misa, sino misa mayor; ni *alto* costo de vida, sino carestía de vida; ni *alta* comodidad, sino gran comodidad. *Altos militares* es un tanto impreciso (podría referirse a su estatura). De manera más explícita diremos *militares de alta graduación* o *altos jefes militares.*

ALTO COMISARIO. Dígase así, y no *Alto Comisionado.*

ALTO EL FUEGO. Debe usarse la palabra española *tregua,* cuando el fuego se detiene por un pacto.

ALTURA DE (A LA). Con los verbos *estar, ponerse* y otros semejantes, alcanzar una persona o cosa el grado de perfección correspondiente al término que sirve de comparación («Estar *a la altura de* las circunstancias»). Pero puede emplearse también para hacer una localización en una calle o carretera («En Recoletos, *a la altura de* la Biblioteca Nacional»). Admite empleo figurado en frases como: «Menéndez Pidal, *a la altura de* sus ochenta años, escribió...»

ALUSORIO. Dígase *alusivo.*

«ALLOCATION». Tradúzcase por *asignación.* (Lo mismo para *allotment.)*

«AMATEUR». Dígase *aficionado.*

AMARGOR. No confundir *amargor,* que significa «sabor a gusto amargo», con *amargura,* cuyo significado es «disgusto o aflicción».

AMBIENTALISTA. Es preferible utilizar *ecología* y sus derivados, para referirnos a las relaciones existentes entre los organismos y el medio en que viven. Es una voz aceptada internacionalmente en diversos idiomas.

A MÁS DE. Vulgarismo por *además.*

AMEDRENTAR. No *amedrantar;* significa *atemorizar* y no *amenazar.*

A MERCED DE, MERCED A. No deben utilizarse indistintamente estos dos sintagmas. El primero significa *sometido a algo o a alguien.* El segundo equivale a *gracias a, con la ayuda de.*

AMÉRICA, AMERICANO. Dígase *Norteamérica* (o *Estados Unidos)* y *norteamericano,* cuando hay que referirse a este país y a sus ciudadanos.

AMERITAR. Dígase siempre *merecer.*

AMNISTÍA. *Amnistía* es un perdón colectivo otorgado mediante ley; *indulto,* la condonación total o parcial de la pena a uno o varios condenados que hayan caído en el mismo supuesto.

AMONÍACO. Puede ser palabra esdrújula o llana. Las dos son válidas.

ANALISTA. En el trabajo periodístico, persona que escribe el análisis o explicación objetiva de los hechos noticiados, y que aporta los datos precisos para interpretarlos correctamente. No debe usarse en lugar de *comentarista.*

ANAMORFOSEADOR. Puede emplearse aunque no figure en el DRAE. (Aparato que permite hacer la *anamorfosis* de una imagen. Recuérdese que *anamorfosis* es «la pintura o dibujo que ofrece a la vista una imagen deforme y confusa, o regular y acabada, según desde donde se la mire».)

ANAMORFOSEAR. Se admite este verbo en la acepción de «realizar la anamorfosis de una imagen».

ANATEMIZAR. Dígase *anatematizar*.

ANCESTROS. Anglicismo o galicismo crudo; dígase *antepasados*.

ANEXO. Unido o agregado a otras cosas con independencia de ellas. Puede usarse como adjetivo equivalente a *anejo*.

ANGINA. No es lo mismo que *amígdala*, sino la inflamación de ésta o de la faringe.

ANGLICANISMO. Véase *anglicismo*.

ANGLICISMO. *Anglicismo* es vocablo o giro del inglés empleado en otra lengua. No confundir con *anglicanismo*, la religión reformada predominante en Inglaterra.

ANIMACIÓN. Ya figura en el DRAE con la acepción de técnica por la cual se da movimiento a los dibujos en el cine.

A NIVEL / A NIVEL DE. Giro prepositivo de origen extranjero que equivale, según los casos, a alguna de nuestras preposiciones. Puede aceptarse cuando hay efectivamente niveles: «El asunto será tratado *a nivel de* subsecretarios.»

ANORAK. (Plural, *anoraks*). La Academia ha aceptado la grafía *anorak* (con *k*).

ANOTADOR. No es lo mismo que conseguidor de puntos.

ANTAGONIZAR. Verbo inexistente. Dígase *enfrentarse*.

ANTECOCINA. Preferible al anglicismo francés *office*.

ANTEDILUVIANO. No existe *antidiluviano*, que significaría contrario o enemigo del Diluvio.

ANTERIORMENTE A. Solecismo inadmisible. «*Anteriormente a* esto se supo...» Dígase *antes* o *con anterioridad a*.

ANTES DE / ANTES QUE. *Antes de* denota anterioridad en el tiempo: «He venido *antes de* las nueve.» *Antes que* hace papel de conjunción adversativa negativa («Todo *antes que* la deshonra»), y también temporal («He llegado *antes que* tú»).

ANTES DE AYER, ANTES DE ANOCHE. Preferibles: *anteayer, anteanoche*.

ANTI. No debe unirse con guión a la palabra a que se adjunta. *Antinuclear*, no *anti-nuclear*. *Antirrobo*, no *anti-robo*.

ANTICIPAR. Anglicismo inaceptable con el significado de *prever*. «No se pueden *anticipar* las consecuencias que tendría un escape radiactivo en la zona.» Dígase *prever* las consecuencias.

ANTICIPATE/ANTICIPAR. El inglés tiene todos los significados del español, más uno que no tiene éste: el de *prever* (no "preveer", como dicen algunos), esperar que suceda algo, conjeturar que va a suceder.

ANTICONSTITUCIONAL/INCONSTITUCIONAL. Son sinónimos.

«ANTIDOPING», CONTROL. Mejor *control antidopaje*; no *control de estimulantes* o *control antidroga*, porque el uso de *dopaje* y

149

dopar se justifica por la diferencia de los efectos buscados respecto a *drogado* y *drogar* (referidos, en general, al consumo de estupefacientes).

ANTIGUO. No equivale siempre a *ex*. Dígase, pues: «José Luis Corcuera, *ex ministro* del Interior.» A un antiguo profesor de la Complutense no se le puede llamar *ex profesor*.

ANTIMONOPOLIO. Es preferible el adjetivo *antimonopolístico*.

ANTIPAPA. Su adjetivo es *antipapal*. No debe decirse, pues, «acciones *antipapa*». *Antipapista* es quien se opone a la institución del Papado.

ANTÍPODA. Vocablo que se suele emplear en plural y en masculino. Se llama así a la persona que vive en el lugar opuesto del globo.

AÑO 1994. Siempre así, y no con punto (1.994), al hablar de fechas.

APALIZAR. Vulgarismo de jerga deportiva. Dígase *vapulear*.

APARCAR. Cansa, por reiterada, la metáfora *aparcar* algún artículo de una ley, en su discusión parlamentaria. Debe preferirse *aplazar, retener, dejar pendiente*.

APAREJAR. No confundir con *emparejar, unir*. Preferible *vincular*. Sería incorrecto decir «... un proceso no siempre *aparejado* a la demanda...».

APARENTE. Significa «que parece y no es» («Su calma era sólo *aparente*»). Es incorrecto su uso como *evidente* o *notorio* («Sus contradicciones fueron *aparentes*»). Usos correctos: «Tiene una casa muy *aparente*», «Este vestido es *aparente* para ti.»

APARENTEMENTE. No equivale a *probablemente* o *manifiestamente*. Incorrecto: «El Rey devolverá la visita a Alemania *aparentemente* el año próximo.»

APARTAMENTO. Preferible a *apartamiento*.

APELAR (la sentencia). En lenguaje jurídico es más frecuente en España la construcción *recurrir contra la sentencia*. En el caso de que se prefiera el verbo *apelar*, debe recordarse que, al igual que *recurrir*, se construye con las preposiciones *contra* o *de*.

APERCIBIR. El DRAE lo recoge como galicismo y vulgarismo con la acepción de *darse cuenta* en frases como: «El ciudadano *apercibirá* (o *se dará cuenta de*, o *comprenderá*) la importancia de...»

APERTURA / ABERTURA. No son siempre sinónimos. *Abertura:* boca hendidura, agujero, etc. (en un vestido, escote, etc.). *Apertura:* de un local, un curso, una sesión, un testamento, etc. Comienzo de una partida de ajedrez.

APOLITISMO. Dígase *apoliticismo*.

APOSTAR. No es sinónimo de *ser partidario, decidirse, optar*...

APÓSTROFO. Es el signo gráfico (') así llamado. No confundir con *apóstrofe*, «dicterio».

APOTEÓSICO. Preferible a *apoteótico*.

APOTEOSIS. Es nombre femenino (*la apoteosis*).

«APPORTIONMENT». Tradúzcase por *prorrateo*.

«APPRECIATION». Tradúzcase por *aumento de valor*.

«APPROACH». Traducir por *acercamiento o aproximación*.

APPRECIABLE/APRECIABLE. En inglés tiene el significado de cantidad o magnitud *considerable*; en español quiere decir *digno de aprecio, que se puede apreciar o percibir debidamente*.

APRECIACIÓN. No es sinónimo de *revalorización*.

APRECIAR. Es galicismo en el sentido de *agradecer*. «*Aprecio* lo que usted ha hecho por mí.»

APREHENSIÓN. No debe confundirse con *aprensión*. *Aprehensión* es el acto de *aprehender*, es decir, *prender* a una persona o a una cosa, especialmente de contrabando. También *captar* con la mente.

APROPIACIÓN. Mala traducción del inglés «appropriation» cuando, refiriéndose a los Estados Unidos, se dice, por ejemplo: «El Comité de Apropiaciones de la Cámara...» Es la *Comisión de Presupuestos* o de *Asignaciones*.

APROXIMAMIENTO. Dígase *aproximación*.

A PUERTAS CERRADAS. La construcción española es «a puerta cerrada», con independencia del número de puertas que no estén abiertas.

A PUNTA DE PISTOLA. Se puede cometer un delito *a punta de cuchillo* o *de navaja*, pero no *a punta de pistola*. Dígase *pistola en mano*.

APUNTE. Puede ser la traducción de *sketch*, que designa un género dramático menor.

ÁRABE. Con esta palabra se definen una lengua y una cultura, así como al pueblo que las comparte. No es un concepto étnico ni religioso. (En Irán no se habla árabe; la lengua y la cultura de ese país son *persas* o *farsis*, y como su religión es la islámica, también lo es en gran parte su cultura.)

A RAÍZ DE. Es frecuente e incorrecto su empleo con el sentido de *debido a, por causa de*. «No quisieron jugar la semana pasada... *a raíz de* diferencias económicas.» Recomendamos *por, a causa de, por razones*, etc.

ARAS DE (EN). Véase *en aras de*.

ÁRBITRA. Empléese como femenino de *árbitro*.

ARCO IRIS DE LOS PARTIDOS. Tópico evitable.

ARGOT. Significa lenguaje especial entre personas de un mismo oficio o actividad. También *jerga, jerigonza*.

ARMAMENTISMO. Véase *armamentista*.

ARMAMENTISTA. Conviene no usar este adjetivo; en vez de *carrera armamentista*, dígase *carrera de armamentos*. Es válido si significa «partidario de los armamentos»: «Un gobierno *armamentista*», «Una política *armamentista*.»

151

ARMAMENTOS. "... tres toneladas de *armamentos...*" *Armamento* es el conjunto de armas de todo género. Es pues un nombre colectivo, y como tal se escribe siempre en singular.

ARMAZÓN. Puede ser voz masculina o femenina, pero se prefiere este último género.

ARMÓNIUM. Hispanícese como *armonio.*

ARRELLANARSE. No *arrellenarse.*

ARROGARSE. Es frecuente su confusión con *irrogarse.* Ténganse en cuenta sus respectivos significados. *Arrogarse:* «Apropiarse indebidamente de atribuciones o facultades.» *Irrogar(se):* «Tratándose de daños, causarlos, ocasionarlos.»

ARROJAR. Incorrecto su uso en frases como: «El Congreso ha *arrojado* tres importantes decisiones.» Dígase «*ha tomado* o *ha adoptado* tres importantes decisiones».

ARRUINAR. Es anglicismo usar este verbo con el sentido de *dañar, echar a perder, deteriorar, maltratar.* «Me *arruinó* el traje», «Se *han arruinado* las esperanzas de firmar el pacto.» *Arruinar* es causar ruina, y *ruina* es el estado en que queda algo que se ha derrumbado, incendiado, etc.; y también el estado de pobreza en que queda el que ha perdido sus bienes.

ARTISTA. En noticias de Norteamérica suele traducirse la voz *artist* por *artista* cuando significa *artífice.* «Acusaron a Reagan de ser el *artista* del plan.»

ASCENDENCIA. No es sinónimo de *ascendiente* o *influencia.*

ASECHANZA. Es la acción de urdir o ejecutar un plan para hacer daño a alguien. No confundir con *acechanza,* voz caída en desuso, que es la acción de estar al acecho, de espiar o seguir a alguien con el propósito de observar sus acciones.

ASEQUIBLE. Significa que puede conseguirse o adquirirse. Nos resulta *asequible* aumentar los clientes o comprar determinado coche. Es grave error confundir este adjetivo con *accesible.* Una persona será *accesible,* pero, de ordinario, no será *asequible,* aunque su trato sea llano.

ASESINATO. No confundir con *homicidio* ni con *crimen.* Jurídicamente, *crimen* es cualquier acción punible tipificada por la ley, como el robo, la violación, el asesinato, etc. *Homicidio* es la muerte causada a una persona por otra, mientras que *asesinato* es un *homicidio* premeditado.

ASILO DIPLOMÁTICO. Derecho que tienen las *Misiones Diplomáticas* de albergar y proteger a cualquier persona perseguida por motivos políticos. No debe confundirse con el *asilo político.*

ASILO POLÍTICO O TERRITORIAL. Acogida dispensada por un Estado en el territorio de su soberanía a los extranjeros que buscan refugio en él por encontrarse perseguidos en sus países de origen por razones políticas, raciales o religiosas.

ASIMISMO. Es voz correcta, pero desplaza frecuentemente a la mucho más normal *también*. Y no son raros sus usos superfluos: «Fue elegido nuevo presidente X. X., y *asimismo* fue designado el C.N. Masnou como organizador del próximo campeonato de España.»

ASISTENTE. Por anglicismo, se emplea erróneamente este vocablo en vez de *ayudante, auxiliar* o *sustituto* de un superior cuyo título se añade.

ASOLAR. Con esta forma hay dos verbos, uno relacionado con *sol* y otro con *suelo*. El primero significa «secar los campos o echar a perder sus frutos el calor, una sequía, etc.» (Úsase más como pronominal); el otro, «destruir, arruinar, arrasar», y, tratándose de líquidos, «posarse».

ASTROGRAFÍA. Descripción de los cuerpos celestes según su distribución y posición en el firmamento. No es lo mismo que astronomía.

ASUMIR. No debe emplearse, porque es anglicismo, en vez de *adquirir o tomar*. («El incendio *asumió* grandes proporciones»). Tampoco como sinónimo de *presumir, sospechar, deducir...* («Se puede *asumir* que sea una maniobra para...»), por idéntico motivo. Es incorrecto su uso en frases como: «Los criminales, en entrevista a la televisión brasileña, *han asumido* los asesinatos.» En este caso debe decirse *confesar, reconocer*. Tampoco es correcto usar este verbo sin ningún complemento, con el significado de «asumir el poder» un gobernante electo, «... el mandatario, que *asumirá* el próximo 1.º de marzo». Se emplea bien en *asumir el mando, asumir las responsabilidades,* etc., es decir, cuando significa «tomar algo para sí».

ASSUME/ASUMIR. En ambas lenguas tienen el mismo significado en cuanto a *asumir responsabilidades;* pero el español no tiene el significado de *suponer* que tiene el inglés.

ASUNTOS CLAVES. Cuando un sustantivo desempeña funciones de adjetivo debe ir siempre en singular: *asuntos clave*.

ATAQUE ESTÁTICO. No es adecuado denominar así al ataque que se realiza sobre una defensa formada, ya que los jugadores atacantes no están inmóviles.

ATENTAR A. Dígase *atentar contra*.

ATENUANTE. m. y f.: *la* (circunstancia) *atenuante, el* (hecho) *atenuante*.

ATERRIZAJE DE EMERGENCIA. Traducción del inglés «emergency landing» que suele emplearse en América, mientras que en español se dice *aterrizaje forzoso*.

A TRAVÉS DE. Significa «de un lado a otro»: «*A través de* la pared»; también «por entre»; «*A través* de la multitud.» En la última edición del DRAE se admiten las frases en las que significa «por intermedio de»: «El presidente lo ha desmentido *a través del* gabinete de prensa.» No significa lo mismo que *durante* o *a lo largo de*.

Es incorrecto escribir: «Se mantuvo un clima cordial *a través de* la reunión.»

ATRAVESAR POR. No debe decirse «la crisis *por la que atraviesa* la economía», sino «la crisis *que atraviesa* la economía».

AUDIENCIA. Es un neologismo admitido en la acepción de «auditorio». Así pues, es correcto decir: «La *audiencia* de radio y T.V.» Cuando significa «importancia» es incorrecto: «Por haber cobrado *audiencia* la opción gaullista.» En español se dice *cobrar auge*.

AUDITAR. No *auditorar* ni *auditorizar*. La vigésima primera edición del DRAE ha admitido esta palabra, derivada del inglés «to audit», con el significado de «examinar la gestión económica de una entidad a fin de comprobar si se ajusta a lo establecido por ley o costumbre».

«AUDITING». Tradúzcase por *revisión de cuentas* o *auditoría*.

AUDITOR. El DRAE ha añadido a esta voz la acepción «que realiza auditorías».

AUDITORÍA. La nueva acepción de esta voz en el DRAE es: «Revisión de la contabilidad de una empresa, sociedad, etc., realizada por un auditor.»

AUN, AÚN. Esta palabra se escribe con acento gráfico cuando significa *todavía*.

AUSENCIA. No es sinónimo de *escasez*. La *ausencia* implica carencia absoluta de algo: «En *ausencia* de normas legales, se aplica la costumbre.»

AUSENTISMO. «... El *ausentismo* escolar superó el 60 por 100.» En lugar de *ausentismo* dígase *absentismo*.

AUSPICIAR. El Diccionario lo recoge como propio de América. En los despachos para España deben preferirse otros verbos como *patrocinar, ayudar, sufragar, favorecer,* etc.

AUTOCONFIANZA. Dígase *confianza en sí mismo*.

AUTODEFENSA. Es un calco del inglés «self-defense». En español siempre hemos dicho *defensa propia*. En la jerga militar hay fuerzas *ofensivas* y *defensivas*, pero no *autodefensivas*.

AUTODEFINIRSE. El verbo *definirse* es reflexivo y, por lo tanto, no necesita de ese prefijo *auto*.

AUTODIDACTO. Si se trata de un hombre; *autodidacta* si es una mujer.

AUTO-ESCUELA. Se escribe sin guión: *autoescuela*.

AUTOESTOP, AUTOESTOPISMO, AUTOESTOPISTA. Utilícense estas palabras sin comillas.

AUTOGOL. Utilícese.

AUTOMACIÓN. Empléese *automatización*.

AUTOMATICIDAD. Calidad de automático.

AUTOMOTRIZ. Recuérdese que su masculino es *automotor*. No debe emplearse en lugar de *automovilístico* o *automovilística*, en casos como: «... las empresas *automotrices*, como Volkswagen...». *Automovilístico* es un adjetivo y no debemos confundirlo con el sustantivo *automovilista.*

AUTOMOVILISTA. Se refiere sólo a personas; referido a cosas (industria, economía) el adjetivo es *automovilístico.*

AUTONOMÍA. *Autonomía* es «la potestad de tener, dentro del estado, normas y órganos de gobierno propios» y no debe confundirse con *comunidad autónoma,* que es la comunidad que posee dicha facultad. En algunas ocasiones es más apropiado usar la palabra *región* cuando no nos referimos al grupo humano, sino al territorio en el que habita.

AUTÓNOMO, AUTONÓMICO. *Autónomo*: que tiene competencias legislativas. *Autonómico*: que depende de un organismo autónomo (Gobierno *autónomo,* policía *autonómica*).

AUTO-ODIO. Dígase *aborrecimiento de sí (mismo).*

AUTOPASE. Puede utilizarse.

AUTOPOSICIONAMIENTO. Palabra fea y excesivamente larga.

AUTOPROCLAMARSE. Si alguien se proclama sólo puede hacerlo a sí mismo, no es posible que alguien *se proclame* a otra persona.

AUTORÍA. Este vocablo figura en el DRAE, pero muchas veces puede evitarse; en vez de «Se atribuyó la *autoría* del atentado», escríbase simplemente «Se atribuyó el atentado.»

AUTOSUFICIENTE. La mayor parte de las veces basta con *suficiente*: «Las recaudaciones no son *autosuficientes* para pagar a los actores.»

AUTOVÍA. Se ha admitido esta palabra en la acepción de carretera con dos o más carriles en cada dirección.

AVALANCHA. Vocablo que combatió la Academia, pero ya está admitido.

«AVANT MATCH». Puede evitarse traduciéndolo como *prepartido* o *antepartido.*

AVANZADO. No digamos «a *avanzadas* horas de la noche», sino «a *altas* horas de la noche.»

AVANZADO ESTADO. Metáfora innecesaria. Puede sustituirse por frases más sencillas: «El texto está *muy adelantado*» en lugar de «El texto está en *avanzado estado* de elaboración».

AVENTURISMO. Dígase *aventurerismo.*

«AVERAGE, (GOAL, BASKET...)». Fórmula aritmética que permite establecer la clasificación final de dos o más equipos empatados a puntos. Tradúzcase por *diferencial.*

AVIÓNICA. Neologismo para designar a *la electrónica de los aviones.*

AYER NOCHE. Preferible *anoche.*

AZERÍ. Lengua hablada en Azerbaiyán. No debe usarse en lugar de *azerbaiyano* que es el gentilicio de ese país.

AZTECA. No es el gentilicio de México. Dícese del individuo de un antiguo pueblo invasor y dominador del territorio conocido después por el nombre de México. No debemos escribir:

«El Presidente *azteca,* o el equipo *azteca.*»

B

«BAFFLE». Admitido por la Academia como *bafle.*

BAJO. Es incorrecto en frases como: «*Bajo* un decreto publicado hoy, se prohíbe...» Dígase «*Por* un decreto...» (o *según, de acuerdo con, de conformidad con, conforme a, a tenor de).*

BAJO CUBIERTA DE. Es un anglicismo. Dígase *con el pretexto de,* o *so capa de.*

BAJO EL PRISMA DE. Evítese esta locución.

BAJO EL PUNTO DE VISTA. Dígase *desde el punto de vista.*

BAJO ENCARGO. Véase *encargo.*

BAJO LA BASE. Dígase *sobre la base.*

BAJORRELIEVE. También se puede utilizar *bajo relieve* y *bajos relieves,* aunque son menos frecuentes. Plural: *bajorrelieves.*

BALADRONADA. No *balandronada.*

BALANCE. Todo balance implica dar cuenta del activo y del pasivo. No conviene, pues, escribir: «Cuarenta y cuatro muertos es el *balance* de víctimas, este fin de semana, en las carreteras.» Habría que decir cuántos no han muerto. Es más adecuado *saldo;* pero muy feo. Mejor no usar ninguna de estas dos palabras, salvo en sus acepciones propias: «Los muertos en las carreteras este fin de semana han sido cuarenta y cuatro.» Otros

posibles sustitutos son: *número, total, resultado, recuento,* etc. Por influjo del inglés se usa *balance* también con el sentido de *equilibrio:* evítese. También son usos erróneos de *balance* los que lo hacen significar *análisis, repaso, resumen, examen...* en frases como «El presidente hizo un *balance* de su gestión al frente del país.» Tampoco debe usarse como sinónimo de *informe* en frases como «Según un *balance* de la brigada de narcóticos, las actividades aumentaron...»

BALANCEAR. Cuando lo que se quiera decir sea «igualar o poner en equilibrio» es preferible usar el verbo *equilibrar.*

BALAZO. No equivale a *tiro* o *disparo. Balazo* es el impacto de bala disparada con arma de fuego y la herida causada por una bala. No debemos escribir: «Antes de retirarse dispararon otros tres *balazos.*» Debió decirse: «Dispararon otros tres *tiros*» o «Hicieron otros tres *disparos*» o, simplemente, «Dispararon otras tres veces.»

BALBUCIR. No se conjuga en la primera persona singular del presente de indicativo, ni en todo el presente de subjuntivo. Tales formas se suplen con las del verbo *balbucear.*

BALDE. Hay que distinguir entre *en balde,* que significa «en vano» y *de balde,* cuyo significado es «gratis».

«BANK LENDING». Tradúzcase por *crédito bancario.*

«BANK RATE». Tradúzcase por *tipo de descuento*.

BARAJAR. Siempre se *barajan* varias cosas, como se hace con las cartas. En consecuencia, nunca se puede *barajar* una sola posibilidad. En lugar de *barajar* deben usarse verbos como *considerar, tener en cuenta,* etc.

BAREMO. Se abusa pedantescamente de este vocablo, haciéndolo equivaler a *criterio* o *medida*. «Nuestra evolución hay que valorarla con otros *baremos*.»

«BARMAN». El *Diccionario de dudas* propone el plural *bármanes,* pero, de momento, se dejará el plural invariable: «*Los barman*.»

BASE A (EN). Véase *en base a*.

BASQUETBOLISTA. Repentinamente aparece este anglicismo extraño, *basquetbolista*. Si existe *baloncesto,* también sus derivados, o simplemente llamémosle *baloncestista*.

«BASS». Tradúzcase por «los bajos», término empleado en radiodifusión para designar los tonos graves.

BATERÍA. El músico que toca la batería se llama *el batería*.

BATIR BANDERAS. No es correcto decir: «Siete barcos kuwaitíes que *batían bandera americana*.» Debió decirse «... que navegaban bajo pabellón norteamericano».

BAUDIO. Unidad de medida de velocidad de transmisión a distancia de palabras, cifras, y signos escritos, que equivale a un BIT por segundo (1 bit/seg.) Así se habla de teletipos a S°, 75, 300 baudios.

«BAZOOKA». Figura ya en el DRAE como *bazuca*.

BEGONIA. Nombre de planta que algunos escriben equivocadamente *begoña*.

«BEHAVIORISTA», «BEHAVIORISMO». Empléense los términos *conductista* y *conductismo*, más frecuentes en psicología.

BEICON. (Del inglés *bacon*). Coincide con el término español *panceta* (hoja de tocino entreverado con magro). En Hispanoamérica está muy extendido el término *tocineta*. Admisible *beicon* (españolizado) sobre todo cuando se trata de desayuno (huevos con *beicon*).

«BEIGE». Empléese esta palabra francesa entre comillas.

BEIS. Aunque *beis* está admitido por la Academia, preferible es usar «*beige*» (entre comillas).

BENDECIDO. *Bendecido* debe emplearse como participio y *bendito* como adjetivo.

BERMUDAS. Calzón corto, a veces ceñido, que llega hasta las rodillas.

«BEST-SELLER». Voz inglesa que ya figura en el Diccionario con acento en la primera e *(best séller)*.

BIANUAL. *Bianual* es lo que se repite o produce dos veces al año. No confundir con *bienal,* lo que sucede cada dos años.

BILLÓN. Téngase en cuenta que el *billion* norteamericano, al igual que en Portugal e Italia, equivale a mil millones, lo mismo que el francés *milliard*. En Inglaterra, Francia y Alemania posee el mismo valor que en España (un millón de millones).

BIMENSUAL. Significa «que se repite dos veces al mes»; no debe confundirse con *bimestral*, «que se repite cada dos meses».

BIPARTIDISTA. Puede emplearse como «de dos partidos» (políticos).

BIQUINI. Mantener *Bikini* con *k* para designar a la isla del Pacífico, y con *q* cuando nos referimos al bañador.

BISTÉ. Así ha adaptado la Academia el inglés *beefsteak;* plural: *bistés.*

BITER. Así ha adaptado la Academia el inglés *bitter.*

BISTURÍ. Es frecuente el plural *bisturís,* pero es más correcto *bisturíes.*

BIZARRE/BIZARRO. En inglés equivale a *raro, extraño, estrambótico;* en español, a *valiente, arrojado.*

«BLACKOUT». Tradúzcase por *bloqueo informativo,* o por *oscurecimiento* (apagón de una ciudad por razones militares, o cuando existe una zona en que no llegan las imágenes de televisión).

«BLOOMING». Término inglés propio de la minería, que en español se traduce por *aglomeración.*

BLOQUE. Así ha adoptado la Academia el francés *bloc.*

«BLUE-JEANS». Tradúzcase por *vaqueros* o *tejanos.*

«BLUFF». Escríbase entre comillas.

BOCADILLO. Letrero normalmente rodeado por una línea que sale de la boca o de la cabeza de una figura y en el cual se presenta lo que dice o piensa.

BODAS DE PLATA, ORO, etc. Las *bodas de plata,* a los veinticinco años del matrimonio o de vida de una institución, o las de *oro,* a los cincuenta, y las de *diamante,* a los sesenta. Algunos añaden las de *platino* a los setenta y cinco años.

BOHARDILLA. Véase *buhardilla.*

BOICOT. La Academia prefiere *boicoteo* aunque también suele emplearse *boicot.* No es lo mismo que *embargo.* El *boicoteo* o *boicot* se produce cuando hay un acuerdo contra la compra o utilización de productos o servicios con finalidad coercitiva. *Embargo* es una restricción legal impuesta internacionalmente contra el comercio de un país.

«BOÎTE». Escríbase entre comillas; plural: *boites.*

«BOLLEY BALL». Si hispanizamos esta voz deberíamos decir *voleibol,* pero mejor traducirla por *balonvolea.*

«BOOKMAKER». Puede traducirse por *corredor de apuestas.*

BOOM. Plural *booms.* Escríbase entrecomillado.

BOUTIQUE. Así aparece ya en el DRAE.

«BOXES». Se trata de uno de los muchos seudoanglicismos, quizás invención francesa. En inglés en carreras de coches, para las paradas y mantenimiento hay el *pit* y se hacen *pit stops.* Tradúzcase por *casetas de mantenimiento* o utilícese la expresión inglesa entre comillas.

«BOYCOTT». La Academia ha aceptado *boicoteo*.

BRANDY. Nombre comercial que se da a los tipos de coñac y otros aguardientes elaborados fuera de Francia.

«BREAK». Tradúzcase por *baja notable* de los cambios.

BREVEDAD (CON LA MAYOR). Es incorrecto decir *a la mayor brevedad*.

BREVES MINUTOS. Parece absurdo hablar de *breves minutos* cuando éstos tienen siempre la misma duración. Es preferible decir *unos pocos minutos* o, simplemente, *unos minutos*.

BRICOLAJE, BRICOLAR, BRICOLADOR, BRICOLERO. Ya figuran en el Diccionario Manual de la Real Academia.

«BRIDGE». Escríbase entre comillas.

«BRIEFING». Tradúzcase por *sesión informativa*. A veces equivale simplemente a *informaciones*.

BUDÍN. El Diccionario Manual de la R.A. recoge *pudin* (voz llana).

«BUFFET». La Academia la ha hispanizado como *bufé*.

BUHARDILLA. Es preferible a *bohardilla* o *guardilla*.

«BULKCARRIER». Tradúzcase por (barco) *granelero*.

BUMERÁN. Hispanización del inglés *boomerang*. Plural, *bumeranes*.

«BUNGALOW». Escríbase entre comillas.

BÚNKER. Úsese sin comillas.

BURÓ. Como término político, sus-

titúyase por *comité, comisión, secretaría, secretariado*.

BUS. Empléese preferentemente *autobús*.

BUSCA. Lo correcto es decir *orden de busca y captura* y no *orden de búsqueda y captura*.

«BUSTIER». En el vocabulario de la moda se usa esta palabra francesa, con o sin comillas, para designar lo que en español llamamos *almilla, jubón, corpiño*.

C

«CABARET». Cuando no equivale a *sala de fiestas*, hispanícese como *cabaré*.

CABECERA DE. El término propio en lenguaje castrense es *cabeza de puente* y *cabeza de playa*. Pero nunca *cabecera*.

CABILA. Es vocablo llano.

CABLEAR. El verbo *cablear* se utiliza en la jerga de arquitectos, constructores, etc.

«CABLEMAN». Significa en inglés «técnico encargado del desplazamiento de cables eléctricos». Tradúzcase por *cablista*.

CABRA MONTESA. *Cabra montés*, así decimos en español (no *cabra montesa*). Véase esta voz en el DRAE. *Montés* llamamos a lo que anda, está o se cría en el monte, es un adjetivo invariable. Decimos *cabra, gato, puerco, rosa montés*.

CACAHUETE. Es la forma normal en España; pero en parte de América se dice frecuentemente *ca-*

cahuate (aparte de las formas vulgares *cacahué, cacahuet, alcahué,* etc., que deben evitarse).

CACEROLADA. Es una protesta mediante una cencerrada de cacerolas.

CACICA. Es el femenino de *cacique.*

CACTO. Preferible a *cactus* (también admitida por la Academia), ya que permite formar el plural inequívoco *cactos.*

«CADDIE» O «CADDY». Escríbase entre comillas.

CADENA. Calco del francés *chaîne.* «Le habían instalado en su habitación una *cadena* estéreo...» Sería mejor *equipo.*

CAER. Nunca significa *tirar, derribar.* «Lo *cayó* con el codo.»

CAFÉ. La expresión *café negro* es un calco del francés *café noir.* En español decimos *café solo.*

CAFEICULTORES. Dígase *caficultores.*

CALENDARIO. Puede equivaler a *plazo* si a éste se llega a través de diversas fases.

«CALENDAR YEAR». Tradúzcase por *año civil.*

CALENTAR. No es correcto decir «dos jugadores *están calentando* en la banda», sino que «están *entrando en calor* o *realizando ejercicios de calentamiento*».

CALIDAD DE (EN). Véase *en calidad de.*

CALIDOSCOPIO. Preferible a *caleidoscopio* (también aceptada por la Academia).

CALIFICAR. Significa «apreciar o determinar las cualidades», «juzgar los conocimientos de alumnos, opositores, etc.». No equivale a *clasificar,* «ordenar o disponer por clases, categorías, etc.», ni a *clasificarse,* «conseguir un puesto que permite continuar en una competición deportiva».

CALIGRAFÍA. Es incorrecto emplear esta palabra para referirse al tipo de letra peculiar de una persona: «La *caligrafía* de Hitler.» Debe decirse *letra* o *escritura.*

CALÓ, CALÉ. *Caló* es la lengua de los gitanos españoles y *calé* el individuo de la etnia gitana.

CALOR. Empléese sólo como vocablo masculino.

CALLE. Al nombre de las calles se les antepone la preposición *de,* pero si llevan un adjetivo esa *de* desaparece: *calle de Alcalá,* pero *plaza Mayor.*

CÁMARA (DE APELACIONES). Tribunal colegiado de segunda o última instancia (en Argentina).

«CAMERAMAN». Empléese el *camarógrafo,* y, si es mujer, la *camarógrafa.* Es también aceptable, *el* o *la cámara,* aunque tratándose de una mujer es preferible denominarla *operadora* o *camarógrafa* para evitar confusiones con el instrumento que sirve para filmar.

«CAMPING». Escríbase entre comillas.

CAMPO TRAVÉS, A. Véase *a campo través.*

CANCILLER. En Iberoamérica es el nombre que comúnmente recibe el *Ministro de Relaciones Exteriores.* En un ámbito más amplio se designa con tal término al Jefe del *personal administrativo y técnico de una Mi-*

sión diplomática. En la práctica internacional, el término Canciller aparece también utilizado en países muy concretos para designar al Jefe del Gobierno.

CANDIDATA. Es el femenino de *candidato.*

CANDIDATARSE. No debe usarse este verbo en lugar de *presentarse como candidato.*

«CANNABIS». En español equivale a *cáñamo.*

CANTAUTOR. Úsese en lugar de *canta-autor.*

CAPARAZÓN. Es vocablo masculino.

CAPAZ. Véase *susceptible.*

CAPITALINO. Es aceptable como «de la capital del Estado o de cualquier capital»; pero es preferible *de la capital.*

CAPÓ. La Academia ha adoptado este vocablo en lugar del francés *capot.* Plural: *capós.*

CAPTORES. Es anglicismo usar esta palabra en lugar de *secuestradores.*

CARA A (DE). Véase *de cara a.*

CARABINERO. *Carabinero* es «el soldado destinado a perseguir el contrabando» y no debe confundirse con *carabiniere* (agente de policía italiano).

CARÁCTER. El *«character»* inglés debe traducirse, refiriéndose al cine o teatro, por *personaje* o *papel.*

CARBON/CARBÓN. En inglés se refiere al elemento químico *carbono:* en español significa lo que el inglés *coal* o *charcoal* (según que sea carbón mineral o vegetal).

CARBONÍFERO. Significa «que contiene carbón» *(terreno carbonífero).* No debe confundirse, pues, con *carbonero:* «perteneciente o relativo al carbón» (barco *carbonero*).

CARGAR. Sólo puede referirse a cosas, mercancías o animales. «Un automóvil *cargado* de pasajeros» es incorrecto.

CARIES. No existe el falso singular *carie.* El verbo correspondiente es *cariar* (y no *carear,* que significa otra cosa).

CARIOCA. No es equivalente a *brasileño.* Los *cariocas* son todos *brasileños,* pero los *brasileños* no son todos *cariocas. Carioca* es el gentilicio de la ciudad de Río de Janeiro. (Sólo de la ciudad, ya que los habitantes del estado de Río de Janeiro se llaman *fluminenses).*

CARISMA. Sólo se puede decir de personas. Es el «don gratuito que concede Dios con abundancia a una criatura». Puede usarse para referirse a la atracción intensa que ejercen ciertas personas —líderes religiosos, políticos, artistas— sobre el público. Como este don es raro, úsese con moderación la palabra. Casi siempre es preferible *popularidad.*

CARMESÍ. Puede ser sustantivo (plural, *carmesíes)* y adjetivo (plural invariable).

CARMÍN. Como adjetivo, su plural no varía.

CARNET. La Academia ha aceptado *carné.*

CARRUSEL. Así se ha hispanizado el francés *carrousel*.

CARTA BOMBA. Escríbase sin guión. Plural *cartas bomba*.

CARTAGINÉS-CARTAGENERO. *Cartaginés es* el gentilicio referente a la antigua ciudad de Cartago (África) y a la ciudad actual de Costa Rica. *Cartagenero* se aplica a los naturales de Cartagena (España) y Cartagena de Indias (Colombia).

«CARTEL». Tradúzcase por *cártel* cuando se use en sentido económico (convenio entre varias empresas similares para evitar la mutua competencia y regular la producción y los precios). En los demás casos digan *cartel* (aguda).

CASETE. Así ha adaptado la Academia el francés e inglés *cassette*. Es voz femenina en la acepción «cajita de plástico que contiene una cinta magnetofónica», y masculina cuando significa «magnetófono de casetes».

«CASH». Voz inglesa que en español se traduce por *dinero en efectivo, en metálico* o simplemente *metálico*.

«CASH FLOW». Tradúzcase por *liquidez* o *efectivo* si no hay duda; si no, déjese con comillas. También puede significar *recursos generados, flujo de efectivo* o *de tesorería*.

«CASH PRICE». Tradúzcase por *precio al contado*.

«CASH RESOURCES». Tradúzcase por *recursos en efectivo*.

«CASH SURPLUS». Tradúzcase por *excedente de caja*.

CASI TOTALIDAD (LA). Véase *La casi totalidad*.

CASTAÑO. Empléese con lo que es (o pretende ser) natural: pelo *castaño*, ojos *castaños*. Con los objetos debidos a una manipulación es mejor usar *marrón:* traje *marrón,* zapatos *marrones,* etc.

CASTELLANOHABLANTE. El DRAE ya ha aceptado este término para designar al que habla el castellano como lengua propia y usual.

CASTIGO. Voz que significa «pena que se impone al que ha cometido un delito o falta»; su empleo en expresiones como *el aspirante está recibiendo un serio castigo* implica, por tanto, una cierta violencia idiomática.

«CASTING». En la terminología de teatro y cine equivale a *reparto*.

CASUS BELLI. Suele a veces utilizarse aludiendo con tal expresión a toda situación susceptible de provocar un conflicto armado.

CATÁLOGO. Es incorrecto en frases como: «De este *catálogo* de reivindicaciones, CC.OO. va a insistir en...»; debe decirse *serie* o *conjunto*.

CATALUÑA. Escribiendo en castellano, no se empleará *Catalunya*.

CATEDRÁTICA. Es el femenino de *catedrático*.

«CATERING». Preparación de comidas para empresas, hospitales y escuelas. Escríbase entre comillas y con explicación de su significado.

CAVA. Se ha extendido a veces el uso de esta palabra con el sentido de *bodega*. En especial, sirve actualmente en vez de *champagne* para designar un tipo de vinos espumosos catalanes y de otras regiones.

CAZA-BOMBARDERO. Escríbase sin guión: *cazabombardero*.

CEILANDÉS. Es el gentilicio que corresponde a Sri Lanka (Ceilán). *Cingalés* es el gentilicio que corresponde a una de las etnias. La otra etnia es la de los *tamiles*.

CELEBRAR. No debe confundirse con *conmemorar:* «La población musulmana libanesa *celebra* con paros y manifestaciones el primer aniversario de la invasión israelí.» En esta frase lo correcto sería *conmemorar,* ya que se trata de hechos luctuosos o penosos, que no es lógico celebrar.

CELERIDAD. Se abusa de este término, olvidando *prisa, rapidez, prontitud, ligereza, presteza.*

CENAGAL. No *cenegal.*

CENIT. Es palabra aguda y, por tanto, no se acentúa.

CENTRARSE EN TORNO A. Dígase *girar en torno a.*

CERCA A/CERCA DE. *Cerca a* es un americanismo que debe sustituirse por *cerca de* o *cercana a.* «Villa Montes... población *cerca a* la frontera entre los dos países...» También debe evitarse el uso como sustituto de *ante:* «El embajador *cerca de* la Santa Sede.»

CEREALERO. Esta palabra no figura en el DRAE. Debemos decir *cerealista.*

CEREBRO GRIS. No debe usarse este modismo; dígase *cerebro oculto.* No confundir con «eminencia gris».

CERRO. En buena parte de Hispanoamérica es una elevación de notable altura. En información de aquella procedencia, dígase *montaña* o *monte,* salvo que *cerro* forme parte de un topónimo (*Cerro Bolívar, Cerro Ávila,* etcétera).

CERTAMEN. *Certamen* es un concurso. No es, pues, sinónimo de *exhibición* o *exposición.* No es correcto llamar *certamen,* por ejemplo, al Salón del Automóvil de Barcelona.

CESAR (a alguien). Este verbo es intransitivo; no se puede, pues, *cesar* a nadie: será él quien cese. Devolvamos su uso a *destituir* (u *ordenar el cese de*).

CHADIANO O CHADÍ. Se llama así al ciudadano del Chad y a lo relativo a este país.

CHALET. La Academia ha admitido *chalé* (plural *chalés*).

«CHAMBRE». En el lenguaje de los tribunales equivale a *sala,* no a *cámara.*

CHAMPÚ. Su plural es *champúes* aunque el uso va imponiendo *champús.*

CHANCE. Dígase *oportunidad.*

CHÁNDAL. Empléese esta hispanización del francés *chandail.* Plural *chándales.*

CHARTER. Voz inglesa admitida por la Academia como *chárter.* (Vuelos *chárter*).

«CHEF». Escríbase entre comillas o en cursiva para el *primer cocinero* de un restaurante, hotel, etc.

CHEQUEO. Significa *revisión* o *reconocimiento médico*, pero aún así se preferirá esto último.

CHIÍTA. Es mejor la forma *chií*. Plural *chiíes*.

CHINÓLOGO. Voz incorrecta. Escríbase *sinólogo*.

CHINOS (NOMBRES DE PERSONAS CHINAS). En estos nombres se escribe primero el apellido y luego el nombre de pila. Decir *Deng Xiaoping* equivale, en el orden de las palabras, a «González, Felipe.» Cuando se quiere repetir el apellido de una persona china hay que referirse a *Deng,* pero no a *Xiaoping,* pues sería como referirse a Felipe González llamándole Felipe.

CHIP. Voz que figura ya en el DRAE.

CHOQUE. Castellanización académica del inglés *shock*.

CHOVINISMO. Así ha hispanizado la Academia el francés *chauvinisme*.

CICLOMOTOR. Ya figura en el DRAE.

CIENTIFICISMO. No *cientifismo*.

CIENTO POR CIENTO. Si se trata del máximo tanto por ciento debe decirse con apócope en las dos cifras: *cien por cien*.

CIERRE PATRONAL. Véase *lock-out*.

CIFRAR. El uso correcto de este verbo se produce en frases como: «El portavoz *cifró* las víctimas en once.» No debe escribirse: «Fuentes de la oposición *cifran el balance* en once muertos.»

CIRCUNSTANCIAL. La construcción *evidencias circunstanciales* no

es española. Dígase *fundados indicios*.

CIUDADES (género). Cuando el topónimo acaba en *a* átona concuerda con *toda*: «Toda Barcelona.» Cuando el topónimo no acaba en *a* átona, concuerda con *todo*: «Todo Madrid, todo Bogotá.» Acéptese esta regla general con cierta flexibilidad.

CIVILIDAD. No debe emplearse en lugar de *civismo,* etc. *Civilidad* es urbanidad.

«CLAP». Es, en castellano, *claqueta*.

«CLAPMAN». Tradúzcase por *claquetista*.

CLARIFICAR. Es verbo correcto; pero está desplazando innecesariamente al más sencillo *aclarar*.

«CLASH». Podemos traducirlo perfectamente por *conflicto* o *desacuerdo*.

CLASIFICADO/A. Es anglicismo en frases como *materia clasificada*. En español decimos *materia reservada* o *secreta*.

CLASIFICAR. En la jerga deportiva se usa incorrectamente este verbo en lugar de *clasificarse*. «... Brasil *clasificó* para la siguiente ronda del campeonato».

CLAVE. *Palabras clave* son palabras que, ellas mismas, sirven de clave. *Palabras clave* son palabras en que reside lo fundamental de un escrito.

CLAVICÉMBALO. No debe confundirse con *clavicordio*. Son dos instrumentos distintos.

«CLEARING». Es *compensación* bancaria. Tradúzcase «Clearing

House» por «Cámara de Compensación.»

CLICHÉ. Preferible a *clisé.*

CLIENTA. Es el femenino de *cliente.*

CLIMATOLOGÍA. Es la ciencia que estudia los climas, y *climatológico* es lo perteneciente o relativo a la climatología, y no debe emplearse como sinónimo de *meteorológico* ni de *clima.*

CLÍMAX. Significa «punto más elevado en una gradación» («El acto alcanzó su *clímax* cuando X tomó la palabra»). Constituye un error grave emplear *clímax* por *clima* («El acto se celebró en un *clímax* de gran tensión»).

«CLINIC». Curso intensivo de aprendizaje o perfeccionamiento de un deporte. Puede traducirse como *curso intensivo.*

CLONAR. El verbo *clonar* y el sustantivo *clonación* ya figuran en el DRAE.

«CLOSE UP». Su equivalente en castellano es *primer plano.*

«CLOWN». La Academia ha aceptado *clon,* aunque en español siempre se ha usado *payaso.*

CLUB. No hacen falta comillas; ha entrado en el Diccionario como *club* (plural *clubes).*

CO-. El prefijo *co-* va unido al nombre al que precede sin guión. *Co-* es un prefijo inseparable.

COADYUDAR. La grafía correcta es *coadyuvar.*

COALICIONAR. Verbo inexistente. Empléese *hacer una coalición* o *coligar.*

COALIGARSE. Es incorrecto; úsese *coligarse.*

«COCKPIT». Tradúzcase por *cabina de mando* (para diferenciarla de la cabina de pasajeros).

«COCK-TAIL». La Academia ha aceptado *cóctel* (plural: *cócteles).*

COCTAIL. Dígase y escríbase *cóctel.* (Véase «cock-tail»).

COCHE BOMBA. Escríbase sin guión. Plural *coches bomba.*

COCHE CAMA. Escríbase sin guión. Plural *coches cama.*

«COEQUIPIER». Dígase mejor *compañero de equipo.*

COEXIÓN. No existe esta palabra en castellano. Escríbase *cohesión.*

«COHABITAR». En sentido político, póngase entre comillas. Sería preferible *convivir* o *coexistir.*

COLATERAL. En construcciones como: «préstamo sin ningún tipo de *colateral*» dígase *aval.* Se trata de un anglicismo.

COLECTIVO. Empléese en la siguiente acepción: «conjunto de personas unidas por los mismos intereses políticos, artísticos, sociales, etc., que se agrupan para una empresa común, realizándola y gestionándola entre todas ellas». Evítese el uso de *colectivo* para designar grupos en los que no se dan estas circunstancias.

COLEGIADO. Esta voz se emplea habitualmente como sinónimo de *árbitro* (de cualquier deporte), pero sólo es aceptable cuando se trate de árbitros españoles, efectivamente organizados en un colegio, ya que fuera de España no existe esa organización arbitral y no es aceptable escribir, por ejemplo, el *colegiado galés.*

COLEGIALIZACIÓN. En español es *colegiación.*

COLIGARSE. Prefiérase esta forma aunque el DRAE ya recoge *coaligarse.*

COLISIONAR. Empléese preferentemente *chocar.*

COMANDAR. Verbo aplicable sólo a cuestiones militares, o en metáforas de origen militar: «El pelotón (ciclista) *comandado* por...»

COMENTAR. No debe usarse como sinónimo de *decir, afirmar, manifestar, declarar... Comentar* es explicar el contenido de un escrito para que se entienda con más facilidad.

COMENTARISTA. En el trabajo periodístico, persona que enjuicia subjetivamente los acontecimientos, y que manifiesta de manera explícita su opinión. No debe confundirse con *ana-lista.*

COMERCIAL. Está arraigando el empleo innecesario de *comercial,* calco del inglés *commercial* como sinónimo de *publicidad* o *anuncio,* cuando en realidad no lo es.

COMITÉ-COMISIÓN. Distínganse estos términos. El *comité* tiene autoridad propia. La *comisión* actúa siempre por delegación de otros a los que ha de someter sus dictámenes. Por tanto, no hay *comité* de presupuestos, sino *comisión.*

COMITÉ DE APROPIACIONES. El inglés *«Appropriations commitee»* debe traducirse por *«Comité de Presupuestos»,* o de *Asignaciones.*

COMO. Vigílese su empleo innecesario: «Una entrevista Gorba-chov-Bush se considera *como* inminente»; «Se habla de este proyecto *como* atribuido a...»; «Esa explicación parece *como* más satisfactoria.» También se encuentra *como* empleado para traducir el inglés *as:* «Interviene Nadiuska *como* Emily, Ramiro Oliveros *como* Casio, etc.» Tradúzcase por *en el papel de,* o simplemente *en.*

COMPARECER. *Comparecer* es presentarse uno en algún lugar, *llamado* o *convocado* por otra persona. Por lo tanto, no equivale a *aparecer* o a *presentarse.*

COMPATIBILIZAR. Ya figura en el DRAE.

COMPENSACIÓN. Mal usado como *retribución, sueldo, salario* o *recompensa.*

COMPETENCIA. No debe usarse en la acepción de *competición.*

COMPETENCIAL. Palabra inexistente. Digamos simplemente *de las competencias, de las atribuciones* o *de las incumbencias.*

COMPETENCIAS. Al hablar de deportes es mejor usar la voz *competición* en las noticias para España. (*Competencias* es propio de Argentina, Colombia y Paraguay.)

COMPETER. Significa «pertenecer, corresponder, incumbir» y su conjugación es regular, aunque no efectiva. No confundirlo con *competir:* «contender, rivalizar», que es irregular. (Se conjuga como *vestir.*)

COMPETIR. Véase *competer.*

COMPLOT. La Academia ha admitido *compló* (plural: *complós*).

COMPLOTAR. Americanismo. En las noticias para España prefiérase *conspirar*.

COMPONENTE. Es vocablo masculino.

COMPORTAMIENTO. Al hablar de *comportamiento* nos referimos a la conducta de las personas; por lo tanto, sólo debe usarse en este sentido.

COMPORTAR. Significa «llevar juntamente con otro alguna cosa». Es, por tanto, incorrecto emplearlo como sinónimo de *implicar* o *acarrear*. «Tomar esta decisión *comporta* riesgos»; «Puede *comportarle* una grave sanción.»

COMPRA-VENTA. Escríbase en una sola palabra.

COMPRENSIBLE. Es aquello que puede ser comprendido, y *compresible*, que puede ser comprimido.

COMPROMISO. No debe emplearse como sinónimo de *acuerdo, avenencia* o *arreglo:* «Tal vez se llegue a un *compromiso* satisfactorio en el asunto de las centrales lecheras.» Es un galicismo.

COMPUTADORIZACIÓN. Acción y efecto de *computadorizar*.

COMPUTADORIZAR. Significa «someter datos al tratamiento de una computadora». No debe usarse *computarizar, computerizar* o *computorizar*. También pueden usarse los verbos *informatizar* o *procesar*.

CON ARREGLO DE. Dígase *con arreglo a*.

CON BASE EN. Debe evitarse, al igual que *en base a*. Dígase *según, conforme a, de acuerdo con,* etc.

CON CARÁCTER DE+ADJETIVO. DE CARÁCTER+ADJETIVO. Se abusa de estas expresiones en frases como «intoxicación *de carácter* grave» (intoxicación grave); «varios heridos *de carácter* leve» (varios heridos leves). Sin embargo, a veces «de carácter» puede ser debido a una calificación técnica, en cuyo caso debe respetarse: «Un hecho *de carácter* delictivo.»

CONCERNIR. Se emplea sólo en las formas no personales *(concernir, concerniendo, concernido)* y en la tercera persona singular y plural de cada tiempo.

CONCERTACIÓN. Acción y efecto de concertar. Concierto, ajuste o convenio. Ant., contienda o disputa.

CONCIENCIAR. Evítese. En vez de «Ya se han *concienciado* de la explotación que sufren», podríamos escribir: «Ya *son conscientes* de la explotación que sufren». Equivale, pues, a *hacer a alguien consciente* de algo. Las personas «concienciadas» son personas *conscientes* de su condición.

CONCITAR. Significa *conmover, instigar a uno contra otro* o *excitar inquietudes y sediciones.* También *reunir* o *congregar.* Es incorrecto escribir: «La intervención del ministro *concitó* el aplauso de la Cámara» (por *suscitó, mereció, promovió).*

CONCLAVE/CÓNCLAVE. Puede ser pa-labra llana (etimológica) o

esdrújula, que es la más corriente.

CONCLUIR. Los acuerdos no se *concluyen*, sino que se *conciertan, pactan, ajustan, firman* o *suscriben*.

CONCLUSIVE/CONCLUSIVO. En español, *conclusivo* es lo que concluye o finaliza una cosa, o sirve para terminarla o concluirla *(concluding)*... En inglés *conclusive* significa más bien *concluyente*, es decir, *resolutivo, terminante* o *irrebatible*.

CONCRECIÓN. No *concrección*.

CONCRETAR. Aunque se use metafóricamente, es mejor decir *marcar, resolver, acabar, culminar*. No sería apropiado decir: «Hugo Sánchez *concretó* la jugada en gol.»

CONCRETIZACIÓN, CONCRETIZAR. Dígase *concreción, concretar*.

CONCULCAR. Sólo se refiere a normas, leyes.

CONCURRENCIA. Es un galicismo —*concurrence*—, en español decimos competencia.

CONCURRIR. No es sinónimo de *comparecer*. Es incorrecto su uso en frases como: «... no *concurrió* ante el juez».

CONDITION/CONDICIÓN. Por influencia del inglés está empezando a cundir en español, sobre todo en EE.UU., *condición* en el sentido de *enfermedad, afección, estado* (morboso o no). *Condición* en español se aplica a una facultad o estado más o menos intrínseco: condición de "pobre"; condición de "escritor", condición de "no-

ble". Sólo en el plural, *condiciones*, se aproxima el español al sentido del inglés: "Este automóvil no está en *condiciones* de hacer viajes", para lo que en inglés se diría: "This automobile is in no condition to travel".

CONDOMINIO. Americanismo. No es lo mismo que *urbanización*.

CONFERENCIA. No debe emplearse en el sentido de *grupo:* «Las dos *conferencias* de que consta la NBA» (liga de baloncesto de los EE. UU.).

CONFETI. Es aceptable el plural *confetis*, recogido por el DRAE.

CONFIDENCIALIDAD. Neologismo formado correctamente, pero cuyo uso debe evitarse en lo posible.

CONFINAR. No es sinónimo de *reunirse en lugar de acceso restringido*. No es correcto: «... hablaron los delegados de los distintos países en el céntrico hotel en que *se han confinado* en medio de estrictas medidas de seguridad».

CONFORMAR. Se utiliza a veces indebidamente con el sentido de *formar*. «... el Consejo Internacional del Estaño, *conformado* por naciones productoras y consumidoras...».

CONFORMIDAD A (EN). Empléese *de conformidad con*, o *en conformidad con*.

CONFORT. Escríbase sin comillas, aunque la Academia no se ha pronunciado aún sobre este vocablo.

CONFRONTACIÓN. No es lo mismo que *enfrentamiento,* palabra a la que suele sustituir incorrectamente.

CONFRONTAR. Es «comparar», «cotejar», «contrastar», «ver la diferencia entre dos personas o cosas.» Es anglicismo utilizarlo con el sentido de *hacer frente a, encararse con, enfrentarse con.*

CONGELAR. Detener el curso o desarrollo normal de algún proceso legislativo, educativo, político.

CONGRESIONAL. Mala traducción del inglés *congressional.* Dígase *del Congreso.*

CONGRESUAL. Neologismo aceptado por la Academia.

CONLLEVAR. Puede emplearse con el significado de *implicar, suponer, acarrear.*

CONQUE. Conjunción consecutiva («es tarde, *conque* me iré»), que no debe confundirse con el sintagma *con* (preposición)+*que* (pronombre relativo o interrogativo): «Se ha hallado el arma *con que* se cometió el crimen»; «¿*con qué* intención dice eso?»; «Dime *con qué* intención dices eso.» También se escribe *con que* en frases condicionales como «*con que* hoy gane, se proclamará campeón».

CONSANGUINIDAD. También se puede aceptar *consanguineidad,* aunque la Academia sólo registra la primera.

CONSCIENTE. Las expresiones *ser consciente* y *estar consciente* no tienen el mismo significado. *Ser consciente* se aplica a la persona que obra sabiendo lo que hace y el valor o significado de ello. *Estar consciente* se aplica a la persona con capacidad de percibir el mundo exterior y pensar, que no ha perdido el conocimiento. «Venezuela *está consciente* de su deber.» Debió escribirse «... *es consciente* de su deber».

CONSENSUAL. Perteneciente o relativo al consenso.

CONSENSUAR. Verbo válido con el significado de «llegar a un consenso». «El gobierno y los sindicatos consensuaron el reajuste salarial.»

CONSISTENT WITH/CONSISTENTE CON. Si *consistente* está mal, también lo está *consistente con* cuando se quiere decir *compatible con, de conformidad con o de acuerdo con.*

CONSISTENTE. En noticias procedentes de países anglosajones, encontramos esta palabra utilizada con el sentido de *constante:* «... completa el cuadro de oponentes la Presidencia del Senado, *consistente* oponente del Gobernador». Debió decirse *constante, tenaz, pertinaz.*

CONSISTENTE CON. Evítese su empleo como sinónimo de *consecuente con* (o *coherente con,* a veces).

CONSTREÑIR. No equivale a *restringir.* Significa «obligar a hacer algo por fuerza». Se emplearía mal diciendo: «Una disposición que *constriña* el paso de vehículos.»

CONSULESA. Es preferible a *cónsula,* para designar a la mujer que desempeña un consulado.

«CONSULTING». Sus equivalentes castellanos son *empresa consultora* y *consultora*.

CONTACTAR. Verbo aceptado por la Academia, pero del que no debe abusarse, en detrimento de *establecer contacto con, llamar, visitar, entrar en contacto con,* etc.

«CONTAINER». Empléese *contenedor*.

CONTEMPLAR. Crudo anglicismo en construcciones como: «La Ley *contempla* la posibilidad de...», «Los reunidos *contemplaron* la situación en Nicaragua.» Empléese *considerar, tener en cuenta, examinar, tratar, incluir, establecer, estipular, juzgar, planear, intentar, tener en mira, incluir.*

«CONTEMPLATE». Voz inglesa que no debe traducirse por *contemplar,* sino por *proyectar, proponerse, tener el propósito de,* etc.

CONTENCIÓN. No debe usarse con la acepción inglesa de *discusión, disputa, conflicto,* como ocurre con el siguiente ejemplo: «El Golfo Pérsico, que será punto de *contención* para el futuro próximo...» Debió decirse «punto *conflictivo*».

CONTENCIOSO. Dígase *litigio, asunto litigioso,* o *conflictivo.* En México se usa con el significado de «veredicto, fallo».

CONTEO. Dígase *recuento, cuenta* o *cómputo*.

CONTESTAR, CONTESTACIÓN. Vocablos aceptados por la Academia en las acepciones de «oponerse» y «oposición», respectivamente. Puede emplearse igualmente *contestatario.*

CONTEXTO. Se abusa pedantescamente de este vocablo, con el que se desplaza *ámbito, circunstancias, supuestos* y otros tantas posibles.

CONTEXTUALIZAR. Dígase *contextuar.*

CONTINGENTAR, CONTINGENTACIÓN. *Limitar, limitación* de las cantidades de mercancías cuya exportación o importación se autoriza.

CONTRA. Es incorrecto su uso con el significado de *cuanto.* Tampoco es aceptable el galicismo *por contra,* en vez de *en cambio.*

CONTRACEPCIÓN. Dígase siempre *anticoncepción* o *contraconcepción.* Y *anticonceptivo* o *contraconceptivo.*

CONTRADECIR. Aunque, según María Moliner, este verbo se conjuga como *decir,* debe exceptuarse del imperativo: «Si estoy equivocado, *contradíceme.*» No, *contradime.* Téngase en cuenta que con frecuencia se conjuga mal en otros tiempos; por ejemplo, *contradecirían,* en lugar de *contradirían.*

CONTRA MÁS. Es vulgarismo. Dígase *cuanto más.*

CONTRAMEDIDA. Aunque esta palabra no figura en el DRAE ni el el DUE, puede usarse. No es lo mismo que *medida.*

CONTRAPARTE, CONTRAPARTIDA. No traducen a *counterpart,* voz que, según los contextos, puede de significar *equivalencia, homología,* (lo) *equivalente, correspondencia,* (lo) *correspondiente,* etc. En español sólo significa *compensación.*

CONTRAPUNTO. Puede usarse con el sentido metafórico de *contraste.*

CONTUMACIA. En lugar de «condenado por *contumacia»,* debe decirse «condenado *en rebeldía».*

CONVALIDAR. Según el DRAE es «dar validez académica a estudios aprobados en otro país, institución, etc.». No equivale a *revalidar* y es incorrecto decir «El campeón no *convalidó* su título.» Dígase no *revalidó.*

CONVENCIONAL. Es anglicismo si se emplea en las acepciones de *tradicional, corriente, usual.* En este sentido, aceptable sólo con *arma, armamento* o *ropa de vestir.*

CONVICTO. Es un adjetivo que no debe usarse como sustantivo en lugar de *preso, presidiario, recluso...* Tampoco debemos traducir el inglés *ex-convict* por *ex convicto,* sino por *ex presidiario.*

CONVOY. Su plural es *convoyes* y no *convoys* ni *convois.*

CONVULSIONAR. No confundir con *conmover, agitar, trastornar.*

CÓNYUGE. Es un vulgarismo. Dígase *cónyuge.*

COÑAC. Preferible a la forma *coñá,* aceptada también por la Academia. Plural *coñacs.*

COPIA. Crudo anglicismo cuando se emplea en vez de *ejemplar.* «Se han vendido diez mil *copias* de este libro o de este disco.»

CORIFEO. Se emplea erróneamente como «partidario de alguien», pero su significado es muy distinto. *Corifeo* es «aquel que es seguido de otros como jefe de una secta, partido, ideología...».

CORNÚPETO. Forma aceptada por la Academia junto a *cornúpeta.* Ésta es preferible.

CORROBORARSE. No significa *ratificarse* o *reafirmarse,* como creen algunos. «El Sindicato Médico Libre *se corrobora* en su postura de no colaborar con INSALUD.» Deben usarse, por lo tanto, aquellos verbos. *Corroborar* significa «dar mayor fuerza a la razón, al argumento o a la opinión aducidos, con nuevos raciocinios o datos». No existe *corroborarse.*

CÓRPORE INSEPULTO. Debemos escribir «misa *córpore insepulto».* Es incorrecto decir «misa de *córpore insepulto».*

CORTACIRCUITOS. Es el aparato que interrumpe automáticamente la corriente eléctrica. Véase CORTO-CIRCUITO.

CORTE. Aceptable en el significado de *tribunal,* cuando se emplea en noticias de Estados Unidos o Gran Bretaña. En Hispanoamérica existen *Corte Suprema, Corte Local,* etc.

CORTE MARCIAL. Dígase *Consejo de Guerra.*

CORTO. Puede usarse juntamente con *cortometraje.*

CORTOCIRCUITO. Así y no *cortacircuito* si nos referimos al producido accidentalmente en un circuito eléctrico.

COSECHAR. No se puede cosechar una derrota o un enemigo, sino varios.

COSMÓDROMO. Neologismo usado en la URSS, con el mismo significado de *base espacial* en Estados Unidos. Preferible este último.

«COST INFLATION». Tradúzcase por *inflación de costes.*

COSTE, COSTO. De hecho son voces sinónimas, pero en lenguaje económico se prefiere *coste,* sobre todo en plural.

COTEJO. En la jerga deportiva se usa como sinónimo de *partido* o *encuentro.* Evítese.

COTIDIANIDAD. No *cotidianeidad.*

COTIZACIÓN. Es «la acción y efecto de cotizar». Muchos la confunden con *cuota,* escribiendo: «Aumentan las *cotizaciones* de la Seguridad Social.»

«COUR D'APPEL». Tradúzcase por *Tribunal de Apelación.*

«CRACK»/«CRASH». El término empleado por los anglosajones es «crash»; pero en el mundo his-pánico se emplea «crack» (estallido, grieta, golpe) para denominar una caída importante de la bolsa o de un negocio. También en algunos países de Hispanoamérica se emplea con el significado de *as, estrella del equipo, mejor caballo de una cuadra,* que puede aceptarse en noticias de y para esos países. Pero, en el primer caso, podemos emplear *quiebra* o *caída,* y en el segundo, *as;* formas que deben preferirse.

«CRACKING». La Academia ha aceptado *craquear* y *craqueo,* que deben usarse en vez de la palabra inglesa, y significa romper por elevación de temperaturas las moléculas de ciertos hidrocarburos.

«CRAWLING PEG». Debe traducirse al español como *«ajuste mensual de la paridad del cambio»* o *«tipo de cambio móvil».*

CREDIBILIDAD. Es palabra castellana, pero abruma su uso hodierno. ¿No se emplea muchas veces como sinónimo pedante de *crédito?:* «No merecen *credibilidad* esas noticias.»

CRÉDITO (TÍTULOS DE). Organismos, empresas, personas, etc., que han contribuido a la elaboración de una obra destinada al público (películas, telefilmes, libros, etc.).

CRÉDITOS BLANDOS. Véase *«soft loans»* y *préstamos blandos.*

CRIME/CRIMEN. Aunque las dos voces proceden del latín y significan (en inglés sólo en ciertos casos) *delito grave,* lo cierto es que en general se emplea *crime* para indicar toda clase de *delitos,* y así se dice que el robo o el hurto son *crimes,* para lo que en español diríamos que son delitos. "There is a lot of crime these days..." se traduce por "Hoy en día hay mucha delincuencia". En español *crimen* implica algo muy serio, generalmente un delito moral o sangriento. En inglés se usa a menudo *delinquency,* pero este vocablo tiene además el sentido de incumplimiento de una obligación, falta de pago, y cuando se refiere a delitos suele denotar los juveniles (*juvenile delinquency*).

CRISMAS, CHRISTMAS. Mejor usar el español: *tarjeta de Navidad* o *tarjeta navideña*.

CRIMEN. Véase *asesinato*.

CRÍTICA. Es el femenino de *crítico* (taurino, literario, etc.)

CRITICISMO. Se emplea a veces con el sentido anglicista de «críticas»: «... aumentaron su *criticismo* contra Reagan». Según el DRAE es un método de investigación y también el sistema filosófico de Kant.

CROL. Admitida esta voz por la Real Academia (del inglés *crawl*).

CRONOGRAMA. Es correcto; pero mejor decir *calendario*. «Los puntos incluidos en el *cronograma* de trabajo.»

«CROSS». Escríbase entre comillas y con una sola *s* y también sus compuestos: *motocrós*, con acento en la *o* final, *pop-cros* (con coches), *bici-cros* o *ciclocros*.

CUADRILÁTERO. Preferible al inglés *ring*.

CRUCIAL. No debe abusarse de este adjetivo.

CUADRO. El DRAE ya ha recogido la acepción de «en el ejército, y, por extensión, en empresas, en la administración pública, etc., conjunto de mandos». Úsase más en plural.

CUALIFICADO, CALIFICADO. No son verbos sinónimos, pero se confunden a menudo: «... sus intérpretes más calificados».

CUALQUIERA. Evítese el anglicismo «*Cualquier* persona que se encuentre en tales circunstancias puede acudir a...». Dígase «*Toda persona...*» o, simplemente, «*Las personas que...*»

CUANTIFICAR. Debe preferirse *evaluar, calcular, determinar*. «Los datos materiales, aún no *cuantificados*», «... es difícil *cuantificar* con exactitud el número de heridos...»

CUBRIR. En periodismo, *cubrir* una información es tenerla a su cargo.

CUENTA ATRÁS. La traducción usual del inglés *count-down* es *cuenta atrás*.

CUESTIONAR. Significa «controvertir un punto dudoso, proponiendo las razones, pruebas y fundamentos de una y otra parte». Con este verbo se desplazan abusivamente otros tan expresivos como *discutir, poner en entredicho, dudar* o *poner en duda*, etc.

CULPABILIZAR. No existe este verbo en castellano. Dígase siempre *culpar*.

CUMBRE. En la acepción de «reunión de autoridades del más alto nivel», resérvese para los casos en que los reunidos tengan, efectivamente, la condición de Jefes de Estado o de Gobierno y estén reunidos con el objeto de intercambiar puntos de vista sobre la situación internacional. Si no, con *reunión* basta.

CUMPLIMENTACIÓN. No figura en el DRAE. Empléese *cumplimiento*.

CUMPLIR METAS. Las metas no se *cumplen,* se *alcanzan.*

CUÑA. Designa un brevísimo espacio publicitario en radio y televisión; debe reemplazar a *spot.*

CUOTA PARTE. Dígase parte *alícuota.*

CÚPULA. Se usa con el sentido de «conjunto de altos jefes» (del ejército, etc.). Conviene evitarlo.

«CURRENCY DEPRECIATION». Tradúzcase por *depreciación de la moneda.*

«CURRENT INTEREST». Tradúzcase por *interés corriente.*

CURRICULUM. Hispanícese como *currículo* (plural *currículos),* salvo en el sintagma latino *curriculum vitae.*

CURSAR. No debe hacerse como sinónimo de *hacer, efectuar,* etc., un viaje o una visita.

CÚSPIDE. Mismo caso que *cúpula.* Véase lo que se dice de *cumbre.*

CUYO. Para su uso correcto véanse las Normas de Redacción 7,6 y 7,7.

D

DAR AVISO. Mejor *avisar.*

DAR COMIENZO. Empléese, preferiblemente, *comenzar.*

DAR CONSTANCIA. Dígase *dejar constancia.*

DAR LUZ VERDE. Metáfora de la que no conviene abusar.

DARSE A LA FUGA. Preferible *fugarse,* aunque generalmente se emplea con el sentido de *huir.* «Los ladrones *se dieron a la fuga* con el botín» significa *huye-*

ron con el botín. Sólo se puede decir *se fugaron* si estaban ya en la cárcel.

DARSE CITA. Preferible *citarse.*

DÁRSENA. Véase «dock».

DE (omisión indebida de esta preposición). Hay una serie de verbos, adjetivos y sustantivos que exigen que la oración complementaria vaya precedida de la preposición *de:* acordarse, olvidarse, gustar, extrañado, seguro, etc. Es muy frecuente esta incorrección: «Porque *estamos seguros que* ellos también están en camino de...»

DE ACUERDO A. Dígase *de acuerdo con.*

«DEALER». Tradúzcase por *apoderado* o *intermediario* (si se trata de un banco comercial).

DE ALGUNA MANERA. Muletilla de la que se abusa.

«DEBÁCLE». Dígase *derrota* o *desastre.* (El resto, sobra).

DEBER + INFINITIVO. Expresa obligación. *«Debo acabar* el artículo esta misma tarde.» En cambio, *deber de + infinitivo* indica suposición. *«Debe de hacer* ya más de veinte años.»

DEBUT. La Academia ha admitido el francés *début.*

«DÉCALAGE». Dígase *desnivel, diferencia,* si es posible. Y también *desajuste, desacuerdo.*

DECANTARSE. La Academia ha admitido este verbo con el significado de *decidirse.*

DE CARA A. Rebuscado sustituto de otras preposiciones castellanas (como *en base a* y *a nivel de):* «El Presidente se ha reunido con sus colaboradores *de cara a* adoptar medidas.»

DECIDIR. Siempre que se pueda, utilizar este verbo en vez de *definir*. «La fecha y el lugar aún no han sido *definidos*.»

DECIMOPRIMERO. No existe este ordinal. Dígase *undécimo*.

DECIMOSEGUNDO. Tampoco existe. Dígase *duodécimo*.

DECIR QUE. Esta construcción (muy extendida en los medios de comunicación y en las intervenciones parlamentarias, al igual que *señalar que, advertir que, destacar que,* etc.) es incorrecta gramaticalmente. Habrá que sustituirla por un subjuntivo plural (*digamos, señalemos,* etc.), o por una perífrasis verbal (*debo decir, hay que destacar, tengo que añadir,* etc...).

DECOLAJE, DECOLAR. Galicismo. Dígase *despegue, despegar.*

DE CORPORE INSEPULTO. No debe llevar preposición; dígase: una misa *corpore insepulto.*

DECRETO-LEY. Plural: *decretos-leyes.*

DE ENTRADA. Evítese. Sustitúyase por *para empezar, al comienzo,* etc.

DE FACTO. Escríbase separado y sin comillas: *de hecho.*

DEFENDER. Término deportivo, particularmente del baloncesto, que se utiliza con un significado que no le corresponde en sustitución de *marcar, obstaculizar.* Véase *marcar.*

«DEFERRED PAYMENT». Tradúzcase por *pago diferido.*

«DEFICIENCY PAYMENTS». Tradúzcase por *pagos compensatorios.*

DÉFICIT. Conviene usar sólo el singular. Por tanto, dígase el *déficit* y los *déficit.*

DEFINIR. Evítese con la acepción de *marcar gol* o *goles.*

DEFINITE/DEFINIDO. En inglés quiere decir *claro, cierto, categórico, determinado, definitivo.* En español, se aplica más bien al objeto de toda definición. Como adjetivo, en español, puede significar también *marcado, claro.*

DEFLAGRACIÓN. Es, según el DRAE, el hecho de «arder una sustancia súbitamente con llama y sin explosión». No confundir, pues, con *explosión.*

«DEFLATION». Tradúzcase por *deflación.*

DEFOLIAR, DEFOLIANTE. Aunque el DRAE sólo registra *defoliación,* también puede usarse *defoliar* y *defoliante.*

DEGRESIVO. Galicismo por *regresivo.*

DE JURE. Por separado y sin comillas: *de derecho.*

DEJAR. Conviene evitar su empleo en lugar de *causar,* en frases como: «... una guerra que *ha dejado* más de 70.000 muertos...».

DELANTE MÍO. Dígase *delante de mí* (y *detrás de él, de ti, de ellos*).

DEL CUAL, DEL QUE, DE QUIEN. Se trata, muchas veces, de una traducción del *dont* francés, cuya traducción correcta es *cuyo.* «Una de las frases *de las cuales* Genoveva había heredado el secreto», debió traducirse

«... *cuyo* secreto había heredado Genoveva».

DEL ESCORIAL. Dígase *de El* Escorial, *de El* Cairo, *de La* Haya.

DEMANDAS. Del inglés «*demands*». No equivale a *exigencia,* sino a *petición.*

DEMARRAR, DEMARRAGE. *Demarrar* es «acelerar bruscamente para distanciarse del grupo o simplemente aumentar la velocidad». *Demarrage* es «la acción o el efecto de demarrar». Ambas pueden usarse.

DE MÁS, DEMÁS. Distíngase bien entre «me ha dado diez pesetas *de más*» y «los *demás* periódicos dicen lo mismo» o entre «aquí estamos *de más*» y «protestaron los *demás* miembros de la junta».

DEMOSCOPIA, DEMOSCÓPICO. Ya figuran en el DRAE.

DE MOTU PROPIO. Es incorrecto. Debemos escribir *motu proprio* y significa «por propia voluntad».

DENEGAR. No debe usarse como sinónimo de *negar. Denegar* es negar explícitamente lo que se pide o solicita.

DENOSTAR. Se construye con *a:* «denostaron *al* Presidente», y no con *de* («denostaron *del* Presidente»).

DENTÍFRICO. No *dentrífico.*

DEPAUPERIZAR, PAUPERIZAR. No existen estos dos verbos. El verbo español es *depauperar.*

DEPRIVATION/DEPRIVACIÓN. No existe en español el vocablo *deprivación.* El sentido del inglés se expresa con *privación.*

También *deshabituación, carencia* o *pérdida.*

«DERBY». Escríbase *derbi,* como ya figura en el DRAE («Encuentro generalmente futbolístico entre equipos de la misma ciudad o ciudades próximas.»)

DERIVAR EN. En frases como «acontecimientos que *derivaron en* la huelga convocada», lo correcto es «acontecimientos que *desembocaron en* la huelga...». En otros casos digamos: «*tuvo como resultado*», o «*dio como resultado*».

DERRABE. Es término empleado en la jerga minera: «el *derrabe* del carbón».

DERREDOR (EN). Se construye con *de,* «en derredor del èstadio», y no con *a,* «en derredor al estadio».

DESACATAR. No acatar una norma, ley, orden, etc.

DESARMAMENTIZACIÓN. No figura en el DRAE, ni es necesaria esta palabra. Con *desarme* y *desarmamiento,* ambas en el DRAE, hay más que suficiente.

DESARROLLAR (LECCIONES, CONFERENCIAS). Hablando de *lecciones,* empléense los verbos *dar* o *explicar.* Para las conferencias, *dar* o *pronunciar.*

DESCALIFICAR. Significa «desacreditar», «desautorizar», «incapacitar», y no *descartar, rechazar, excluir de una prueba o competición.*

DESCONTAR MINUTOS. Se habla a veces de *minutos de descuento,* queriendo hacer referencia a *añadir* minutos al final de un partido. El verbo *descontar* está mal utilizado si se quiere decir que el árbitro ha compensado los minutos en que estuvo detenido el juego y que, precisamente para cumplir el tiempo reglamentario, añade al final. Esta expresión debe evitarse. El tiempo descontado es aquel en el que el juego estuvo detenido, no el momento en que se compensa.

DESCONTROLARSE. No debe desplazar a expresiones españolas como *perder los estribos, salirse de sus casillas, perder los nervios.*

DESCONVOCAR. En español decimos *revocar.* Puede admitirse cuando la huelga o la reunión no ha pasado aún de ser convocada, pero no si ya ha comenzado; en este caso se *suspende, interrumpe* o *revoca.*

DESEMPEÑARSE COMO. Es incorrecto cuando se emplea en lugar de *actuar:* «Martínez *se desempeña como* marcador», o de *ejercer,* «... cuando *se desempeñaba como* ministro de Hacienda».

DESERTIFICACIÓN/DESERTIZACIÓN. El DRAE ya recoge *desertización.*

DESESCALAR. Rechácese este verbo. Dígase *reducir, atenuar, paliar, distender.*

DESESTABILIDAD. Empléese *inestabilidad.*

DESHONESTO. Véase *honesto.*

DESIDERÁTUM. Su plural es *los desiderata.*

DESIGNIO. Véase *diseño.*

DESINFORMACIÓN. Acción y efecto de desinformar.

DESINFORMAR. Debe alternarse con *malinformar* y *desorientar.* (dar información intencionadamente manipulada al servicio de ciertos fines).

DESINVERTIR. La voz desinversión aparece como traducción del inglés «disinvestment» o «negative investment».

DESMADRADO, DESMADRAR, DESMADRE. Evítese radicalmente en los despachos por su rudeza.

DESMANTELAMIENTO, DISOLUCIÓN. *Desmantelamiento* es «echar por tierra los muros y fortificaciones de una plaza». Es incorrecto decir «piden el *desmantelamiento* de los Escuadrones de la Muerte». Debió decirse la *disolución.*

DESMARCARSE. Según el DRAE significa «en algunos deportes, desplazarse un jugador para burlar al contrario que le marca». No abusar cuando, por metáfora, se dice «El Gobierno *se desmarca* de la ley de financiación.» Puede decirse *se inhibe.*

DESMENTIDO. Es correcto decir *un desmentido,* lo mismo que *una desmentida* o *un mentís.*

DESOCUPADO. Es un americanismo que debe sustituirse por *desempleado* o *parado.* Por la misma razón no debemos hablar de *ocupados* al referirnos a aquellas personas que sí tienen un puesto de trabajo, ni *ocupación* al hablar de *empleo.*

DESPLEGAR. Si *se despliegan* las tropas, es porque han ido en columna. Es de suponer que los misiles no vayan en fila o columna; por lo tanto, es incorrecto escribir: «Las versiones terrestre y marítima del misil, ya han sido *desplegadas* en Europa y en submarinos norteamericanos.» Dígase *instalar*.

DESPUÉS DE. Puede sustituirse y abreviarse muchas veces usando *tras*.

DESPUÉS DE QUE. Se emplea abusivamente en lugar de *cuando:* «El presidente de Venezuela respondió ampliamente al señor Suárez *después de que* éste *solicitase* información sobre la crisis de Nicaragua»; «... *cuando* éste *solicitó* información...».

DESTERNILLARSE. Es un error decir *destornillarse (de risa)*.

DE SU LADO, POR SU LADO. «Gorbachov, *de su lado*, intentará...» Es galicismo por mala traducción de «*de son côté*». En español es mejor decir *por su parte*.

DESVASTAR. Vulgarismo por *devastar*. No confundir con *desbastar:* «quitar las partes más bastas de una cosa que se haya de labrar».

DESVELAR. Además de *quitar el sueño*, la Academia ha aceptado el sentido, cada vez más difundido, de *revelar, descubrir*, etcétera.

DETECTAR. Puede emplearse este verbo junto con *advertir, percibir, descubrir*, etc., pero sin desplazarlos.

DETENTAR. Es «retener uno sin derecho lo que manifiestamente no le pertenece». A no ser que quiera significar eso, dígase *desempeñar, ocupar*, etc.

«DÉTENTE». Dígase *distensión*.

DETERMINANTE. Se usa como sinónimo de *decisivo*, pero es preferible este último.

DETRAIMIENTO. Úsese *detracción*.

DETRITUS. Ya figura en el DRAE.

DEVALUAR, DESVALORIZAR. *Devaluar* es de uso técnico económico: *devaluar* el franco, *devaluarse* las acciones de Eléctricas. *Desvalorizar* es el término genérico para todo lo que pierde valor.

DÍA. *El día después* debe decirse *el día de después*, y mejor aún *el día siguiente*.

DIABETES. No *diabetis*.

DIAGNOSIS RESERVADA. En español decimos *pronóstico reservado*.

DIAGRAMAR. No debe confundirse este neologismo con *programar*.

DICTAMINAR UNA ENFERMEDAD. Las enfermedades se *diagnostican*, no se *dictaminan*.

DICTAR. (Una lección, una conferencia). Evítese y dígase «*dar* o *explicar* una lección», «*dar* o *pronunciar* una conferencia».

DIFAMAR. No *disfamar*.

DIFERENDO. El DRAE registra esta voz como de uso en Argentina, Colombia y Uruguay; puede usarse en España, aunque dando preferencia a *diferencia* o *desacuerdo*.

DIFERENTE A. Prefiérase *diferente de*.

DIGITALIZAR. Proceso de inversión, sea texto o imagen, en dígitos, al pasar del sistema analógico al binario para poder ser tratado informáticamente.

DIGNATARIO. No debe confundirse con *mandatario*. En América *mandatario* es persona de alto rango que tiene facultad de mandar en virtud de las leyes; *dignatario*, persona que desempeña una dignidad sin considerar los aspectos de mando.

DIGRESIÓN. No *disgresión*.

DILEMA. Su significado es «argumento formado de dos proposiciones contrarias disyuntivamente» y no *problema, obstáculo*.

DILETANTE. Adáptese así el italiano *dilettante*.

DIMENSIÓN. Se emplea a veces como sustituto abusivo de *alcance:* «Se ignoran las *dimensiones* del acuerdo.»

DIMITIDO. No utilizar en las acepciones de *dimisionario* o *dimitente*.

DIMITIR (A ALGUIEN). Al igual que se decía a propósito de *cesar*, a nadie se le puede *dimitir*. Úsese *destituir* o *dar el cese*. No obstante, puede tener un empleo transitivo: «Martínez dimitió *de* la presidencia» (o «la presidencia»), «del cargo» (o «el cargo»).

DINAMITERO. En español se dice sólo de personas, como *pistolero*. Es incorrecto decir «atentados *dinamiteros*». Dígase «atentados *con dinamita*».

DINAMIZAR. En vez de este verbo, que no figura en el DRAE, úsese *activar, animar, estimular, promover, reactivar, vitalizar, revitalizar, reanimar*, etc.

«DIRECTIVES». Tradúzcase por *directrices* (no *directivas)*, excepto en cierta reglamentación de la CEE,

a la que todo el mundo llama *directivas* de la CEE.

DIRECTRIZ. Téngase en cuenta que es el femenino del adjetivo *director*. Es absurdo escribir: «Los principios *directrices* en que se basa...» (Naturalmente, el femenino del sustantivo director es *directora)*.

DIRHAM. Al hablar de la moneda marroquí, úsese la misma forma para el singular y el plural: *un dirham, dos dirham,* etc.

DISCAPACITADOS. Aunque esta palabra ya figura en el DRAE, prefiérase *incapacitados, minusválidos*.

DISCIPLINA. Evítese su uso en las noticias de deporte, en frases como: «El jugador continuará en la *disciplina* del Logroñés.»

DISC-JOCKEY. Dígase *pinchadiscos*.

DISCOGRAFÍA. Ya figura en el DRAE en la acepción de «conjunto de discos de un autor, cantante, orquesta», etc.

DISCRECIÓN. No *discrección*.

DISCRECIONALIDAD. No debe confundirse con *arbitrariedad*.

DISCURSO DE ESTADO. Empléese con moderación y atribuido sólo a políticos de relieve extraordinario y en circunstancias muy solemnes.

DISCUSIONES. En ocasiones es una mala traducción del inglés «discussions», que también significa *conversaciones*.

DISEÑO. Significa «*traza, delineación* de un edificio o de una figura» y «*descripción* o *bosquejo* de alguna cosa, hecho por palabras». No debe confundirse, por tanto, con *designio:* «propósito del entendimiento aceptado por la voluntad.»

«DISGUISED UNEMPLOYMENT». Tradúzcase por *paro encubierto.*

DISGRESIÓN. Escríbase *digresión.*

DISKETTE. Dígase *disquete.* Es palabra del vocabulario informático.

DISOLVER / DISPERSAR. Aunque tengan un significado análogo, en *dispersar* predomina la idea de desorden. Una manifestación puede *disolverse* ordenadamente.

DISORDER/DESORDEN. En medicina, equivale en español a *trastorno, enfermedad, alteración, afección;* no a desorden.

DISPARAR A / CONTRA ALGUIEN. Ambas construcciones son correctas.

DISPARAR SOBRE. En español debe decirse *disparar al* o *disparar contra.* La construcción *disparar sobre* es un galicismo.

DISTENSIÓN. Usar este término en lugar de la palabra francesa *détente.* Significa «reducción de una tensión».

DISTINTO. Se construye normalmente con *de:* «Hace cosas *distintas de* las que prometió.»

DISTORSIONAR. Aunque la Academia ya ha registrado y aceptado este verbo, deben preferirse *deformar, desvirtuar, tergiversar, retorcer, torcer, desfigurar,* etc.

DIVERGIR. Se conjuga regularmente. Por tanto, son erróneas formas como *divirgiendo, divirgió,* etc.

DOBLE DE - DOBLE A. La primera construcción es la correcta.

DOCK. Digamos *dársena.*

DOCTRINAL, DOCTRINARIO. No deben confundirse ambas palabras. *Doctrinal* es lo perteneciente a la doctrina. *Doctrinario* se dice de la persona que lo ve todo a través de una doctrina determinada. No se diga pues: «Las obras *doctrinarias* y biográficas de Santa Teresa.»

«DOMESTIC DEBT». Tradúzcase por *deuda interna.*

«DOMESTIC TRADE». Tradúzcase por *comercio interior* (igual que «*home trade*»).

DOMÉSTICO. No equivale a *nacional, interno, propio de un país.*

DOMINICA. Voz esdrújula en el idioma litúrgico.

DOMINIO. Muchas veces se trata de un calco del francés «domaine». Lo correcto en español es *sector, campo, terreno,* etc. («Los *dominios* de la alimentación, la vivienda», etc.)

DON, DOÑA. En general no se emplearán los tratamientos.

DOPAR. La Real Academia Española ha recogido la voz *dopar/se,* con el siguiente significado: «Modificar artificiosamente el rendimiento de la actividad fisiológica del organismo, con fines competitivos, mediante sustancias o acciones prohibidas por las organizaciones competentes.»

«DOPING». Dígase mejor *dopaje.*

«DOSSIER». Cuando se trata de un «dossier» oficial, sustitúyase por *expediente,* que significa lo mismo: «Conjunto de papeles correspondientes a un asunto o negocio.» Si no es oficial, escríbase «dossier» con comillas. Procúrese emplearlo siempre con la forma singular: Los *«dossier».* A veces es *informe.*

«DOUBLE-ENTRY». Tradúzcase por *partida doble* (método contable en que se llevan a la par el cargo y el abono).

«DRAFT». Puede usarse *ronda selectiva* o *«draft»* entre comillas.

DRAMÁTICAMENTE. No usar este adverbio con su significado inglés de *espectacularmente, radicalmente.* «La producción ha descendido *dramáticamente.»*

DRAMÁTICO/TRÁGICO. Aunque con frecuencia se tiende a utilizar como sinónimos *tragedia* y *drama,* en realidad el *Arte Dramático* está compuesto por tres géneros: comedia, tragedia y tragicomedia: "La falta de lluvias produciría efectos *dramáticos"* (Es decir, *trágicos, cómicos* o *tragicómicos).* En la Escuela de Arte Dramático se estudian los tres géneros.

DRAMATIZAR. Se encuentra este verbo no sólo en despachos de América, sino de España, con el sentido de *recitar, interpretar* o, en su caso, *adaptar.* Evítese este uso. («Ambas casetes constan de un espacio dedicado a la palabra de Dios, *dramatizada* por profesionales de la Radio.»)

DRASTICIDAD. Persígase este neologismo. Empléese *severidad* o *dureza.* Sancionar con *drastici-*

dad: Dígase con *dureza* o con *severidad (severidad* sólo refiriéndose a personas).

«DRIBBLING». Dígase mejor *regate* o *finta (gambeta* en algunos países de América).

«DRIVER». Se llama así, en inglés, al palo de golf con el que se efectúa el saque. Término aceptado en el vocabulario de este deporte. Escríbase entre comillas.

«DRUGS.» Aludiendo a *medicamentos,* tradúzcase por esta palabra o por *fármacos.*

«DUMPING.» Entrecomíllese y empléese siempre en la forma singular: (los «dumping»).

E

ECLESIAL. Perteneciente o relativo a la comunidad cristiana o Iglesia de todos los fieles, a diferencia de *eclesiástico* que hace referencia particular a los clérigos.

ECU. Sigla que corresponde a «European Currency Unit» o «Unidad de Cambio Europea.» También se llama UCES, «Unidades de Cuenta.»

ECUALIZAR, ECUALIZADOR. El *ecualizador* es un aparato que se usa en los reproductores electrónicos de música para dar mayor o menor intensidad a los distintos tonos, instrumentos o voces de una grabación.

ECUATOGUINEANO. El gentilicio de Guinea Ecuatorial es *guineano* o *guineo.* El término *ecuatoguineano* tiene una connotación despectiva en Guinea Ecuatorial; *ecuato* es epíteto despectivo con que los nigerianos aluden a los guineanos y que hace referencia a cierto peinado propio de estos últimos.

ECHAR A FALTAR. Es catalanismo; en castellano decimos *echar en falta* o *echar de menos.*

EDICIÓN. Traducción del inglés «editing» en el sentido de corrección y tratamiento de originales, dejándolos definitivamente dispuestos para su impresión o emisión por radio o televisión.

EDIFICACIÓN. Es tolerable su uso como sinónimo de *edificio,* aunque mejor significa conjunto de edificios.

EDIL. El alcalde no es un edil, sino el presidente del ayuntamiento. *Edil* es sinónimo de *concejal.*

EDITAR. En el mundo de la informática, y en sentido análogo, debemos llamar *editar* a la acción de disponer el texto en su forma definitiva para su empleo.

«EDITING». Véase *edición.*

EDITOR. En inglés, el *editor* de un periódico es el *director. Editor,* en castellano, es el que saca a la luz pública una obra, ajena por lo regular. El *editor* o empresario español corresponde al inglés *publisher.*

EDITORIAL. *El editorial* es el artículo de fondo no firmado. No confundir con *la editorial,* casa editora.

EDITORIALIZAR. Voz aceptada ya por la Academia.

EDUCACIONAL. *Educacional* es lo relativo a la educación y *educativo* lo que educa o sirve para educar directamente.

EE.UU. Si se emplea la forma *los Estados Unidos,* la concordancia ha de ser en plural. En cambio, el uso de la forma *Estados Unidos,* sin artículo, suele llevar consigo la noción de singularidad, así pues se dice: *Estados Unidos va a lanzar un nuevo satélite, y* ésta debe ser la forma preferible. Cuando se emplea EE.UU. la concordancia es en singular. No emplear USA.

EFECTIVO. No debe confundirse con *eficaz.* Como adjetivo, significa «real y verdadero, en oposición a lo quimérico».

EFECTIVOS. Es un sustantivo colectivo, y, en singular, no es sinónimo de *recluta, soldado, policía, jugador,* etc.

EFECTUAR. Es voz castellana, pero abruma su reiteración.

EFEMÉRIDE / EFEMÉRIDES. *Efeméride* es un acontecimiento que se recuerda en cualquier aniversario del mismo, o la conmemoración de dicho aniversario. No confundir con *efemérides,* f. pl*:* libro o comentario en que se refieren los hechos de cada día.

EFE RADIO. Es la forma preferible.

EFICIENTE / EFICAZ. *Eficiente* y *eficaz* se aplica a personas; *eficaz,* a cosas y a personas.

EJECUTAR. La mafia o los terroristas no *ejecutan: matan* o *asesinan. Ejecutar* es *ajusticiar* a un reo.

EJECUTIVO. Calco del inglés que significa *directivo, gerente, perteneciente a la plana mayor de una empresa*. Ya figura en el DRAE.

EL (artículo definido). Debemos evitar el anglicismo de suprimir el artículo en *la* India, *el* Perú, *el* Líbano, *el* Yemen, *La* Haya, *El* Cairo, *El* Escorial, *los* Pirineos, *los* Alpes, *la* República Dominicana, etc. También deben ir precedidos por el artículo los nombres de países cuya denominación es plural o compuesta: *los* Estados Unidos, *los* Países Bajos, *la* Confederación Helvética, *el* Reino Unido, etc.

ELABORAR. Desde hace algún tiempo, es el verbo de moda: se *elaboran* cuadros, homilías, discursos, libros, etc. Debe aplicarse en cada caso el verbo correspondiente: *pintar* un cuadro, *pronunciar* un discurso, *escribir* un libro, *elaborar* chocolate, *preparar* una memoria.

ELABORATE/ELABORADO. En inglés quiere decir *complejo, complicado, detallado;* en español, *hecho, confeccionado, fabricado, preparado (por)*.

ELÁSTICO. No significa *discutible, relativo*, ni *que se presta a varias interpretaciones*. En sentido figurado podemos usarlo como «acomodaticio, que puede ajustarse a distintas circunstancias.»

ELECTO - ELEGIDO. El participio irregular de *elegir* se emplea sólo acompañando el nombre de un cargo, aplicado al que ha sido nombrado, pero que todavía no ha tomado posesión. «El presidente *electo* del Brasil.» Es incorrecto escribir «... en las elecciones del pasado día 4, Daniel Ortega *fue electo* presidente de Nicaragua» (fue *elegido)*.

ELECTRO-DOMÉSTICOS. Se escribe sin guión: *electrodomésticos*.

ELEPÉ. Véase *álbum*.

«ÉLITE». Escríbase *elite*, hispanizándola definitivamente; y, por supuesto, sin acento para evitar la pronunciación esdrújula antietimológica.

EL MISMO / LA MISMA. La Academia censura su empleo en construcciones como: «Se detuvo el coche y tres individuos descendieron *del mismo.»* (mejor: *de él.)*

ELOCUCIÓN. Véase locución.

EMANAR. Verbo intransitivo que significa «proceder» (de alguien o algo) y que a veces se hace transitivo al confundirlo con «exhalar o emitir».

EMANCIPISMO. No debe usarse esta palabra, que no es española. Dígase *tendencia a la emancipación*.

EMBAJADOR RICHARD STONE. Se comete un anglicismo al escribir: «A través de su enviado especial, *embajador* Richard Stone, los Estados Unidos rechazarán hoy...» En español se requiere siempre el artículo antes del cargo, aunque a continuación se dé el nombre del titular.

EMBARGAR (una noticia). Es *retenerla;* el embargo se refiere sólo a bienes.

EMBARGO. Véase *boicot*.

EMBLEMÁTICO. No debe usarse en lugar de *representativo, significativo*.

EMBOLSAR. Conviene distinguir entre *embolsar* y *embolsarse*. Esta última añade el matiz de provecho personal del sujeto.

EMBOSCAR. Nunca debe emplearse este verbo en lugar de *hacer caer en una emboscada. Emboscarse* es el hecho de esconderse para pasar inadvertido.

EMERGENCIA. Conviene combatir el empleo anglicado de esta voz, que suele hacerse sinónima de *imprevisto, peligro, urgencia, apuro, aprieto,* etc.

EMPLAZAR. Se *emplaza* a alguien, pero no algo; una respuesta *se aplaza,* no *se emplaza,* en frases tales como "Rubalcaba *emplazó* su respuesta para dentro de un mes".

EN. No es correcto su uso en frases como: «Vuelvo *en* quince minutos.» Dígase *dentro de, antes de.* Tampoco es correcto su uso en construcciones como «guantes *en* piel de serpiente». Dígase «*de* piel...».

EN ARAS DE. Indica un sacrificio que se hace en obsequio de algo o de alguien; por tanto, resultan absurdas frases como ésta: «Van a tomarse medidas *en aras de* erradicar el terrorismo»; «Se celebrará sesión mañana y tarde *en aras de* avanzar en los trabajos». La mayor parte de las veces puede emplearse simplemente *para*.

EN BASE A. No usar nunca este giro prepositivo. Dígase: *basándonos en, con apoyo en,* etc.

ENCABEZAR. El DRAE recoge ya la acepción de *acaudillar,* con el significado de *presidir, figurar el primero en una lista*.

EN CALIDAD DE. Vigílese su frecuente empleo en lugar de *como*. («Asisten al Congreso *en calidad de* observadores.»)

ENCARGO (bajo). Dígase *por encargo*.

EN CIERNE, EN CIERNES. Se dice de algo que ya ha empezado, pero que está muy en sus principios, lejos aún de su perfección. Por tanto, no debe emplearse como locución sinónima de *en trance.* «Estamos *en ciernes* de una crisis gubernamental» es una frase incorrecta, porque el proceso, al menos públicamente, no ha empezado.

ENCIMA MÍO. Véase *delante mío*.

ENCLAVE. Significa: «territorio incluido en otro de mayor extensión con características diferentes, políticas, administrativas, lingüísticas, geográficas, etc.». No debe usarse con el sentido de *lugar, emplazamiento,* etc. «El *enclave* elegido para la ubicación del monumento...»

ENCONTRAR A FALTAR. Catalanismo por *echar en falta, echar de menos*.

ENCONTRAR CULPABLE - HALLAR CULPABLE. Es un calco del inglés «to find guilty». «Los señores fueron *hallados culpables* de...»; en español se dice *declarar culpable*.

ENCUENTRO. No es sinónimo de *reunión, sesión* o *entrevista*. No se debe escribir: «La jornada de ayer se inició con una reunión entre las delegaciones de Estados Unidos e Israel. Por parte norteamericana asistieron al *encuentro* el Presidente Carter, su consejero...» Tampoco debe emplearse con el sentido de *entendimiento, concordia, comprensión,* etc., como en la frase: «poner un punto de *encuentro* en esta polémica». En la jerga deportiva es correcto su uso como sinónimo de *partido,* cercano en su sentido a *choque* y entendido en sentido figurado.

EN DERREDOR. Véase *derredor (en).*

EN DIRECTO. Resérvese para el lenguaje de la televisión, pero no se diga: «La partida se jugó sin espectadores *en directo*» (es decir, *«sin* espectadores presentes»).

EN EL MARCO DE. Vigílese su empleo abusivo en vez de *dentro de* o *en.* («Se tratará el tema *en el marco de* unas próximas conversaciones.»)

EN EL TRANSCURSO DE. Véase *transcurso de (en el).*

ENERVAR. No significa «poner nervioso, irritar», sino «debilitar, quitar las fuerzas».

EN EXCLUSIVA. En vez de «trabajar *en exclusiva* para la empresa X» dígase que «la empresa X tiene *la exclusiva* de...». Es ridículo afirmar esto: «Se ha atribuido la competencia sobre tales delitos, *en exclusiva,* a la Audiencia Nacional.» (En vez de: «Sólo será competente en tales delitos...», o algo similar.)

EN EXCESO. Construcción galicada que puede sustituirse por *excesivamente* o *con exceso.*

ENFATIZAR. Significa «expresarse con énfasis» y «poner énfasis en la expresión de alguna cosa». Viciosamente se emplea para hacerlo sinónimo de *poner de relieve, hacer hincapié, recalcar* (lo cual puede hacerse sin *énfasis).* Evítense, pues, las frases como «el alcalde *enfatizó* sus esfuerzos para hallar la solución al problema». Mayor aún es el disparate en esta otra: «los miembros de la Junta de Reconstrucción Nacional *enfatizaron en que* no es posible hacerse ilusiones...».

ENFRENTAR. Está mal usado como verbo transitivo en frases como, «la crisis que *enfrenta* la región», «los problemas que *enfrenta* la nueva administración». Debe decirse: «la crisis con que *se enfrenta* la zona» y «los problemas que *afronta* la nueva administración».

ENFRENTARSE A. Este verbo no debe usarse con la preposición *a,* sino con la preposición *con (enfrentarse con* y *hacer frente a).*

EN FUNCIÓN DE. Úsase esta expresión en la acepción de «relación de dependencia de una cosa con otra» («los precios aumentan *en función de* la inflación»). No debe usarse *en función a.*

EN HONOR A (ALGUIEN). Dígase *en honor de.*

EN JUEGO. En noticias de Francia se encuentra esta expresión:

«los proyectos *en juego* eran, en realidad, cinco...». Se trata de un galicismo que es sustituible por «los proyectos presentados (o debatidos)», «los proyectos que se debatían», «los proyectos que se discutían, o que se presentaban». En español pueden estar *en juego* los intereses, pero no los proyectos.

EN LAS AFUERAS, A LAS AFUERAS. Ambas expresiones son correctas, si bien, con verbos de movimiento, debe usarse *a las afueras*.

EN LO QUE. Es un disparate en una construcción como ésta: «El gobierno de Managua anunció una *cadena* (por *serie*) de nacionalizaciones, *en lo que (por lo cual)* se interpretará como un intento de tranquilizar a cuantos temen...».

EN OCASIÓN DE. Dígase siempre *con ocasión de*.

EN ORDEN A. Violento anglicismo que está desplazando a *para*: «Se va a hacer un inventario *en orden a* determinar la situación real del negocio.» Podrían usarse también *con el fin de, con el propósito de*.

EN OTRO ORDEN DE COSAS. Giro de transición pesado y tópico. Casi siempre puede suprimirse: «... y que el Rey visitará pronto algunos países hispanoamericanos. *En otro orden de cosas,* el ministro anunció que se están gestionando nuevas licencias de pesca...». Un punto y aparte y un adverbio pueden resolver la cuestión: «... y que el Rey vi-

sitará pronto algunos países hispanoamericanos».
«El ministro anunció *también* que se están gestionando nuevas licencias de pesca.»
Y si no conviene el punto y aparte, son posibles otras soluciones:
— «... y que el Rey visitará pronto algunos países hispanoamericanos. El ministro anunció *también* (o *igualmente*) que se están gestionando nuevas licencias de pesca».
— «... y que el Rey visitará pronto algunos países hispanoamericanos. *Pasando a otro asunto,* el ministro anunció que se están gestionando nuevas licencias de pesca...».
— «... y que el Rey visitará pronto algunos países hispanoamericanos. *En lo referente* al problema de la pesca, el ministro anunció que se están gestionando nuevas licencias».

Otros posibles sustitutos son *por otra parte, por su parte,* etc. Al referirnos al giro *en otro orden de cosas,* queremos hacer notar sólo que fatiga su repetición y que es posible evitarlo empleando otros procedimientos.

EN PARALELO. Véase *paralelo (en)*.

EN POSESIÓN DE. No debe figurar en construcciones como «Detuvieron al ladrón *en posesión de* una pistola»; dígase: «Detuvieron al ladrón *que llevaba* (o *empuñaba*) una pistola.» Uso correcto: «El balón está ahora *en posesión del* equipo forastero.»

EN PROFUNDIDAD. Molesta pedantería en frases como: «El orador analizó *en profundidad* el origen de la crisis.» Si el análisis fue realmente profundo (cosa que sólo rara vez ocurre), y no hay más remedio que decirlo, escríbase: «El orador analizó *profundamente* (o *a fondo*) el origen de la crisis» o «El orador hizo un *profundo* análisis del origen de la crisis.»

EN RAZÓN DE. Es galicismo su uso con el significado de *a causa de, debido a,* ya que el DRAE define *en razón de* así: «Por lo que pertenece o toca a alguna cosa.»

EN RECLAMO DE. Digamos *en petición de,* o, simplemente, *reclamando.*

EN RELACIÓN A. Dígase *en relación con.*

ENSEGUIDA. Preferible esta grafía a la también correcta *en seguida.*

EN SOLITARIO. Galicismo innecesario. Sin *en,* la frase suele significar lo mismo. O *destacado, solo, en cabeza,* etc. Dígase *individual,* hablando de la actuación o grabación de un artista que se ha separado de un grupo, «... en su primera grabación *en solitario...*».

ENTE. Italianismo si se refiere a un organismo. Es preferible esta última palabra.

ENTELEQUIA. Además de la definición del DRAE, significa «ser o situación que se imagina, pero que no puede existir en la realidad», «idea inconsistente».

ENTENTE. Es preferible usar sus equivalentes *entendimiento* o *acuerdo.*

ENTIDAD FINANCIERA. No debe sustituir a *banco* o *entidad bancaria* en frases como «ha sido asaltada una *entidad financiera*».

EN TORNO A / EN TORNO DE. Su complemento debe permitir, al menos imaginativamente, dar vueltas alrededor de él. Por eso, sería aceptable decir: «Son muchas las cábalas que se hacen *en torno a* la dimisión de X.» Pero inaceptable: «No existe pista alguna *en torno al* resto de los fugitivos.» En ambos casos debe preferirse *sobre* o *acerca de.*

ENTRAR EN / ENTRAR A. Ambas formas pueden considerarse como correctas.

ENTRENAR. Los deportistas *se entrenan;* es el entrenador el que *entrena.*

ENTRENE, ENTRENO. Son nombres que pueden alternar con *entrenamiento,* ya que, aunque a veces son censurados, están formados correctamente.

«ENTREPÔT». Tradúzcase por *puerto franco.*

ENTREVISTA TELEFÓNICA. Dos políticos no se *entrevistan telefónicamente,* pero en periodismo y en encuestas se pueden celebrar *entrevistas telefónicas.*

ENVERGADURA. *Envergadura* es el «ancho de una vela contado en el grátil» (Mar.); «distancia entre las puntas de las alas de las aves cuando aquéllas están completamente abiertas» (Zool.) y, por extensión, «distancia entre los extremos de las alas de un avión o la medida de una persona tomada desde la punta del dedo corazón de una mano a la otra, con los brazos en cruz. Evítese confundirlo con *estatura, fortaleza*, etc.

EN VIVO. Locución aceptable cuando se dice, por ejemplo, que «el concierto ha sido grabado *en vivo*» (y no en un estudio).

ENVOLVER. En «las circunstancias que *envuelven* al debate» hay un calco semántico del inglés *to involve*, que en este caso debió traducirse por *rodear*. («Las circunstancias que *rodean* el debate.»)

EPATAR. Dígase *asombrar, pasmar, deslumbrar* y normalmente *provocar*.

EQUIPADO. «... policías *equipados* con perros especialmente entrenados...» Dígase *provistos de*, o simplemente «con perros».

EQUIPAMIENTO. Conjunto de todos los servicios necesarios en industrias, urbanizaciones, ejércitos, etc. No debe usarse como sinónimo de *equipo* o *material*, por ser calco del inglés.

«EQUIPIER». Dígase mejor *corredor* o *jugador*.

ERCÓGRAFO. Aparato para la medición y el estudio del trabajo muscular.

ERGOLOGÍA. Parte de la fisiología que estudia la actividad muscular.

ERGOMETRÍA. Medida del trabajo hecho por ciertos músculos o por el organismo en general.

ERGONOMÍA. Estudio científico de la relación recíproca entre el hombre y su trabajo con vistas a producir condiciones óptimas.

ERGONÓMICO. Perteneciente o relativo a la ergonomía. «Diseñador *ergonómico* de muebles de oficina.»

ERGOTERAPIA. Tratamiento de algunos enfermos o lisiados mediante el trabajo manual.

ERIGIR. No es sinónimo de *levantar*. Se *erige* un monumento, un gran edificio, una importante institución, un símbolo, etc. Pero no se erige una pared o una casa.

ERTZAINTZA. Es el nombre de la policía vasca como institución y *ertzaina* el del miembro de esa policía.

ESCALA DE (A). Véase *a escala de*.

ESCALADA. La acepción con que se emplea esta palabra en *escalada de violencia*, ha sido aceptada por la Academia.

ESCANDINAVIA. Está integrada por Dinamarca, Noruega y Suecia. No hay que confundir, pues, *Países Escandinavos* con *Países Nórdicos*, que son los tres mencionados, más Finlandia e Islandia.

ESCÁNER. Así se ha hispanizado la voz inglesa *scanner*. Plural: *escáner*.

ESCENARIO. Es anglicismo utilizar esta voz en lugar de *guión, argumento* o *esquema*.

ESCOLARIZACIÓN. Es «la acción y efecto de escolarizar, de proporcionar enseñanza a los ciudadanos». No confundir con *escolaridad:* «conjunto de años y materias que constituyen un ciclo docente.»

ESCORAR. Dígase *desviar.*

ESCUADRA. Italianismo que debemos evitar. En español se dice *equipo* (en la jerga deportiva).

ESCUCHAR. En frases como «Los disparos *se escuchaban* por todas partes» no está bien empleado este verbo; debe decirse *oír* ya que *escuchar* significa «aplicar el oído para oír», e implica, por tanto, voluntad de hacerlo.

ESCUTISMO. No escultismo. Es la actividad de los *boy scouts* o de las *girl scouts.*

ESGRIMIR. Sólo se esgrimen las armas blancas. No es correcto escribir: «El teniente... que *esgrimía* un fusil.»

ESLALON. Castellanícese así el noruego *slalom.*

ESLOGAN. Aceptado por la Academia. Plural, *eslóganes.*

ESNOB. Hispanícese así el inglés *snob.* De momento procúrese evitar el plural.

ESOTÉRICO. Significa «oculto», «reservado». Sin embargo, *exotérico* significa «público, accesible al vulgo».

ESPAÑOL (Lengua española). Preferible a *castellano,* a no ser que esta lengua se relacione con cualquier otra de las peninsulares, en cuyo caso recibirá el nombre de *castellana:* «En Cataluña hay un alto porcentaje de hablantes de lengua *castellana.*»

ESPECIA. Evítese el error de llamar *especies* a los «condimentos aromáticos».

ESPECÍFICAMENTE. Se comete un anglicismo al utilizar esta palabra con el sentido de *especialmente,* ya que, según el DRAE, *específico* es lo que caracteriza y distingue una especie de otra. «El sistema de lanzamiento para el misil será un recipiente diseñado *específicamente* con capacidad para ser transportado...»; dígase, pues, *especialmente.*

ESPECÍFICO. Es anglicismo su uso con el significado de *explícito.* («Parson, que no quiso ser más *específico,* indicó que volverá a reunirse.»)

ESPECULACIONES. Anglicismo que está desterrando palabras castellanas como *cábalas, cálculos, presunciones, rumores, sospechas, indicios, suposiciones,* etc.

ESPECULAR. Evítese su uso en lugar de *perder el tiempo.*

ESPERAR. Significa «creer que ha de suceder algo, *especialmente si es favorable*». No debemos, por ejemplo, hablando de inundaciones, escribir: «... cota *que se espera* sea ampliamente superada en las próximas horas». Lo correcto sería decir: *que se teme, que se cree,* etc.

ESPIRAL. Se abusa de su empleo metafórico. «El crecimiento de *la espiral* de violencia»; «Los precios han entrado en *una espiral* difícil de contener.»

ES POR ESO QUE. Construcción galicada. Dígase *es por eso por lo* que, o *por eso es por lo que,* o mejor, simplemente *por eso.*

ESPUREO. Dígase *espurio.*

«ESTABLISHMENT». Cuando parezca imprescindible emplear esta palabra inglesa (y no parece que nunca sea imprescindible), escríbase así, sin intentar adoptarla como *establecimiento.*

ESTACIONAMIENTO. Hablando de misiles, etc., dígase *emplazamiento.* En el lenguaje militar significa «lugar donde se establece una tropa, sea cuartel, alojamiento, campamento o vivaque».

ESTACIONAR. Aunque no es raro en el lenguaje militar, deben emplearse también otros verbos: *destinar, enviar, situar, colocar, emplazar, dejar, destacar, acantonar,* etc., según el significado preciso.

ESTADO. Debe escribirse con inicial mayúscula cuando nos referimos a los órganos de gobierno de un país soberano.

ESTADO DE GUERRA. El estado de guerra aparece como la fase final y más grave de otra serie de situaciones que pueden recibir términos variables como los de *estado de excepción, estado de emergencia, estado de sitio,* etc.

ESTADO DE SITIO. Es la situación aplicable a las ciudades sitiadas por un Ejército enemigo. De acuerdo con él se establecen los derechos y las obligaciones tanto de los sitiadores como de los sitiados.

ESTADOS UNIDOS. La concordancia con el verbo admite las dos posibilidades: «Estados Unidos ha decidido...» y «Los Estados Unidos han decidido...» Lo mismo sucede con las siglas: «EE.UU. pretende negociar...»; «Los EE.UU. pretenden negociar...»

ESTALINISMO, ESTALINISTA. Escríbanse con *e* protética, no *stalinismo* ni *stalinista.*

ESTÁNDAR. Es la forma con que ha castellanizado la Academia el inglés *standard* (plural *estándares*). Nombre: *estandarización.*

ESTANFLACIÓN. Utilícese este vocablo formado por cruce entre *estancamiento* e *inflación,* para traducir el inglés *stagflation* («inflación combinada con bajo crecimiento económico y paulatino aumento de desempleo»).

ESTAR DETRÁS DE. Traducción literal del inglés «to be behind», que en español equivale a «ser el instigador de», «ser el instigador oculto», «ser el instigador en la sombra». Sin embargo, es también construcción correcta en castellano: «¿Quién está detrás de este asunto?»

ESTAR SUPUESTO A PROTEGER. Traducción literal del inglés «to be supposed to protect». En castellano decimos «estar obligado a proteger».

ESTATIFICAR, ESTATALIZAR, ESTATIZAR. Empléese únicamente la primera forma, que es la que figura en el DRAE.

ESTÉREO. Abrev. de *estereofonía* o *estereofónico.*

ESTETICISTA. Empléese en lugar del francés *esthéticien.*

ESTIMAR. Aunque la Academia haya aceptado ya *estimar* en este sentido, es preferible no abusar de esta voz y utilizar el verbo *calcular*. Debemos evitar este anglicismo en frases tales como "... en una media *estimada* entre dos o cuatro kilos...". En este caso *cálculo* no es sinónimo de *estimación*.

ESTRÉS. Así ha castellanizado la Academia el inglés *stress* (plural: *estreses).*

ESTRESANTE. En el significado de que «produce estrés».

ESTRUCTURA. En español, no significa *edificio,* sino la «distribución de las partes de un edificio» y «la armadura, generalmente de acero u hormigón armado, que fija en el suelo y sirve de sustentación a un edificio».

ESVÁSTICA. No svástica.

ETNIA. Voz que ya figura en el DRAE con el significado de «grupo humano, mayor o menor, que se considera caracterizado por rasgos culturales, lingüísticos, somáticos», etc., o comunidad humana definida por afinidades raciales, lingüísticas, culturales, etc., o por algunas de ellas.

ETNOCIDIO. Podemos usar esta pa-labra con el sentido de «exterminio de la civilización de un pueblo», a diferencia de *genocidio,* «exterminio de un pueblo».

EUCALIPTUS. Dígase *eucalipto.*

«EUROCURRENCY». Tradúzcase por *eurodivisas.*

EUSKADI BURU BATZAR. En castellano, Consejo Ejecutivo del PNV (Partido Nacionalista Vasco).

EUSKAL HERRIA. Significa *Tierra Vasca.* Es el nombre tradicional del País Vasco, sin referencia a una entidad política.

EUSKARA/EUSKERA. En el DRAE figura la voz *eusquera.* El *batúa* ha optado por *euskara,* forma navarra, frente a *euskera,* forma guipuzcoana. En castellano, preferible *lengua vasca* o simplemente *vasco.*

EVENTO. La vigésima primera edición del DRAE incluye entre los significados de *evento* el de «acaecimiento». De todas formas, conviene no abusar de este término en lugar de *acontecimiento.*

EVENTUAL/EVENTUAL. El inglés denota un acontecimiento que se sabe con bastante certeza que va a suceder *tarde o temprano, a la larga, a la postre* (que son otras tantas maneras de traducir *eventually);* en español, eventual es lo *fortuito,* lo *incierto* o *conjetural.* Una "aprobación eventual" es la que puede o no darse.

EVENTUALMENTE. El inglés «eventually» no se traduce por *eventualmente,* sino por *finalmente, con el tiempo* o *a la larga.*

EVIDENCE/EVIDENCIA. En inglés significa *prueba;* pero además el inglés tiene otro significado que no tiene el español, y es el de indicio o señal de alguna cosa. En español, "evidencia" es siempre *certeza:* es la condición de lo que no necesita prueba.

EVOCAR. Galicismo cuando se utiliza en el sentido de «hacer mención», «citar», etc.

EX. Escríbase este prefijo sin guión ante nombres o adjetivos cuando significan que el sujeto ya no desempeña su antigua función.

EX AEQUO. Debe escribirse sin guión.

EX CATHEDRA. No precisa comillas ni guión.

EXCEDENTARIO. En lugar de «la producción *excedentaria*», dígase «la producción *excedente*» o «el *excedente* de producción».

EXCLUSIVO. Es anglicismo usar esta palabra con el sentido que tiene en inglés de *selecto, elegante*, etcétera. En español significa «que excluye o tiene fuerza o valor para excluir». También «único, solo, excluyendo a cualquier otro.» No es correcto decir: «Un *exclusivo* balneario de las afueras de Durban.»

EXECUTIVE SECRETARY. Se traduce al español por *secretario general*. Esa es su traducción oficial en las Naciones Unidas (ONU) y en otros organismos.

EXEGETA. Es voz llana, aunque también se usa como esdrújula.

EXENTO. Significa «eximido o liberado de algo»; por tanto, atribuyéndole el significado de *carente,* se comete grave error: «La intervención de X estuvo *exenta* de interés.» Dígase *carente* o *falto.*

EXHAUSTIVO. No debe emplearse en balde o enfáticamente este adjetivo, para calificar cosas que distan de ser *exhaustivas;* mejor, *minucioso, pormenorizado, detallado,* etc.

EXILADO, EXILAR. Dígase *exiliado, exiliar.*

EXIMENTE. Como sustantivo, es voz femenina.

EXIT/ÉXITO. En inglés quiere decir *salida;* en español, resultado feliz en un negocio o empresa.

EXPANDIR. No equivale a *aumentar, incrementar*, significado que tiene el inglés *to expand*. «El programa se utilizará para modernizar y *expandir* sus fuerzas armadas.» Debió escribirse *incrementar. Expandir* significa *extender, dilatar en el espacio.*

EXPECTACIONES. Se confunde con *expectativas* por influjo del inglés. Es incorrecto decir: «El Plan no puede cumplir *todas las expectaciones.*»

EXPENDER. Significa principalmente «vender al por menor». No confundir con *expedir*, «despachar un negocio o causa; remitir cartas, mercancías», etc.

EXPERIMENTAR. Preferible *sufrir* cuando se trata de una variación de efectos negativos: «el petróleo *experimentará* un nuevo aumento» es construcción correcta, pero se trata de que experimentar no desplace invariablemente a *sufrir.*

EXPIRATION/EXPIRACIÓN. Son equivalentes si se trata de *muerte* o de *caducación;* pero hablando de respiración, en español, se dice *espirar,* no *expirar.*

EXPLOSIONAR / EXPLOTAR. La Academia los reconoce como sinónimos, con el significado de «hacer explosión»: *Explosionó* o *explotó* una bomba.» Pero empléese *explosionar* con el significado de «hacer estallar»: «Los especialistas de la policía *explosionaron* el artefacto» (puede decirse también «... *hicieron explotar* el artefacto»).

EXPRIMIR. Es un galicismo *(exprimer)*, no es sinónimo de *exponer, expresar:* "... no hay ruptura de negociaciones sino un deseo de *exprimir* la situación".

EXTENDER (el plazo). Mala traducción del inglés «to extend», que en este caso equivale en español a *prorrogar.*

EXTERIOR / EXTERNO. Es incorrecto *deuda externa;* dígase *deuda exterior.*

EXTINTO / EXHAUSTO. *Extinto* es el participio pasado de *extinguir* y *exhausto* es sinónimo de *agotado.*

EXTRA-. Es, en este caso, un prefijo, y como tal, inseparable: escribimos *extraordinario, extrajudicial.* Luego escribamos *extramatrimonial,* no *extra matrimonial.*

EXTRADICCIÓN. Con frecuencia encontramos esta grafía en vez de la correcta, *extradición.*

EXTRADITADO, EXTRADITAR. El DRAE registra ya estas formas. También es aceptable decir *extradido* y *extradir,* documentadas en el lenguaje jurídico hispanoamericano desde 1933.

EXTRAPOLAR. Acéptese con la acepción de «aplicar una cosa conocida a otro campo para extraer consecuencias e hipótesis».

EXTROVERTIDO. Dígase *extravertido,* porque su formato es *extra* (pero *introvertido,* porque su formato es *intro*).

EYECTABLE. Se aplica al asiento de un vehículo provisto de un dispositivo que lo expulsa del aparato en caso de accidente.

F

FÁCIL (rematador, polemista). Dígase *hábil.*

FACCIÓN. Tiene un sentido peyorativo y, por tanto, no es voz sinónima de *grupo, sector,* etc.

FACTIBLE. Significa «que se puede hacer». No confundir con *posible* que quiere decir «que puede ser o suceder».

«FACTORING». En español significa «cobro de deudas de otra persona». Puede emplearse el término inglés entrecomillado seguido por la traducción entre paréntesis la primera vez que aparezca, y sin ella las restantes. Muchas veces puede utilizarse la expresión «agencias o empresas de facturación», o quizás mejor de «cesión de cré-ditos».

«FAIR PLAY». Dígase *juego limpio.*

FALACIA. Significa «engaño, fraude o mentira con que se intenta engañar a otro». Es anglicismo cuando se emplea en el sentido de «error, sofisma o argumento falso».

FALSEAR / FALSIFICAR. *Se falsea* la realidad; *se falsifica* una firma.

«FAN». Puede decirse mejor *aficionado, hincha, seguidor, forofo...*

FAVORITO A PRIORI. Es una redundancia ya que el *favorito* siempre se elige antes de que tengan lugar unas elecciones, un campeonato, un certamen literario...

«FEATURES». Tradúzcase por «reportaje o servicio especial»; variedades suyas son la «columna personal», la «necrología» y la «semblanza o perfil personal», siempre con carga literaria y subjetiva.

FEDAYIN. Es palabra plural (el singular es *feday)*. No escribamos nunca «fedayines». Puede usarse *guerrillero musulmán.*

FEMINIDAD. También es aceptable *femineidad.*

FERIADO (DÍA). Mala traducción del francés «jour férié»; en español hay días *festivos* y *laborables.* Día *feriado* se usa sólo en el lenguaje jurídico para designar el día en que están cerrados los tribunales.

«FERRY». Dígase *transbordador.*

FIABLE. Sólo las personas son *fiables;* las cosas son *seguras.* No se dirá, pues, que tal automóvil tiene unos frenos muy *fiables.*

FIDELIZAR. Este verbo no existe. Digamos *mantener* o *conservar la clientela* en lugar de *fidelizar el mercado.*

FIDEOCOMISO. La voz española es *fideicomiso.*

FIGURE/FIGURA. En español "figura" no quiere decir *cifra* o *número.* Los demás significados del vocablo son iguales en inglés y español.

«FILM». La forma española es *filme* (plural, *filmes).*

FILME TELEVISIVO. Dígase *telefilme* (y no *telefilm* como también suele escribirse).

FÍLMICO. Significa «perteneciente o relativo al filme»; pero está mal usado en casos como éste, «... el productor *fílmico* mexicano...». Dígase «... el productor *de cine* mexicano...».

FILOSOFÍA. Pedantería («la *filosofía* de la nueva normativa»), que no debe sustituir a *«fundamento, supuestos, motivos* o *puntos de vista».*

FINALIZAR. Es castellano, pero ¿por qué ha desplazado a *acabar, terminar, rematar* o *concluir?*

FINANCIAR. Es «crear o fomentar una empresa aportando el dinero necesario». Se está usando con el sentido erróneo de *amortizar, cubrir gastos.* Mal en frases como «La empresa ha sufrido un quebranto financiero.»

FINANCIERO. Como adjetivo, sustituye a menudo, enfáticamente, a *económico.*

FINANCISTA. Dígase *financiero.*

FINLANDÉS/FINÉS. Aunque el uso corriente utiliza *finlandés,* para referirse indistintamente al gentilicio de Finlandia y a su lengua, lo apropiado, si nos referimos a la lengua, es emplear *finés,* una de las tres lenguas habladas en Finlandia: el sueco, el lapón y el finés, estas tres lenguas son finlandesas.

FISCALIDAD. No debe emplearse con el sentido de *impuestos* o *cargas fiscales* («La posible subida de la *fiscalidad* indirecta supone una discriminación entre los armadores españoles y extranjeros...»).

FLANQUEADO. Dígase *acompañado* cuando se trate de explicar que alguien está rodeado de otras personas.

«FLASH». Escríbase entre comillas.

«FLASH BACK». Escríbase entre comillas o tradúzcase por *escena* o *relato retrospectivo*.

«FLAT». Dígase *liso, plano*.

«FLIPPER». En el sentido de máquina tragaperras semejante al billar romano y al «pinball», escríbase entre comillas.

«FLIRT». La Academia ha adoptado *flirteo*.

«FLOOD». En la acepción de «alumbrado desde muchos puntos», tradúzcase por *iluminación múltiple*.

FLORESCENCIA. *Florescencia* significa «acción de florecer» y no debe confundirse con *fluorescencia*, que es «la propiedad de algunos cuerpos de mostrarse luminosos».

FLORISTERÍA. También es correcto *florería*.

FLUID/FLUIDO. En inglés se emplea muy a menudo con el significado de "líquido"; en español, fluido puede ser lo mismo un líquido que un gas. En vez de *fluidos corporales* (body Fluids), dígase *líquidos (o humores) corporales*.

«FOOTING». Es voz no existente en inglés; castellanizable como *fúting* o *futin*.

«FORCING». Tradúzcase por *presión*.

«FORFAIT». Cuando se use, escríbase entre comillas. Significa *precio global* o *tanto alzado*.

«FOREIGN LOAN». Tradúzcase por *préstamo del extranjero*.

«FORFEIT». Significa en inglés *pérdida, sanción, penalidad*. Úsese entre comillas.

FORINT. Nombre de la moneda nacional húngara. Manténgase en singular, aunque haya de tener concordancia en plural.

FORMACIÓN. Es un galicismo emplear esta palabra con el sentido de *conjunto, agrupación* (musical, artístico, etc.).

FORO. Empléese en vez de *forum* cuando significa «reunión para discutir asuntos de interés actual entre un auditorio que a veces interviene en la discusión».

FOROFO. Se usa en la jerga deportiva. Mejor decir *partidario, seguidor*.

FRAC. Plural *fracs* aunque también puede decirse *fraques*.

FRACTURAR. Este verbo se aplica en lenguaje corriente sólo para huesos, por lo que es preferible el uso de *romper* refiriéndose a cristales, loza, etc. Sin embargo, existe la expresión de «robo con fractura».

FRANCÓFONO. El DRAE ya registra esta voz como sinónimo de *francohablante*. De todas formas, es más correcto en español

decir *francohablante, hispanohablante, catalanohablante...*

«FREELANCE». Palabra inglesa que
se aplica al periodista, traduc-
tor, etc., que ejerce su profesión con vistas a vender su
trabajo a una empresa.

«FREE TRADE». Tradúzcase por *libre
cambio.*

FRESH/FRESCO. El inglés, además
de fresco, tiene el significado
de *nuevo, reciente,* incluso
puro. Ahora bien, *fresh water*
no es *agua fresca* cuando se
usa en oposición a agua del
mar, sino *agua dulce.*

«FRIEDENFORSCHER». Palabra alemana acuñada para designar a los
«investigadores sobre temas
pacifistas». Dígase *expertos en
problemas de paz* o *experto en
pacifismo.*

FRUTA DE LA PASIÓN. Traducción literal del nombre inglés de esta
fruta, que en español se llama
granadilla (fruto de la pasio-
naria).

FUEL OIL. Dígase *fuel.* Podemos
decir también *aceite pesado.*

FUERA BORDA. Debe preferirse a
fuera bordo, fuera de bordo y
fuera de borda, aceptadas también por la Academia. Como
nombre *(un fueraborda)* se
escribe en una sola palabra.

FUERZAS DE TAREA. Traducción literal del término inglés *«task
forces».* Dígase *fuerza operativa*
o *grupo operativo.*

FUGARSE/HUIR. Debe recordarse
que estos dos verbos son casi
sinónimos. *Fugarse* es la acción
de escaparse de un lugar en el

que se está a la fuerza, aunque
también se puede *huir* de la
cárcel, pero asimismo de la multitud, del ruido, de la murmura-
ción, etc.

«FULL TIME». Tradúzcase por *dedicación exclusiva* o *a tiempo
completo.*

FUNDAMENTALISTA. Dígase *integrista.* Puede usarse *fundamentalista* únicamente para aquellos
grupos que se designan a sí
mismos con este término.

FÚTBOL O FUTBOL. Indistintamente.

FÚTIL. Es voz de acentuación grave o llana.

FUTURIBLE. *Futurible* es algo futuro que pasará si se da una
determinada condición y *futuro*
cuando se tiene el convenci-
miento de que sí sucederá.

G

«GAG». Escríbase entre comillas,
manteniendo la forma singular
en los *gag.*

GAMA. Se usa mal en el sentido de
*conjunto, clase, cantidad, se-
rie.* En sentido figurado podemos usarla como *escala, gradación de colores.*

GANAR DE. En baloncesto, admisible la primera forma (aunque
es preferible *ganar por)* cuando se refiere a la diferencia de
tanteo durante el encuentro.

GARAGE. Escríbase *garaje.*

GASÍSTICO. Puede emplearse hablando de cuestiones relativas
al gas, cuando no sea correcto
decir *gaseoso.*

GASODUCTO. No *gaseoducto.*

GASÓLEO. No *gasoil.*

GÉISER. Utilícese esta forma en lugar de *geyser.* Plural: *géiseres.*

GENERALITAT. Puede alternar con *Generalidad.*

GÉNERO (Nombre de las ciudades). Véase *ciudades* (género).

GÉNICO / GENÉTICO. No son sinónimos. *Génico:* perteneciente o relativo a los genes. *Genético:* relativo a la genética. (Genética: parte de la biología que trata de los problemas de la herencia).

GEOESTACIONARIO. Término de astronáutica: se dice de un satélite artificial que se desplaza en su órbita siguiendo el movimiento de rotación de la Tierra sobre sí misma (y que, por lo tanto, aparece como inmóvil a los ojos de un observador terrestre).

GEOGRAFÍA ESPAÑOLA. Metáfora cuyo abuso produce fatiga.

GERANIO. No *geraneo.*

GERMANO ORIENTAL. Así debe escribirse el gentilicio de Alemania del Este.

GERUNDIO. Además de lo que dice el manual (apartados 7.17. y 7.25), téngase en cuenta que no es correcto su uso en frases como: «... el ministro ha llegado hoy... *existiendo* la posibilidad de que se entreviste con...» (y *existe* la posibilidad). «Adelantaron que el nuevo gobierno estaba prácticamente formado, *faltando* tan sólo conocer...» *(a falta* tan sólo de conocer...).

GINCANA. Hispanícese así *gymkhana.*

GIRAR (UNA VISITA). Dígase siempre *visitar* o *hacer una visita.*

«GLAMOUR». Tradúzcase por *encanto, atractivo, hechizo* o escríbase entre comillas.

«GOLAVERAGE». Escríbase entre comillas. Puede traducirse por *coeficiente* o *diferencial* (de goles).

GOLFISTA. Úsese aunque no la registre el DRAE. «Deportista que juega al golf.»

GOLPE. El empleo de esta palabra es galicismo en varios casos:
— En sustitución de la terminación -*azo. Golpe de teléfono* en lugar de *telefonazo.*
— En sustitución de disparo. «De un solo *golpe* se pueden destruir más de 700 blancos.»

GOLPEAMIENTO. No existe este vocablo. La acción de golpear es *golpeo* o *golpeadura;* la de *golpetear* es *golpeteo.*

GOLPEAR. No debe usarse con las falsas acepciones de *afectar gravemente* o *luchar contra* («Las regiones *golpeadas* por el terremoto»; «Se pretende *golpear* la evasión fiscal»).

GOLPIZA. Americanismo. Dígase *paliza.*

«GOSBANK». Denominación del Banco del Estado Soviético. (Explíquese entre paréntesis.)

«GOSPLAN». Denominación del *órgano central de planificación soviético.*

GÓTICO. Se trata de un calco del inglés «gothic», que equivale en castellano a novelas o relatos macabros, terroríficos, horripilantes, etc.

GUACHE. Figura ya en el DRAE.

«GRAFITI». Escríbase grafiti. Tiene carácter colectivo, como confeti. El singular es grafito.

GRAN BRETAÑA/REINO UNIDO. *Gran Bretaña* está formada por *Inglaterra, Escocia* y *País de Gales.* El *Reino Unido,* por *Gran Bretaña* e *Irlanda del Norte (Ulster).*

GRAN JURADO. La institución anglosajona de *grand jury* no tiene correspondencia en España. Sin embargo, puede traducirse por *jurado de acusación.*

«GRAND PRIX». Puede decirse mejor *gran premio.*

GRATIFICAR, GRATIFICACIÓN, GRATIFICANTE. Estas palabras están tomadas del inglés, cuando se usan con el sentido de *halagar, complacer, dar gusto,* etc. («Todo *gratificaba* a la vez la vista y el oído», «... los siempre *gratificantes* asuntos del condumio...»).

GRENADA, ISLA DE. Dígase *Granada.*

GRILLARSE. A veces se confunde con *guillarse* (chiflarse). Este verbo significa «entallecer el trigo, las cebollas, los ajos y cosas semejantes».

GRIMORIO. Libro de fórmulas mágicas usado por los antiguos hechiceros.

GRIPE/GRIPE. *Gripe* significa en inglés *cólico* o *retortijón,* y también *queja,* no *gripe,* como en español. La gripe es la *influenza* o *flu* del inglés. Otra manera menos común de decirlo en inglés es *grippe,* voz tomada del francés.

GRÓMYCO O GRÓMICO. Es preferible escribir este nombre con *y.*

GROSSO MODO. No debe usarse esta locución latina precedida de *a (a grosso modo).*

«GROUPMAN». Es el *encargado del grupo electrónico.*

GUALDO. Es el masculino de *gualda.* Este adjetivo no es, pues, invariable.

GUARDA/GUARDIA/GUARDIÁN. *Guarda* equivale a vigilante privado, *guardia* a miembro de un cuerpo oficial y *guardián* es la persona encargada de la custodia de algo.

GUARDIA CIVIL. Su plural es *guardias civiles* y no *guardiaciviles.*

GUARDIA MARINA. Su plural es *guardias marinas* y no *guardiamarinas.*

GUETO. Escríbase así lo que en italiano se escribe *ghetto.*

GURKHAS/GURKAS. El nombre de este pueblo en español es *gurjas.* (El concepto abarca también la raza y la cultura.)

GÜISQUI. Aunque está aceptada esta grafía por la Academia, empléese de momento la también existente en el Diccionario, *whisky.*

H

HABER. Es incorrecto decir: «habrán, habían, hubieron fiestas». En este empleo el verbo *haber* es impersonal y no concuerda con el sustantivo. Dígase, por tanto, «*habrá, había, hubo,* etc., fiestas».

HÁBIL, HABILIDAD. Salvo en *término hábil* o *día hábil,* sólo se usa para personas. Es un anglicismo utilizar estas palabras en el sentido de *capaz, capacidad,* error que se encuentra en las noticias procedentes de países anglosajones.

HABITACIONAL. No existe este adjetivo cuando se usa refiriéndose a problemas o cuestiones relacionadas con la vivienda: «... para solucionar el déficit *habitacional*...» *(la falta de viviendas).*

HABLAR A DOS CARRILLOS. Híbrido de *hablar por los codos* y *comer a dos carrillos.* Con cierta frecuencia encontramos estos híbridos de dos o varios modismos o idiotismos (Cerebro *gris,* eminencia *gris,* en vez de cerebro *oculto, eminencia* gris). Evítese.

HACER ABSTRACCIÓN. Véase *abstraer.*

HACER BIEN (O MAL) DE. Dígase *hacer bien (o mal) en...* Ejemplo: *«Hizo bien en* decirlo.»

HACER CARA. *Hacer cara de cansado, hacer mala cara, hacer cara enfadada,* son catalanismos. En castellano se dice: *tener cara de cansado, tener mala cara, poner mala cara.*

HACER LLEGAR. Evítese en la acepción de *enviar, remitir:* «El Sindicato *ha hecho llegar* un escrito»... Dígase: «El Sindicato *entregó* un escrito...»

HACER MENCIÓN A/HACER MENCIÓN DE. La única construcción correcta es la segunda.

HACER PARTE. Galicismo; dígase *formar parte.*

HACER PRESIÓN. Mejor y más sencillo *presionar.*

HACER PÚBLICO. Mejor y más sencillo *publicar.*

HACIA. Hablando de posturas, se encuentra a veces empleada la preposición *hacia* en lugar de *respecto a, para, para con* o *ante*; tal vez por influencia del inglés *towards,* que tiene este significado en esta construcción. «La postura de España *hacia* el tratado» en lugar de «La postura de España *ante* el tratado.»

HACHEMÍ. Dígase *hachemí,* no *hachemita.* Los ciudadanos y el gobierno de Jordania son *jordanos.*

«HACHÍS». Úsese siempre esta palabra en lugar de *resina de hachís* o *resina de cannabis.*

HALCÓN. En la acepción política de «partidario de la línea dura» (en contraposición a *paloma),* entrecomíllese.

«HALL». Debe preferirse *vestíbulo, recibidor* o *recibimiento.*

HAMBRE. Es vocablo siempre femenino, aunque se escriba *el hambre.* Véanse las «Normas de redacción», 7.15.

«HANDICAP». Pueden utilizarse para sustituir a esta voz palabras españolas como *obstáculo, dificultad...* En la jerga de las carreras de caballos puede sustituirse por *compensación.*

HANDLING. Es voz inglesa que traducimos por *manejo, manipulación, movimiento y almacenaje.*

«HARDWARE». Entrecomíllese o tradúzcase por *equipo* o *soporte físico* (informativo).

«HASCHÍS», «HACHÍS». La Academia ha adoptado esta palabra con la forma *hachís.*

HARAQUIRI. La Academia ha adoptado esta forma para transcribir la correspondiente palabra japonesa: una forma de suicidio ritual practicado por razones de honor o por orden superior, y consistente en abrirse el vientre.

HAZ. Es vocablo masculino cuando significa «porción atada» (de leña, mieses, etc.); y femenino en el significado de «cara» o «superficie».

HEBREO, JUDÍO, ISRAELÍ. Debe emplearse en principio el gentilicio del Estado de Israel, es decir *israelí. Hebreo* o *judío:* aplicable a todo lo judío, tanto si es israelí como de otra nacionalidad.

HEGEMONISMO. Con esta palabra se califica en China Popular la política exterior soviética. Pero también se aplica a la otra superpotencia.

HEMISFERIO. En algunas partes de América se emplea con el significado de *continente americano.* No conviene usar el término en despachos para España porque no sería entendido.

HERIDA. Véase *lesión.*

HERIDOS A BALA. Dígase *heridos de bala.*

HERTZIANO. Esta grafía ya figura en el DRAE junto con *herciano.*

«HI-FI». Tradúzcase por *alta fidelidad.*

HINDÚ. La Academia recoge esta palabra con el doble significado de «natural de la India» y «partidario del hinduismo o adepto a él».

«HIPPY» O «HIPPIE». Aunque esta palabra no figura en el DRAE, puede usarse aplicada al grupo social surgido en San Francisco (California) que predica la libertad y la paz. Su lema es: «Haz el amor y no la guerra.»

HISPANOAMÉRICA. Utilícese este término, en lugar de *Latinoamérica* para referirse a los países de América en los que se habla el español.

HISPANÓFONO. Esta palabra no figura en el DRAE. Se trata de un calco del francés «francophone». Dígase *hispanohablante.*

HISPANOHABLANTE. No *hispanoparlante.* Escríbase, de igual modo, *castellanohablante, catalanohablante, anglohablante,* etc.

HISPANOPARLANTE. Dígase *hispanohablante.*

«HIT». Dígase «En cabeza de los *éxitos* españoles.» En el golf, *hit* equivale a *tanto* o, mejor, *acierto.*

«HIT-PARADE». Tradúzcase por *relación de discos* (o *libros) más vendidos.*

HIZBULAH. No *Hezbollah,* ni *Hizbollah,* ni *Hisbollah,* ni *Hizbolá,* ni *Hizbolah...* (Significa «partido de Dios»).

«HOBBY». Empléese entre comillas.

HOJATOLESLAM. Escríbase *ayatolislam*.

«HOLDER». Tradúzcase por *poseedor*.

«HOLDING». Entrecomíllese o mejor, dígase *grupo financiero* o *industrial*, o *consorcio*.

HOMICIDIO. Véase *asesinato*.

HOMOFOBIA. Evítese este neologismo innecesario y mal formado. En su lugar puede utilizarse *antihomosexual*.

HOMÓNIMO. Son homónimas dos personas o cosas que tienen el mismo nombre; o dos palabras que, con distinto significado y origen, tienen una misma forma: *vino* (bebida) y *vino* (de venir).

HONESTO. *Honesto* hace referencia al sexo y *honrado* a los aspectos del orden moral. (En el caso particular de *mujer,* subsiste la tendencia a ver, en primer término, la *honradez* como comportamiento sexual.) Sin embargo, *honesto* ha invadido también el campo de *honrado*. Pero hay casos en que debe evitarse. Así, no es aceptable *hablar honestamente* por «con franqueza y sinceridad». El inglés *honest* debemos traducirlo por *sincero, franco, legal, verdadero*.

HONRAR. En ocasiones es una mala traducción del inglés «to honour». En frases como «El gobierno *honrará* los acuerdos» debe traducirse por *cumplir*.

«HOOLIGAN». Es voz que entre nosotros se emplea con el significado de «aficionado violento»; sin embargo, esta palabra inglesa significa «atracador, pistolero», pero no «hincha» (los hinchas británicos son los *supporters*). Es preferible no utilizar esta palabra a no ser que se deje claro su significado.

HORA PUNTA. Plural *horas punta*.

«HOT MONEY». Tradúzcase por *dinero ambulante* o *dinero caliente*.

«HOVERCRAFT». Tradúzcase por *aerodeslizador*.

HUSO HORARIO. No *uso horario*. *Huso* es cada una de las partes en que queda dividida la superficie terrestre por veinticuatro meridianos igualmente espaciados y en que rige una misma hora.

«HYPERINFLATION». Tradúzcase por *inflación galopante*.

I

IBEROAMÉRICA. Úsese este término para referirse a los pueblos de América que antes formaron parte de los reinos de España y Portugal. El adjetivo *Iberoamericano* se utiliza para lo relativo a esos pueblos y a España y Portugal.

IDEALÍSTICO. No existe esta palabra en español. No es correcto escribir: «... ha rechazado la atenuante de objetivo *idealístico*». Lo correcto sería *ideológico* o *idealista*.

IDENTIDAD. No es lo mismo que *entidad* o *importancia*. No digamos, pues, «otras acciones de menor *identidad*».

IDENTIFICAR. No equivale a *encontrar* o *descubrir*. *Identificar* es averiguar a qué tipo o grupo de personas pertenece alguien o algo. *Descubrir* es *hallar*. «La policía trata de *identificar* a los autores del atentado» no es correcto, ya que, mientras no haya detenido a algún sospechoso, no podrá tratar de *identificarlo*. Lo correcto en esta frase es *descubrir* o *hallar*.

IDIOSINCRASIA. Ésta es la forma correcta. Es incorrecto escribir *idiosincracia* o *ideosincrasia*.

IGNORE/IGNORAR. En español *ignorar* quiere decir *desconocer, no saber una cosa*. En inglés, generalmente quiere decir hacer caso omiso de una persona o cosa ya conocidas.

IKURRIÑA. Dígase *ikurriña* o *bandera vasca*.

ILEGITIMIZAR. Debe decirse *ilegitimar*.

ILIQUIDEZ. Dígase *falta de liquidez*.

IMBATIDO. En la jerga deportiva, *imbatido* es el portero, arquero o guardavallas al que no le han metido ningún gol. Referido a equipos, cuando aún no han perdido ningún partido, diremos que están *invictos*.

IMITACIÓN. Se construye con *de* (imitación *de* cuero) y no con *a* (imitación *a* cuero).

IMPACTAR. La Acàdemia lo ha registrado en su Diccionario como verbo transitivo con el significado de *causar impacto*.

IMPACTO. No conviene abusar de este aburrido anglicado («Ha producido gran *impacto* la declaración de...»). Existe *impresión, efecto, repercu-sión*, etc.

IMPAGO. Recogido ya en el DRAE como «omisión del pago de una deuda vencida». Puede emplearse como sustantivo, pero no como adjetivo (impuestos *impagos*; dígase impuestos *impagados*).

IMPARTIR. Neologismo innecesario que puede sustituirse por *dar*.

«IMPASSE». Escríbase entre comillas o sustitúyase por *atolladero* o *callejón sin salida*.

IMPLANTE. Está bien empleado en la acepción de instalación de un marcapasos. No debe usarse, en cambio, cuando se habla de *injerto* o de *trasplante*, pues es un anglicismo.

IMPLEMENTACIÓN. La voz inglesa *implementation* significa en español *realización, ejecución*. *Implementación* no existe, aunque está bien formada a partir de *implementar*, que sí está en el DRAE.

IMPLEMENTOS DE AGRICULTURA. Aunque la Academia ha dado entrada al anglicismo *implemento* (instrumento, herramienta, enseres, etc.), es preferible decir *maquinaria agrícola, herramientas* o *aperos de labranza*.

IMPONER, IMPOSICIÓN. Su uso es incorrecto en frases como «la *imposición* de la ley marcial». Dígase *declaración, proclamación* o *implantación*.

IMPREDECIBLE. Empléese, aunque no figure en el DRAE.

IMPROPIEDAD. Se comete un anglicismo al utilizar esta palabra con el significado de «inconveniencia, incorrección, falta de decoro». «La gente acusada fue absuelta de cualquier *impropiedad,* después de las investigaciones pertinentes.»

INACCESIBLE. Véase *asequible.*

INALTERABLE/INALTERADO. En la jerga deportiva se dice a veces que «el marcador continúa *inalterable».* Un marcador *inalterable* no puede modificarse nunca. Debió decirse que «el marcador continúa *inalterado».* Lo mismo decimos de *invariable.*

INASEQUIBLE. Véase *asequible.*

INCARDINAR. Este verbo significa «vincular de manera permanente a un eclesiástico en una diócesis determinada». Puede emplearse, en sentido figurado, aplicado a «cosas o conceptos abstractos que se incorporan a algo.»

INCAUTAR. Este verbo sólo se emplea en su forma pronominal, *incautarse.* Es incorrecto decir: «Casi 18 millones de pesetas en heroína *ha incautado* la policía...» «La policía *se ha incautado de...»* es lo correcto.

INCENTIVACIÓN. Esta palabra no existe. Se usa en lugar de *incentivo.*

INCIDENTE. No debe confundirse con *accidente.*

INCIDIR. Significa «caer o incurrir en una falta, error, extremo, etcétera». El DRAE ha añadido nuevas acepciones a este verbo: *sobre-* *venir, ocurrir, repercutir, causar efecto una cosa en otra, caer sobre algo* o *alguien.*

INCLUSIVE, INCLUSO. *Incluso* equivale a *hasta,* e *inclusive* significa «con inclusión, especialmente, en una cuenta, serie o numeración».

INCORPORAR. Se emplea incorrectamente con el sentido de *interpretar* (un papel), en el teatro o en el cine, «... y el actor Alan Dobie *incorpora* el personaje de Cribb».

INCURSIONAR. La nueva edición del DRAE recoge este verbo con el significado de «realizar una incursión de guerra». También la acepción americana de «hacer una obra de género distinto» del que cultiva habitualmente un escritor o un artista plástico.

INDEPENDENTISTA. Se usa incorrectamente esta voz en lugar de *independiente:* «Lady D. no respetó el protocolo, llevada de su carácter *independentista.» Independentista* es el partidario del *independentismo,* el movimiento que propugna la independencia de un país que carece de ella.

INDEXAR/INDEXACIÓN/INDEXADOR. Preferible *indizar, indización, indizador.*

INDISCRECIÓN. No indiscreción.

ÍNDOLE. Es vocablo femenino («cuestión de *índole* muy *delicada»).*

«INDOOR». Puede traducirse por *pista cubierta, cancha cubierta* o *bajo techo.*

INDULTO. Véase *amnistía.*

INERME. Quiere decir *sin armas.* No debe confundirse con *inerte, sin vida.*

INEXORABLE. No debe confundirse con *inevitable* o *ineluctable. Inexorable:* que no se deja vencer con ruegos. Es incorrecto escribir: «... va a implicar en los próximos meses la *inexorable* pérdida de miles de puestos de trabajo».

INFANT/INFANTE. En inglés y en medicina y puericultura, *infant* equivale a *lactante,* o sea al niño de un año o menos de edad; en español *infante* se refiere en particular a los hijos del rey y a ciertas clases de soldados (de a pie).

INFECTAR/INFESTAR. Lo primero significa «causar infección en un organismo». En cambio, *infestar* es «invadir un lugar» animales, plantas u otros agentes perjudiciales: «La casa está *infestada* de cucarachas».

INFLACCIÓN. Escríbase *inflación.*

INFLUENCIAR. Prefiérase *influir.*

INFORMACIÓN CLASIFICADA. Mala traducción del *«classified information»,* que en español significa *materia reservada* o *información confidencial.*

INFORMAL. Con frecuencia, este anglicismo desplaza incorrectamente a *no oficial, oficioso* o *extraoficial.*

INFORMALES (VENDEDORES). Dígase *vendedores ambulantes,* ya que se trata de personas que tienen puestos en la calle.

INFORMAR QUE. Dígase *informar de que.* Con frecuencia se abusa de este verbo. Bastarían *decir* o *afirmar.*

INFORMÁTICO. Está admitido para designar al especialista en información. Rechácese *informatista.*

INFRINGIR/INFLIGIR. *Infringir* es quebrantar una ley, un precepto, y no debe confundirse con *infligir* (no *inflingir),* que es imponer un castigo, producir un daño. Es incorrecto: «...Washington *ha infringido* la pérdida de más de dos mil millones de dólares a sus empresas».

INGENUITY/INGENUIDAD. En inglés significa *inventiva, habilidad, ingeniosidad, ingenio.* En español, *candor.* Otro modo de decir en inglés lo que dice el español es *ingenuousness* e incluso *naïveté.*

INGERIR/INJERIR. El primer verbo significa «introducir por la boca alimentos». El segundo, «meter una cosa en otra», «introducir una palabra o un texto en un escrito» y, en su forma reflexiva, «entrometerse». Los sustantivos correspondientes son *ingestión* e *injerencia.*

INGRAVIDAD. En español se dice *ingravidez.* Es, pues, incorrecto: «... el comportamiento físico de los astronautas en la *ingravidad».*

INGRESAR. No debe usarse con el significado de «introducir» o «introducirse» (normalmente de forma ilegal) en un país extranjero. De igual modo, «ingreso» no equivale a «introducción» (ilegal).

INHERENTE. Úsese sólo con la preposición a: «Este hecho es *inhe-*

rente a su condición de funcionario».

INICIAR. No debe desplazar a *comenzar, empezar, inaugurar, principiar, crear, abrir,* según convenga en cada caso.

INICIO. No olvidar que existen también *comienzo* y *principio.*

INMISCUICIÓN. No existe esta palabra. Dígase *intromisión.*

INMISCUIRSE. No es sinónimo de *involucrarse.* «Éstos son los militares *involucrados* en esos asesinatos» sería lo correcto.

«INPUT». Tradúzcase por *entrada.* También significa *insumo* («todo valor que interviene en la producción de un bien o servicio»).

«INPUTS». Tradúzcase por *factores de producción.* (Véase *insumo.)*

INQUIRIR. No tiene exactamente la acepción de preguntar. Equivale a *indagar, averiguar.*

INSALUD. Es nombre de acentuación aguda.

INSTANCIAS. Este vocablo tiene una acepción jurídica que debe respetarse. («Cada uno de los grados jurisdiccionales que la ley tiene establecidos para ventilar y sentenciar, en jurisdicción expedita, lo mismo sobre el hecho que sobre el derecho, en los juicios y demás negocios de justicia.») Se emplea frecuentemente en sentido figurado con el significado de *organismos, organizaciones, dirigentes de mayor rango,* etc.

INSTIGAR. Sólo significa «incitar, provocar o inducir a uno a que haga una cosa» (DRAE).

INSTRUMENTALIZAR. Puede usarse aunque no figure en el DRAE.

INSUMO. No debe emplearse en la acepción de «repuestos o accesorios». Son «bienes empleados en la producción de otros bienes» (DRAE).

INTEGRAR, INTEGRARSE. En noticias deportivas aparece usado este verbo en su forma transitiva. «Maradona *integrará* la selección de la Asociación de...» Debe escribirse «Maradona *formará parte* de la selección...» o «se *integrará* en el equipo de...»

INTEGRISTA. Véase *fundamentalista.*

INTELIGENCIA. La nueva edición del DRAE admite la locución «Servicio de inteligencia» con el significado de «Organización secreta de un Estado para dirigir y organizar el espionaje.» No debe confundirse con *intelligentsia.*

«INTELLIGENTSIA». Entrecomíllese. Es la clase intelectual de un país.

INTENCIONALIDAD. Se emplea a veces como sustituto pedantesco de *intención:* «Los presentes le hicieron preguntas cargadas de *intencionalidad.*»

INTERACCIONAR. Ejercer una acción recíproca.

INTERCEPTAR. No equivale a «detener (la policía) a alguien», sino a «detener una cosa en su camino».

INTERFECTO. Sólo significa persona muerta violentamente.

INTERFERIR. No debe olvidarse que a este vocablo pueden sustituirlo, ventajosamente muchas veces, *intervenir, injerirse, in-*

miscuirse, entremeterse, perturbar, etc.

INTERMEDIACIÓN. Basta muchas veces con *mediación.*

«INTERNATIONAL MONETARY FUND». Tradúzcase por *Fondo Monetario Internacional.*

INTERNO. No es correcto utilizar esta palabra cuando nos referimos a aquellas personas que están en la cárcel. Digamos en este caso *presos* o *reclusos.*

INTERROGANTE. Es de género ambiguo.

«INTERVIEW». En la nueva edición del DRAE aparece esta palabra inglesa castellanizada como *interviú.* También el verbo *interviuvar.* Sin embargo, es preferible *entrevista* y *entrevistar.*

INTIMAR, INTIMIDAR. *Intimidar significa* «atemorizar». No confundir con *intimar,* exigir: «Le *intimó* la rendición» (sin la preposición *a).*

INTOXICAR. Puede usarse este verbo con el significado de «difundir informaciones falsas».

INTOXICACIÓN. Es un anglicismo cuando se emplea en lugar de *ebriedad* o *borrachera.*

INTRASUBREGIONAL. En América se llama *subregión* a los países del Pacto Andino (Bolivia, Colombia, Ecuador, Perú y Venezuela). La frase «un turismo interno e *intrasubregional*», en los despachos para España, debería redactarse así: «Un turismo interno y entre los países del Pacto Andino» (o países andinos).

INTRATABLE. Evítese su uso en la jerga del periodismo deportivo con el sentido de *invencible* o *imbatible.*

INTRODUCIR. No debe emplearse con el sentido que tiene en inglés de «presentar una persona a otra o ante un auditorio»: «Fulano *introdujo* a Mengano como el peso pesado número uno en debates.»

INTROVERTIDA. Es el femenino de *introvertido.*

INVARIANTE. Es vocablo femenino.

INVIABLE. Figura ya en el DRAE.

INVOLUCRAR. No es sinónimo de *inmiscuirse.*

IRANÍ. Aunque se admite la formación del plural en palabras acabadas en vocal tónica añadiendo una *s* (*rubís, esquís,* etc.), se exceptúan los gentilicios de los países orientales o árabes: *iraníes, israelíes, marroquíes,* etc.

IRRELEVANTE. Según el DRAE significa «que carece de relevancia o importancia», pero es un anglicismo usarla con el sentido que tiene su parónima inglesa «irrelevant»: *inconducente, improcedente, lo que está fuera de lugar* o *es lejano* a una cuestión o carece de conexión con ella, etc.

IRRESTRICTO. Esta palabra no figura en el DRAE. Se usa en Hispanoamérica con el sentido de *total,* no *restringido.* «La política de Reagan de *irrestricto* apoyo a Israel.» En su lugar recomendamos *sin restricciones, sin reservas, ilimitado, incondicional.*

IRROGARSE. Véase *arrogarse.*

ISLÁMICO/MUSULMÁN. Perteneciente o relativo al Islam: literatura islámica, arte islámico, filosofía islámica, países islámicos...

ISRAELÍ. Perteneciente o relativo al Estado de Israel. Gentilicio de dicho Estado. Plural, *israelíes*.

ISRAELITA/S. Los judíos de la antigüedad o, en sentido religioso, los que practican la religión del Antiguo Testamento.

ÍTEM. Debe conservarse la misma forma para el plural: *los ítem*.

J

«JAB». En lenguaje pugilístico, tradúzcase por *gancho*.

«JACKET». En lenguaje petrolero, tradúzcase por *base de la plataforma*.

JANATA DAL. Tradúzcase al español siempre que se pueda. En todo caso póngase en la lengua del país de origen, pero con la transcripción española según se indica en el MEU pág. 74 y VEU pág. 165: Yanata Dal (*Partido del Pueblo).*

«JAZZ». Es preferible usar esta palabra, entrecomillada, a la propuesta por la Academia y que figura en el DRAE «yaz».

«JEEP». Escríbase entre comillas o inténtese su hispanización como *yip* (plural, *yips*).

JEFATURIZADO. No existe el verbo «jefaturizar». En vez de «El partido *jefaturizado* por...», dígase «el partido *dirigido, presidido, liderado* por...»

JENA. Hay gran tendencia a llamar a este producto por su nombre árabe «jena» o con su forma afrancesada «henné». En español se llama *alheña*.

«JET». Tradúzcase por *avión de reacción* o *reactor*.

«JET-FOIL». Tradúzcase por *deslizador*.

«JERGA». Véase *argot*.

«JERSEY». Plural: *jerseys*.

«JIHAD». Aparece a menudo esta palabra árabe, mal transcrita al español, en noticias referentes a la guerra de Iraq contra Irán, o a la del Líbano. Su transcripción correcta es «yihad», y su traducción, *guerra santa*. (En árabe es voz masculina; preferible, pues, al hablar del partido político libanés, «*Yihad islámico*», y no *islámica*.)

JIRA/GIRA. Escrita con *j*, esta palabra significa «merienda campestre», por lo que decir «jira campestre» es una redundancia. No debe confundirse con *gira*, «desplazamiento a varios lugares con vuelta al punto de partida».

«JOINT VENTURE». Puede traducirse por *acuerdo de inversiones conjuntas* o *negocios en participación*.

JORNADA/JORNADISTA. Pueden emplearse en el sentido de *congreso, congresista*, aunque no figuren en el DRAE.

JR. Abreviatura de *junior* (más joven). Preferible posponer la palabra *hijo* para referirse al hijo homónimo.

JUDÍO. Véase *israelí* y *hebreo*.

JUEZA. No es necesario hacer la forma femenina de una voz que no tiene terminación de género. En la última edición del DRAE se acepta la acepción de *jueza* como mujer que desempeña el oficio de juez, pero es preferible usar la forma *juez*.

JUGAR TENIS, FÚTBOL, etc. Esta construcción, muy frecuente en América, es anglicada. En España decimos «jugar *al* tenis».

JUGAR UN PAPEL. No debe decirse *jugar* (que es galicismo y anglicismo), sino *representar* o *desempeñar* un papel.

JUNIOR. Nombre que designa una categoría de deportista basada en la edad. En atletismo existe una categoría *junior* diferente de la categoría *juvenil;* en este supuesto puede utilizarse, pero explicando las edades que comprende. Se pronuncia «yúnior» y su plural es *júniors,* pero sería fácil, y más normal dentro del idioma, hacerlo *juniores,* «yunióres».

JUNTO A. No es sinónimo de *con,* según entiende el redactor de este incorrecto titular: «Tres paracaidistas y un legionario se fugan de la prisión militar de Las Palmas, *junto a* un civil.» Quería decir, probablemente: «Tres paracaidistas, un legionario y un civil se fugan...» Expresa también proximidad física: «La silla está *junto a* la pared.»

JUNTO CON. Expresa una idea de compañía, no de proximidad inmediata. «*Junto con* el Presidente, viajan varios ministros.»

K

KANAKO. En español se escribe *canaco.*

KÁRATE. Es voz esdrújula según el DRAE. En algunos países de América es llana.

KERMÉS. Preferible a *quermés.*

KEROSENO. Entre las formas *querosén* y *queroseno,* la Academia prefiere la segunda.

«KHAN». La transcripción correcta al español de esta palabra persa (es un título honorífico) es «*jan*». Dígase, pues, *Agá Jan* y no *Aga Khan.* De todas formas, debido a la tradición, puede también escribirse en español con la grafía *kan.*

«KHEMER», «KHEMERS» (rojos). Dígase los *jemer* (igual en singular y en plural).

«KIBUTZ», «KIBUZ». Dígase y escríbase el «kibbutz» y los «kibbutz».

KILOTÓN. Unidad de potencia de los explosivos atómicos (equivalente a 1.000 toneladas de TNT).

KIOSKO. *Quiosco* es la forma correcta junto con *kiosco* aunque es preferible la primera. De ninguna manera "kiosko".

KIWI, KIUI, KIVI. Dígase y escríbase *kivi.* La Academia admite también *kiwi* y *quivi.*

KMT. Es la sigla de Kuo-min-tang (Partido Nacional del Pueblo) fundado en 1908 como Liga Revolucionaria en China.

«KNOW-HOW». Tradúzcase por *habilidad, destreza, experiencia, pericia.* (A veces debe traducirse por *tecnología*). «Adquisición de material de construcción y *know-how* española.» Dígase *tecnología* española.

KOLKHOS. Dígase *koljós* (plural *koljoses*).

L

LA CASI TOTALIDAD. Dígase *casi todos*, o *casi la totalidad.*

«LANDED PROPERTY». Tradúzcase por *bienes raíces.*

LANZADERA ESPACIAL. Utilícese este término y no *transbordador espacial.*

LA PRÁCTICA TOTALIDAD. Véase *La casi totalidad.*

LAPSUS/LAPSO. "... se va configurando poco a poco como un *lapsus* temporal para que el destino...". *Lapsus* es un olvido involuntario y *lapso* significa intervalo o período de tiempo. Por lo tanto, "lapsus" es incorrecto en este contexto. *Lapso* sería correcto pero siempre que se suprimiera "temporal" ya que se trataría de una redundancia.

LARGA (arma). En español hay armas *blancas, cortas, ligeras, pesadas,* etc. Pero no *largas.*

LARINGOTOMÍA, LARINGUECTOMÍA. *Laringotomía* es la incisión que se hace en la laringe para extraer cuerpos extraños. *Laringuectomía* es la extirpación de la laringe.

LAS AFUERAS. Es la parte de una población alejada del centro. No debe confundirse con *fuera, afuera.* «Mientras en el interior del Congreso transcurría el acto... *fuera,* las calles aledañas estaban repletas de personas...»

LA SEGUNDA MAYOR. «*The second biggest.*» Dígase «la segunda en tamaño, en importancia o en volumen».

LATINOAMÉRICA. Son los países de América que fueron colonizados por naciones latinas, esto es, por España, Portugal o Francia.

LAUDO. Es incorrecto decir: «... el *laudo* que mantenían las repúblicas de Colombia y Ecuador». No debe confundirse con *pleito, litigio* o *diferendo. Laudo* es la decisión que dictan los árbitros de un pleito.

«LEAD». *Entrada* o *entradilla.* En algunas partes de América, *copete.* Si se mantiene la palabra inglesa, entrecomíllese.

«LEADER». Líder.

«LEASING». Es *arrendamiento con opción de compra.* Si se emplea el término inglés, entre comillas, debe indicarse la traducción.

LEGACIÓN. *Misión Diplomática* de rango inferior a la *Embajada,* al frente de la cual no se halla un *Embajador,* sino un *Jefe de Misión* denominado *Ministro* o *Ministro Residente.* El uso del término *Legación* como sinónimo de *Embajada* es, por tanto, incorrecto.

LENTE. Para designar cierto tipo de anteojos se utiliza en plural y en masculino. En femenino cuando significa «cristal refringente».

LESIÓN. La *lesión* que produce perforación o desgarro se llama *herida*.

LEVANTAR DUDAS. Calco del inglés («to arouse doubts») y del francés («soulever des doutes»). En español las dudas *surgen, se suscitan, se provocan, se despiertan.* («... despejando así las *dudas levantadas* por las recientes presiones...»).

LIBERAL. No abusar de esta palabra cuando en muchos casos se pueden usar otros adjetivos más idóneos como *atrevido, casquivano, tolerante, comprensivo...*

LIBIDO. Es palabra grave o llana.

LIBRE-CAMBIO. El DRAE sólo admite *librecambio.*

LIBRERÍA DEL CONGRESO. El inglés *library* se traduce por *biblioteca.*

LIBRERO. Es el vendedor de libros, no el *bibliotecario.*

LÍDER. Esta palabra figura en el DRAE, pero no debe desplazar a *jefe, director, cabecilla,* como traducción invariable del inglés *leader.*

LIDERAR. Este verbo figura ya en el DRAE.

LIDERIZAR, LIDERALIZAR. No deben emplearse nunca.

LIED, LIEDER. *Lied* (canción o balada en alemán); su plural es *lieder* (y no *lieders).*

LÍMITE. Es invariable cuando va en aposición: «el tratamiento de casos *límite*» (no *límites*).

LIMÍTROFE. Se construye con las preposiciones *con* y *de (limítro-fe con* o *de).* Apliquese sólo a países, y no se diga «negociaciones *limítrofes,* conflicto *limítro-fe»,* sino «negociaciones sobre *límites,* conflicto sobre *límites».*

«LIMUSÍN». Así se suele transcribir en español la voz francesa *limousine.* Si se usa, aunque no aparezca en el DRAE, entrecomíllese. Conviene evitar *limusinas,* aunque figure en el DMILE.

LINDE. Empléese como nombre femenino.

LINEAMIENTO. Puede aceptarse con el sentido figurado que se le da en Hispanoamérica: «líneas generales de una política». En sentido propio: «delineación o dibujo de un cuerpo por el cual se conoce su figura».

LÍVIDO. La acepción de «intensamente pálido» (que no es originaria, significa «amoratado») ha sido aceptada por la Academia.

«LOAN». Tradúzcase por *préstamo* o *empréstito.*

LOBBY. En Europa es sinónimo de *grupo parlamentario, parlamentario* o *diputado.* En los Estados Unidos significa *grupo de presión.*

LOCALIZAR. No debe emplearse como sinónimo de *situar, ubicar.* «La plaza de San Francisco, *localizada* a unos 200 metros del palacio...» es incorrecto. Dígase *situada.*

«LOCK-IN EFFECT». Tradúzcase por *efecto cerrojo* o *retraimiento.*

«LOCK-OUT». Empléese *cierre patronal.*

LOCUCIÓN. No confundir con *elocución* ni con *alocución.*

LOGOPEDIA. Término médico que se aplica al tratamiento de los defectos de pronunciación.

«LONG-PLAY». Puede decirse *elepé* (figura en el Diccionario Manual), o mejor, *disco de larga duración*.

LOOR (DE MULTITUD). No existe ni ha existido nunca esta expresión.

LOS MEDIOS POR EMPLEAR. Dígase *los medios que han de emplearse (o que deben emplearse)*. Es construcción tan viciosa como *procedimiento a seguir,* a la cual, a veces, sustituye.

LUBRICANTE. Son válidas las formas *lubricante* y *lubrificante*.

LUEGO DE QUE. Empléese con las mismas limitaciones que *después de que*. Generalmente es preferible *cuando*.

«LUMP-SUMTAX». Tradúzcase por *impuesto a tanto alzado* o *global*.

«LUNCH». Escríbase entre comillas, si se juzga preciso usar este término. Inténtese sustituirlo por *refrigerio, almuerzo* o *comida*.

LUZ VERDE (DAR). Véase *dar luz verde*.

M

MADRUGADA. Evítese hablar de «las doce de la madrugada»; resérvese este nombre para el alba o para las horas que la preceden en poco. Las otras que la anteceden serán las doce, la una, las dos... *de la noche*.

«MAGLIA» (ROSA). De no ser cita textual, es *jersey rosa*. Si se utiliza el término italiano, pronúnciese *malla*.

MAGNETÓFONO. No *magnetofón*.

MAGNIFICAR. No debe emplearse con el sentido de *exagerar, desorbitar*. En español equivale a *engrandecer, alabar, ensalzar*.

«MAILLOT». Puede traducirse por *jersey, camiseta, chompa* o *casaquilla*.

«MAJLIS». Más correcto sería transcribirlo como « *machlis*» o traducirlo por *parlamento* (es vocablo árabe).

MALENTENDIDO. Plural: *malentendidos*.

MALNUTRICIÓN. El inglés «malnutrition» debe traducirse en español como *desnutrición*.

«MANAGER». Empléese entrecomillado.

MANCHETA. Aceptable en la maquetación de revistas y diarios.

MANDAMIENTO DE CAPTURA. La locución francesa *mandat d'arrêt* debe traducirse por *orden de captura*.

MANDATARIO. Significa «persona que acepta del mandante el encargo de representarlo o de gestionar sus negocios». El DRAE acoge ya, en su última edición, el uso americano: «En política, el que por elección ocupa un cargo en la gobernación de un país.» Evítese en los despachos para España y úsense en su lugar las voces *gobernante, presidente, autoridad, ministro*, etcétera, según convenga.

«MANDAT D'ARRÊT». No debe traducirse por *mandato de captura*.

Su equivalente en español es *orden de captura.*

MANEJAR. En el sentido de *conducir* un vehículo, es americanismo que debe evitarse en despachos con destino a España.

MANTENER. Úsese con prudencia como equivalente de *tener* o *celebrar,* en construcciones como *mantener conversaciones, reuniones, entrevistas.* Evítese como sinónimo de retener («Los secuestradores *mantienen* doce rehenes»). Dígase *retienen.*

MANTENER UNA BATALLA. Lo correcto en castellano es *sostener* o *dar* una batalla.

MAÑANA DE HOY (EN LA). Mejor *hoy por la mañana* o *esta mañana.*

MAR. El género de este nombre en el uso general es masculino: *El mar Mediterráneo.* Pero en el uso de la gente de mar es femenino: *alta mar, hacerse a la mar.* También es femenino en el modismo *la mar de...* (mucho o muchos).

MARATÓN. Según el DRAE, es voz masculina y, a veces, femenina. Evítese la grafía *marathón.*

MARATONIANO. Es adjetivo. Al corredor de maratón debe llamársele *maratonista.*

MARATÓNICO. Argentinismo por *maratoniano.*

MARCAR. En fútbol y otros deportes: situarse un jugador junto a un contrario para dificultar su labor. Véase DEFENDER.

MARGEN. Es vocablo femenino en el significado de «orilla de una corriente de agua»; y masculino en los demás casos.

MARGINADO. Mejor decir *apartado, escondido, desconocido...*

MARINE. Término que, referido exclusivamente a los soldados de la Infantería de Marina norteamericana, debe escribirse entre comillas. Por extensión, se aplica a cualquier infante de marina.

«MARKET PRICE». Tradúzcase por *precio de mercado.*

«MARKETING». Empléese *mercadotecnia,* voz registrada por la Academia.

MARONITA. Es mejor la forma *maroní.* Plural: *maroníes.*

MARRÓN. Véase *castaño.*

MASACRE. Como voz femenina ha sido aceptada por la Academia en el significado de *matanza* (de personas). Conviene emplear esta última palabra en los despachos para España.

MÁS POBRE. (El séptimo *más pobre* Estado miembro de la CEE). Se trata de un calco del inglés. Digamos: «El séptimo estado *más pobre* de la CEE).»

MASIVO. Es preciso atenerse a la definición del DRAE: Dosis de un medicamento cuando se acerca al límite tolerable. Fig., dícese de lo que se aplica en gran cantidad. Perteneciente a las masas humanas: emigración *masiva.* No debe decirse, pues, «un escándalo *masivo*».

«MASS MEDIA». Entrecomíllese o sustitúyase por *medios de comunicación* o *medios de difusión.*

«MASTER». Cuando nos referimos a un cierto tipo de estudios puede escribirse *máster* sin comillas y con acento en la *a.*

MASTERADO. Por analogía con *doctorado* (estudios de doctorado), ha aparecido el barbarismo *masterado*, cuyo uso debe evitarse. Úsese en su lugar *maestría*.

«MASTERS». Los torneos deportivos pueden ser denominados de *maestros*, salvo que *master* forme parte del nombre propio: el Master de Augusta; en tal caso, se escribe con mayúscula y en redonda.

«MATCH». Dígase *encuentro, partido, partida, combate...,* según los casos.

MATRIMONIALISTAS (ABOGADOS). Empléese, aunque no figure en el Diccionario.

MÁXIMUM. Terminado en -*m*, no en -*n*.

MAYOR. Utilizado sin valor comparativo (salvo en frases negativas: «No me causa mayores problemas») es anglicismo que debe evitarse. No se dirá, pues, «los asuntos *mayores* que van a ser debatidos», sino «los más importantes».

MAYORITARIAMENTE. «No confundir este adverbio con *mayormente*. Este último significa «principalmente, especialmente». Es un error hacerlo equivalente de *más*. (La zona *mayormente* afectada). *Mayoritariamente* significa «por mayoría».

MAYORMENTE. Véase MAYORITARIAMENTE.

MÉDICA. Empléese como femenino de *médico*.

MEDIEVO/MEDIOEVO. Aunque las dos formas figuran en el DRAE, prefiérase la primera.

MEDIOAMBIENTE. *Medio ambiente* se escribe en dos palabras; no así su adjetivo correspondiente *medioambiental*.

MEDIODÍA (LAS DOCE DEL). Aunque parezca una redundancia, puede tolerarse.

MEDIO ORIENTE. En español se dice *Oriente Medio*.

MEDIOS POR EMPLEAR. Dígase *los medios que han de emplearse* (o *que deben emplearse*). Es construcción tan viciosa como *procedimiento a seguir*, a la cual, a veces, sustituye.

«MEDIUM-TERM LOAN». Tradúzcase por *préstamo a medio plazo*.

«MEETING». Reunión internacional disputada en un día y que no tiene carácter de campeonato. Sustitúyase por *reunión deportiva* o *reunión atlética*.

MEJORA. Se usa principalmente cuando hablamos de «alivio de una enfermedad».

MEMORANDUM. Adóptese, en singular, *memorando*, y en plural, *memorandos*.

MENCIÓN. Dígase *hacer mención de* (y no *hacer mención a*).

MERCADO INFORMAL. En noticias de Sudamérica es fácil encontrar *mercado informal* en lugar de *mercado negro*.

MERCADOTECNIA. Véase *Marketing*. (Conjunto de principios y prácticas que buscan el aumento del comercio, especialmente de la demanda, y estudio de los procedimientos y recursos de que se sirven).

MERCADOTÉCNICO. Perteneciente o relativo a la mercadotecnia.

«MERIT WANTS». Se traduce por *necesidades preferentes*.

METAMORFOSIS. Es palabra grave o llana: *metamorfosis*.

METEOROLOGÍA. Es la ciencia que trata de la atmósfera y de los meteoros. No es sinónimo de *clima, estado del tiempo, meteoro* o *fenómeno atmosférico*. Hay que tener cuidado al pronunciarla, pues algunas veces se cambia, invierte o suprime alguna letra: *metereológico* o *meterológico*.

METODOLOGÍA. No es sinónimo de *los métodos*. Es incorrecto decir: «Ésa es *la metodología* empleada por los comandos.»

MÉXICO, MEXICANO. Escríbase siempre así (pero se pronuncia *Méjico, mejicano*).

MICROFILME. La forma correcta es ésta, no *microfilm*.

«MIDDLEMAN». Tradúzcase por *intermediario*.

MILITANCIA. Figura ya en el DRAE.

MILITAR. Puede usarse metafóricamente para decir, por ejemplo, que un jugador *milita* en tal equipo.

«MILLIARD». Véase *billón*.

MINI-. Es un prefijo inseparable. Escribimos "minifalda", en una sola palabra.

«MÍNIMUM». Hispanícese *mínimo*.

MINISTRA. Empléese como femenino de *ministro*.

MINUSVALÍA. Significa «disminución del valor de alguna cosa» y no debemos confundirla con *minusvalidez*, «calidad de minusválido».

MINUTAR. Efectuar el cómputo de los minutos y segundos de la duración de los espacios audiovisuales.

«MISE EN SCENE» (PUESTA EN ESCENA). Dígase *escenificación*.

MISILERO, MISILERA. Que lleva misiles. Puede aceptarse, igual que decimos «lancha torpedera».

MISMAMENTE. Es vulgarismo. Dígase «cabalmente, precisamente».

MISMO (EL), MISMA (LA). Véase *el mismo*.

«MISTER». Es conveniente utilizar las voces *entrenador, preparador, técnico*, etc., aunque es admisible utilizado en sentido afectivo.

MITÓMANO. Figura ya en el DRAE como persona que tiene una tendencia morbosa a desfigurar, engrandeciéndola, la realidad de lo que se dice.

MODERNISTA. No debe confundirse con *moderno*.

MODERNO (ARTE). El arte de la época actual se llama *contemporáneo*. *Moderno* es el período de tiempo que comienza con la caída de Constantinopla (1453) y termina con la Revolución Francesa (1789). A partir de esta fecha comienza la Era Contemporánea. Los norteamericanos (los ingleses no) utilizan el término Modern Art para lo que nosotros entendemos por *Arte Contemporáneo*.

MODISTO. Puede usarse el *modista*. La Academia acepta también el *modisto*.

MONARCAS (LOS). Es expresión incorrecta para designar a los

reyes. No equivale a los *reyes*; sólo el Rey es el *monarca*.

MONDARIZ. El nombre de esta población es agudo.

MONITOR. Figura ya en el DRAE, tanto en su acepción deportiva como técnica.

«MONITORING». Tradúzcase por *control de calidad* o *comprobación*.

MONITORIZAR. Es admisible con el sentido de controlar mediante monitor.

MONOPÓLICO. No existe esta palabra. El adjetivo de monopolio es *monopolizador*.

MOONLIGHT. Tradúzcase por pluriempleo.

MORO. Llamamos moros a los naturales de la parte noroccidental de África (Túnez, Argelia, Marruecos, República Árabe Saharaui Democrática y Mauritania). Por lo tanto, no es lo mismo que *musulmán* o *mahometano* (que profesa la religión de Mahoma).

MORTANDAD. No confundir con *mortalidad* (número proporcional de defunciones en población o tiempo determinado). Cuando es una epidemia, cataclismo o guerra la que ocasiona multitud de muertes, debemos decir *mortandad*.

MOSAD. Escríbase así el nombre de los Servicios Secretos Israelíes y no MOSSAD. (Siglas de «Mosas Lealiyah Beth» (Organización para la Segunda Emigración).

MOTILIDAD. Facultad de moverse.

MOTÍN/SEDICIÓN/SUBLEVACIÓN. Digamos *motín* y *amotinar*, en el caso de rebeliones en cárceles, barcos o guarniciones militares. Para levantamientos militares o civiles contra un gobierno, dígase *sedición* o *sublevación*.

MOTIVACIÓN. Abusiva y pedantemente se emplea como sinónimo de *motivo, causa, razón*, que es lo que debe decirse. Evítense, pues, frases como «el alcalde explicó las *motivaciones* de la limitación del horario de carga y descarga».

MOTIVAR. Acéptese el moderno significado de «hacer que alguien sienta interés por hacer algo». (*«Motivar* al niño para que estudie»).

MOTRIZ. Es el femenino de *motor*. Resulta absurdo hablar, por tanto, del impulso *motriz*, del esfuerzo *motriz*.

MUECÍN. Palabra de origen francés, que figura en el DRAE, así como su sinónima *almuédano*, tomada directamente del árabe.

MUESTRA. Evítese su empleo en la acepción italiana de *exposición, feria, festival*. Válido en *feria de muestras*.

MUESTREO. Figura ya en el DRAE.

MULETO. En la jerga del automovilismo deportivo se usa esta voz con el significado de *coche de repuesto*.

MULTILATERAL. Es frecuente ver cómo *multilateral* desplaza impropiamente a internacional, quizás por influencia de *bilateral* o *trilateral*, pero cuando las relaciones se dan entre organismos de cuatro o más países se llaman *internacionales* y no es correcto "... dirigentes de los organismos *multilaterales...*"

MULTITUD DE PERSONAS. Construcción redundante, puesto que las multitudes son sólo de personas o cosas.

MUNDIAL, MUNDIALES. Para referirse a los torneos o campeonatos en que se disputan títulos del mundo debe realizarse la matización del singular o del plural, según el número de títulos que se pongan en juego. En fútbol, por ejemplo, en 1990 se disputó en Italia el *mundial*, no los *mundiales*, pues sólo hubo un campeón. En yudo, en cambio, al existir varias categorías, cuando se celebran los campeonatos del mundo son los *mundiales*. Se debe escribir *Mundial 90*, y no *Mundial-90.*

MUNDO ÁRABE. El conjunto de todos los países cuya lengua es el árabe (así como su cultura). No es sinónimo de *mundo islámico* (Irán y Turquía no pertenecen al mundo árabe).

MÚNICH. La ciudad alemana Munchen tiene en español el nombre de Múnich, aunque suele pronunciarse *Múnik.* (Gentilicio: muniqués.)

MUNIDO. Galicismo usado en algunos países de América. Evítese y dígase *provisto.*

MUSCULACIÓN. Se llama así al ejercicio gimnástico que desarrolla ciertos músculos. Es admisible.

MUSULMÁN o MAHOMETANO. Persona cuya religión es el Islam. Son musulmanes todos los que profesan esa doctrina, sean o no árabes. En español también se puede emplear la voz *mahometano*. Ni todos los árabes son musulmanes ni todos los musulmanes son árabes; en Siria, Iraq, Palestina, Jordania y Egipto hay importantes comunidades árabes cristianas, y Turquía es un país mayoritariamente musulmán que no es árabe.

MUTATIS MUTANDI. Dígase *mutatis mutandis.*

«MUYAHIDÍN». En árabe, la palabra «Yihad» significa «guerra santa». «Muyahid» es el «guerrero islámico», y su plural es «muyahidin». Evítese, pues, el plural español -*es,* que sería redundante. Dígase «muyahidín» en singular y en plural.

N

NAÏF. Puede usarse, pero sólo referido a un estilo pictórico. Escríbase como en francés, *naïf,* o hispanícese como *naíf* (acento en la *i).*

NAPOLI, MILANO, GOTEBÖRG. Al hablar de los equipos de fútbol de esas u otras ciudades extranjeras debe usarse el topónimo español: el Nápoles, el Milán, el Gotemburgo...

NARCOTRAFICANTE. Aunque figura ya en el DRAE, es preferible *traficante de narcóticos.*

NATALICIO. No emplear como sinónimo de *nacimiento.*

NECROLÓGICA. A veces se emplea este adjetivo como nombre.

«Una *necrológica* dedicada a su vida.» Digamos una nota/reseña necrológica.

NEGLIGIR. Evítese por completo este vocablo; dígase *descuidar.*

NEGRO. Evítense eufemismos tales como *persona de color, de piel oscura, moreno.* Véase *afroamericano.*

NEONATAL. Acéptese este neologismo para lo concerniente al recién nacido: «Cuidados *neonatales,* asistencia *neonatal.*»

NEUTRO. No debe usarse como sinónimo de *neutral.* Estaría mal escribir «Países occidentales, neutros y no alineados.» Conviene distinguir entre país *neutral* (Suiza) y país *neutralizado* (cuando se le impone ser neutral, como el caso de Finlandia tras la Segunda Guerra Mundial).

«NIGHT CLUB». Dígase *club nocturno.*

NIPO-ESTADOUNIDENSE. Más sencillo y mejor decir *japonés-estadounidense.*

NIVEL. Véase *a nivel de.*

NIVELAR EL DÉFICIT. Dígase *enjugar, cancelar, extinguir* el déficit.

NO. Precedido del artículo es sustantivo. Plural *noes.*

NO APOYO. Construcción viciosa que aparece en frases como «La postura de las centrales sindicales es de *no apoyo* a la huelga.» Utilícese otro giro, como «las centrales sindicales mantienen la postura de *no apoyar* la huelga», o más simple y lacónicamente: «Las centrales sindicales *no apoyan* la huelga.»

NO APROBACIÓN. Eliminar este tipo de construcciones formadas por *no* más *sustantivo (no aceptación, no comprobación, no asistencia,* etc.) Unas veces, existe un vocablo equivalente con *in- (inasistencia);* otras, será preciso un pequeño rodeo sintáctico. Así, una frase como «debido a la *no aprobación...*», tendrá que expresarse de este modo: «debido a que *no se ha aprobado...*».

NOBEL/NOVEL. «... y premio *novel de la paz 1992 ...*» *Novel,* según el DRAE, es "el que comienza a practicar un arte o profesión o tiene poca experiencia en ellos", y por esto no se concede ningún premio. La Academia sueca otorga los premios *Nobel* (llevan el nombre del químico sueco que los instituyó) se escribe con mayúscula y es palabra aguda.

NOCAUT. Voz procedente de *knock-out.* En español se puede traducir por «fuera de combate». La versión del verbo es *noquear.*

NOCHE DE AYER (EN LA). Dígase *anoche.* (Véase «ayer noche».)

NOCHE DE HOY (EN LA). Mejor *esta noche, hoy por la noche.*

NOMENCLATURA. Cuando se trata de la antigua URSS, escríbase siempre con k, entre comillas o en cursiva con mayúscula: «nomenklatura», *Nomenclatura.*

NOMINAL. No hay cheques *nominales,* sino *nominativos.*

NOMINAR. Anglicismo innecesario. En español significa «dotar de nombre a una persona o cosa». Para la acepción inglesa dígase: *proponer, presentar, seleccionar, proclamar candidato* y, en ocasiones, *nombrar.*

«NON PERFORMING DEBT». Tradúzcase por *deuda no exigida.*

NOPEP. En terminología económica significa «países subdesarrollados no exportadores de petróleo». Úsese con aclaración.

NOQUEAR. En boxeo, «dejar fuera de combate», que es su equivalente exacto y preferible, por lo tanto, también a su sinónimo K.O. (kao). Véase *nocaut.*

NORDESTINO. En español, este lusismo equivale a *nordestal:* «el río *nordestino* de Itapicuru».

NORESTE. Dígase y escríbase *nordeste,* que es lo correcto.

NORMATIVA. Palabra ya introducida en el DRAE con el significado de «conjunto de normas aplicables a una determinada materia o actividad.

NUCLEAR. No debe usarse como verbo. Dígase *agrupar, congregar.* «La asociación que *nuclea* a los familiares de los desaparecidos.» Tampoco debe usarse con el significado de *dirigir:* «El partido que *nuclea* el senador X.» Véase *nucleizar.*

NUCLEARIZAR, DESNUCLEARIZAR. No nucleizar. Son voces aceptables.

NUCLEIZAR. Véase *nuclear.* Verbo innecesariamente inventado como sinónimo de *congregar.*

NUDISMO, DESNUDISMO. Figura ya en el DRAE.

«NUMERUS CLAUSUS». Escríbase entrecomillado.

NUEVO. No debe emplearse con el sentido de *otro.*

NUTRIENTE. Figura ya en el DRAE.

«NYLON». Aunque la Academia también ha recogido la voz *nilón,* da preferencia a *nailon.*

O

OBJECIÓN. No *objección.*

OBJETABLE, INOBJETABLE. Derivados válidos de *objetar.*

OBJETO DE (SER). Véase *ser objeto de.*

OBLIGATORIEDAD. Se confunde pedantemente con *obligación:* «... con la *obligatoriedad* de regresar por la noche al centro penitenciario». Bien usada en: «La *obligatoriedad* no alcanza a los menores de edad.»

OBSOLENCIA. Dígase *obsolescencia.*

OBSOLETO. Significa «que ha caído en desuso»; pero no «antiguo», significación que algunos le dan. Una cosa puede ser *obsoleta* sin ser *antigua y* al revés.

OBSTETRA. Figura ya en el DRAE.

OBTENER. Es conseguir algo como resultado de un empeño. Por tanto, no debe decirse «La calle *obtendrá* el nombre de...», sino que *«recibirá* el nombre de...».

OBÚS. En uso no técnico, designa cualquier proyectil de cierto tamaño disparado por una pieza de artillería.

OCASIONAL (MERCADO OCASIONAL). Dígase *mercado de ocasión* o *mercado de lance.*

OCCISO. En España, utilícese *interfecto.*

OFERTAR. Inadmisible sustituto de *ofrecer* en oraciones como: «La Seguridad Social *ofertará* el año próximo mejores servicios.» Se emplea bien cuando significa, en el comercio, «ofrecer en venta un producto».

«OFF». Escríbase entre comillas.

«OFFICE» Véase *antecocina*.

«OFFSET». Escríbase entre comillas.

«OFF THE RECORD». Escríbase entre comillas. Equivalente a *estrictamente confidencial*.

OFIMÁTICA. Neologismo (de *oficina* e *informática*) que se emplea para hablar de la aplicación sistemática y generalizada de la *informática* en los trabajos de oficina.

OJO DE MIRA. «Poner en el ojo de mira» no es frase usual en español. Sí lo son «poner en el punto de mira», «poner la mira en», «estar en la mira» o «con miras a».

OLIMPIADA/OLIMPÍADA. Son igualmente válidas las dos formas, si bien la Academia da preferencia a la primera.

OLOR DE MULTITUD (EN). Metáfora tópica evitable.

ONCENO. Prefiérase *undécimo*.

ONG'S/ONGS. Esta forma de hacer el plural de las siglas y los acrónimos responde al modo anglosajón, ajeno al español. Para expresar el número lo haremos mediante el artículo: las ONG. Sobre el plural de las siglas consúltese el *Vademécum de Español Urgente (I)* págs. 182 y 183. En este caso concreto, de no hacer el plural OO.NN.GG. (semejante a EE.UU. o a CC.OO.), que es lo correcto en español, es aceptable las ONG. Lo que en modo alguno es aceptable es añadir a las siglas ONG un genitivo sajón *['s]* que no es signo de plural sino otra cosa *(casa de* o *de)*. Dígase y escríbase pues, *la ONG, las ONG*.

ONU, OPEP. Las siglas deben ir siempre precedidas por el artículo del sustantivo principal: *la* ONU, *la* OPEP, *el* PSOE, *el* CESIC.

OPCIÓN. No debe usarse nunca con el significado de *candidatura:* «Por haber cobrado audiencia *(sic)* la *opción* gaullista.»

OPCIONADO. No existe en español *opcionado*, pero existen *preferido y predilecto:* "... era el candidato más *opcionado* para ganar los comicios..."

«OPEN». Torneo no reservado a maestros, abierto, por tanto, a profesionales y aficionados. Puede traducirse como *abierto* o *libre*.

OPERAR. Es anglicismo usar este verbo con los significados de *explotar, manejar, administrar, dirigir, hacer funcionar, poner* o *mantener en servicio,* etc. En la frase: «... el avión, *operado* por una compañía de vuelos «charter...», debió decirse «... *fletado* por una compañía de...».

OPERATIVO. No debe usarse como sinónimo de *operación* (policial), ni en lugar de *disponible* o *dispuesto para ser utilizado*.

Su uso está limitado a la lengua militar o policial.

OPONENTE. Voz admitida ya en el DRAE, pero no es sinónimo de *enemigo*.

OPONER. Es anglicismo utilizar este verbo como transitivo en vez de la forma pronominal: «Los legisladores que *oponen* el incremento propuesto...» Debe emplearse la forma: *oponerse a*.

OPORTUNISMO. Se recomienda utilizar *sentido de la oportunidad* cuando se quiere subrayar la astucia y eficacia de un jugador. *Oportunismo* tiene cierto valor peyorativo.

OPOSITOR. Evítese el error de utilizar este sustantivo como adjetivo: «... de acuerdo con su ideología *opositora* a las dictaduras...» (*opuesta*). Opositor es «persona que se opone a otra, aspirante a cátedra, etc.»; pero siempre sustantivo.

OPTIMACIÓN. Figura en el DRAE como acción y efecto de *optimar*.

OPTIMAR. Preferible a *optimizar,* que también figura en el DRAE.

OPTIMIZAR. Véase *optimar*.

OPTOELECTRÓNICA. Neologismo aceptable. Se usa para referirse al funcionamiento de aparatos mediante señales luminosas.

ORBITAR. Válido con el significado de «girar alrededor de».

ORDEN DEL DÍA (LA). Es *el orden del día* de una reunión; pero *la orden del día* de una guarnición.

ORDENAR. Es anglicismo utilizar este verbo con el significado de *pedir* o *encargar*.

ORFELINATO. En español, *orfanato*.

ORIENTE MEDIO, ORIENTE PRÓXIMO. En el uso español, el *Próximo* o *Cercano Oriente* incluye: Israel, Líbano, Jordania, Iraq, Siria, Turquía, Arabia y Egipto. El *Oriente Medio* comprende: Irán, Pakistán, India y países limítrofes con éste. El *Extremo* o *Lejano Oriente* se refiere a China, Corea, Japón y países del Pacífico. En la terminología inglesa y francesa, *Oriente Próximo* y *Oriente Medio* comprenden los mismos países. Parece que la terminología española es más razonable.

«ÓSCAR». Escríbase con mayúscula y entre comillas el nombre de este premio cinematográfico. Para el plural debe mantenerse la forma singular: «La entrega de *los Óscar* se celebró ayer...»

OSCILAR. No es sinónimo de *girar*. Por tanto, es incorrecto decir que «la temperatura oscila alrededor de 20 grados», pero sí sería correcto precisar que «durante la primavera, la temperatura oscila entre los 15 y los 20 grados».

OSTENTAR. Significa «mostrar o hacer patente una cosa» y «hacer gala de grandeza, lucimiento y boato». Se emplea, pues, mal este verbo en frases como: «El mayor índice de desempleo lo *ostentan* los jóvenes»; dígase «... *se da entre* los jóvenes». Es igualmente incorrecto utilizar este verbo en frases del tipo *«ostentar* un cargo», *«ostentar* la presidencia», etc., dígase *desem-*

peñar, ocupar, etc. (nunca *detentar).*

OTORGAMIENTO. En vez de *otorgamiento* de un premio, una recompensa, etc., es preferible decir *concesión.*

«OUTPUT». Tradúzcase por *salida* o *resultado.* (Hablando de electricidad: *potencia de salida).*

«OUTSIDER». Es preferible traducir esta voz por *no favorito.*

«OVERBOOKING». Conviene desterrar esta palabra inglesa, que se está generalizando en el lenguaje turístico; dígase *exceso de contrata* o *sobrecontrata* para indicar que se han reservado más plazas (en hoteles, aviones...) de las disponibles.

P

«PACK-SHOT». En lenguaje de la televisión publicitaria, *imagen del producto.*

PAÍSES ISLÁMICOS (MUNDO ISLÁMICO). Todos los países cuya religión mayoritaria (aunque no única) es el Islam. En ellos está comprendida gran parte del Asia Central (algunas repúblicas soviéticas y Afganistán), Oriente Próximo y Oriente Medio (Turquía, Irán, Pakistán), Extremo Oriente (Indonesia, Malasia...), todo el mundo árabe y gran parte de los países del África subsahariana. Hay además otros países que no pueden llamarse islámicos, pero que tienen en su población un importante número de musulma-

nes, como Albania, Bulgaria, Yugoslavia, China, la India...

PAÍSES NÓRDICOS. Véase *Escandinavia.*

PALIN-PALIM. Prefijos del griego «palin» (en sentido inverso): *pa-*lingenesia, *palim*psesto, *palin*-dromo.

PALMARÉS. Figura ya en el DRAE.

PAMPLONICA. Es forma afectiva que no debe utilizarse para designar a los *pamploneses.*

PAN-PANTO. Elementos compositivos del griego «pan» (todo): *pan*americano, *pan*islámico, *pant*ógrafo. Es incorrecto escribirlo separado por un guión: *pan-*árabe.

PANFLETO. Evítese como equivalente a *folleto. Panfleto* significa siempre *libelo* o *escrito difamatorio.*

«PAPARAZZI». Úsese entre comillas o subrayado. Aunque en italiano es el plural de «paparazzo», en español se emplea siempre la misma forma: un «paparazzi», dos «paparazzi», el «paparazzi», los «paparazzi».

PAPEL (JUGAR UN). Véase *jugar un papel.*

«PAPERBACK». Dígase *libro en rústica.*

PAQUETE DE ACUERDOS, DE NEGOCIACIONES. Cuando se trate de proyectos legales, reglamentarios, laborales, etc., que constituyen un bloque inseparable, acéptese *paquete.* En los demás casos, sustitúyase por *conjunto* o *serie* de medidas, acuerdos, etc.

«PARABELLUM». Entrecomíllese. No es una marca de pistola, sino un tipo de munición.

PARAFERNALIA. Aunque ya figura en el DRAE, se recomienda utilizar los términos españoles *utillaje, utensilios, adminículos...,* ya que *parafernalia* es un crudo anglicismo.

PARALELAMENTE. No es sinónimo de *a la vez* ni de *simultáneamente,* como cree el redactor de esta noticia: «*Paralelamente* a estos dos nuevos casos de cólera, la Dirección General anunciaba el alta de dos personas recientemente hospitalizadas.»

PARALELO (EN). No debe emplearse esta locución en casos como: «El Estatuto de Andalucía debe tramitarse *en paralelo* con otros estatutos.» Equivale a *a la vez que, simultáneamente con, paralelamente a,* etc.

PARALELOGRAMO. Es palabra grave. No digamos, pues, *paralelógramo.*

PARALÍMPICO. Dígase y escríbase *parolímpico.*

PARÁMETRO. Voz muy empleada por los cultistas modernos: «La opinión pública cambia con arreglo a *parámetros* imprevisibles.» Quien escribió esto quería decir *circunstancias* o *motivos.* El vocablo se usa con acepciones vagas, más o menos equivalentes a *variable* o *variante.* Utilícense estos últimos o, según los casos, *punto de referencia.*

PARENT/PARIENTE. En inglés *parent* es el padre o la madre, el progenitor. *Parents* son *los padres.* En español, *pariente* se refiere por lo común a los tíos, primos, y otros familiares de *parentesco* más o menos próximo.

«PARKING». Dígase *aparcamiento* o *estacionamiento.*

«PARQUET». Utilícese *parqué* (plural: *parqués*).

PARRICIDIO. Puede usarse tanto para el padre o la madre que matan a su hijo, como para el marido que mata a su mujer o viceversa, como para el hijo que mata a su padre, su madre, su abuelo, su abuela, su padrastro o su madrastra. De todas formas, hay que tener en cuenta que en algunos de esos casos también pueden utilizarse otros términos.

PARTICIPAR. Es galicismo (o catalanismo) la construcción con *a*: «Participaron *al* citado simposio.» Dígase *en* o *de*, según los casos: «Participaron *en* el citado simposio.»

PARTICIPIO DE PRESENTE O ACTIVO. Úsese sólo en los ya convertidos en adjetivos o adjetivos sustantivados: *amante, estudiante, confidente,* etc. No debe decirse, pues, como en esta noticia: «En la sesión de hoy no hubo *intervinientes*» o bien, «Una puerta secundaria, *recayente* al portal de la casa...»

PARTIDARIO. No debe usarse como «miembro de un partido político»; dígase *militante.* Ni tampoco como «referente a un partido político» («Los intereses *partidarios...*»); dígase *del partido* o *de los partidos.*

PARTIDISTA. Incorrecto en «los intereses *partidistas*», por *del partido* o *de los partidos*. *Partidista* es «que antepone los intereses de su partido a los del país».

«PART-TIME». Tradúzcase por la expresión *a tiempo incompleto,* por oposición a *a tiempo completo*. También por trabajo *a tiempo parcial*.

PASAR. Por mala traducción del inglés *to pass,* que en algunos casos equivale a *aprobar,* se emplea con este sentido en noticias procedentes de Estados Unidos: «La ley *ha sido pasada* por el Congreso.»

PASAR POR. Se utiliza a veces, indebidamente, con el significado de *depender de*: «La resolución del problema del paro *pasa por* un rápido acuerdo entre empresarios y sindicatos.»

PASEO. Es catalanismo y galicismo la construcción de «*hacer* un paseo», que en buen castellano significa *construir* un paseo. Lo correcto es *dar* un paseo.

PATERNIDAD. No debe usarse como sinónimo de *autoría*: «... se ha atribuido la *paternidad* del atentado». Sí «la *paternidad* de una obra artística».

PATOLOGÍA. Es «la ciencia que trata del estudio de las enfermedades». No confundir con *enfermedad*.

PATRULLAJE. Voz inexistente en español. En frases como: «el ejército desarrolla *patrullajes* de rastreo», dígase «*patrullas* del ejército realizan rastreos».

PC'S. Ésa es la forma inglesa de hacer el plural de las siglas PC (Personal Computer). En español es mejor decir *los ordenadores, las computadoras,* o, en todo caso, *los PC*.

PEATÓN. Altérnese con *viandante*.

PEATONAL. Aunque figura ya en el DRAE, prefiérase la forma *calle de peatones, zona de peatones,* etcétera.

PEATONALIZAR. Dígase «destinar al uso exclusivo de peatones».

PEDIGRÍ. Escríbase así, y no con su forma inglesa de *pedigree*.

PEKÍN. Aunque, según la moderna ortografía fonética, algunas agencias de noticias norteamericanas han decidido cambiar el nombre de esta ciudad china por el de Beijing, debemos seguir escribiendo Pekín. Como criterio general, según el Consejo Asesor, deben mantenerse todos los topónimos con escritura y pronunciación de tradición secular en español .

PELIGROSIDAD. Es un derivado, pero no un sinónimo de *peligro*.

«PELLET», «PELLETIZACIÓN». Escríbase entre comillas. Se pronuncia «pelet», pero conviene añadir entre paréntesis (bola de mineral) para que lo entienda el lector. Sería mejor la palabra *pella*, que significa lo mismo.

PENALIZAR. Prefiérase *sancionar, castigar, penar,* etc.

PENALTI. Hispanícese así el inglés «penalty». (Plural: *penaltis,* y no *penalties*).»

PENTATLETA (HEPTATLETA/DECATLETA). No *pentatlista,* etc.

223

PENTATLÓN. Se escribe sin -*h*-.

PEQUINÉS. No debe escribirse *pekinés,* aunque sea el gentilicio de Pekín. Todos los gentilicios de países y ciudades que se escriban con *k,* deben escribirse con *q.* Pakistán, *paquistaní.*

«PERCHMAN, PERCHIST». Tradúzcase por *jirafista* o *perchista.*

«PERFORMANCE». Puede sustituirse por *rendimiento.*

PERIFERÍA. Suelen decirlo así los médicos. Lo correcto es *periferia.*

PERINATAL. Estas voces figuran incluso en la legislación española y son correctas aunque no estén todavía incluidas en el DRAE. *Periodo perinatal:* incluye desde el 28.º día de la gestación al séptimo del nacimiento.

PERIPLO. Se ha generalizado el uso de esta palabra con el sentido de viaje por mar, más o menos largo.

PERMEAR. Es crudo y aún incipiente anglicismo que conviene atajar. Empléese *impregnar* y, mejor, *calar.*

PERMISIVIDAD. Aunque figura ya en el DRAE, no debe olvidarse que también puede decirse *tolerancia.*

PERSONA HUMANA. *Persona* es todo «individuo de la especie humana» (DRAE). Por tanto, es redundancia hablar de la *persona humana.*

PERSONA NON GRATA. Españolícese el plural de este sintagma latino. Dígase *personas no gratas.* También podemos españolizar el singular.

PÉRTIGA. En algunos países americanos se dice *garrocha.*

PESADAS (BAJAS). Calco del inglés «heavy losses». Dígase «pérdidas cuantiosas» o «cuantiosas bajas» (mil.)

PETROGRAFÍA. Descripción de las rocas.

PETROLÍFERO. Significa «que contiene o produce petróleo». No debe usarse, pues, en lugar de *petrolero* (lo relativo al petróleo). Terreno *petrolífero,* pero barco o empresa *petrolero/a.*

PETROLOGÍA. Ciencia que trata el estudio de las rocas. La del petróleo se llama *petroleología.*

PETROQUÍMICO. Palabra sinónima de *petroleoquímico* o *petrolquímico.*

«PHONES». Tradúzcase por *auriculares.*

«PHOTO FINISH». Puede traducirse como *foto de llegada* o *fallo fotográfico.*

«PICNIC». Escríbase entre comillas o utilícese la palabra española *jira.*

PIEDRA (MAL DE), PIEDRA (MAL DE LA). El *mal de piedra* es un problema de los riñones, y el *mal de la piedra* es la «enfermedad» que sufren las piedras de algunos monumentos.

PIFIA. Significa «error», «descuido» o «mala jugada». A veces se pronuncia incorrectamente diciendo *picia.*

PILOTEAR. Es incorrecto. En español se dice *pilotar.*

PILOTO. Figura ya en el DRAE en construcciones tales como «piso *piloto*».

PINTADA. Hay que evitar decir «grafitto» o «grafitti» cuando nos referimos a un letrero pintado en una pared, casi siempre con carácter político.

«PIOLET». En español es *zapapico*. Si hay que usar «piolet», escríbase entrecomillado.

PÍRRICO. No significa *escaso, pobre, de poca importancia*, etc., sino «el triunfo obtenido con más daño del vencedor que del vencido».

PLACET. Procúrese no usar esta palabra en plural. En caso necesario, dígase «los *plácet*».

«PLANNING». Equivale a *planeamiento, planificación* o *programa*. En Hispanoamérica dicen *planeo*.

PLATAFORMA. En sentido figurado, el DRAE recoge esta palabra con la acepción de «Programa o conjunto de reivindicaciones o exigencias que presenta un grupo político, sindical, profesional, etc.»

PLAUSIBLE. Además de *digno de aplauso*, también podemos utilizarlo como *atendible, recomendable*. No confundir con *posible* o *viable*.

«PLAY-BACK». Escríbase entre comillas. La Academia propone su sustitución por *previo,* pero no parece solución afortunada.

«PLAYBOY». Escríbase este vocablo entre comillas.

«PLAY-MAKER». En baloncesto se llama así (en inglés) al encargado de organizar el juego dentro de la cancha. En español puede llamarse *base;* en Hispanoamérica se le llama *armador*.

«PLAY-OFF/PLAY OUT». En la prensa de Ecuador lo han traducido por *liguilla final*, y ésa es la forma que debería adoptarse en el resto de los países hispanohablantes. También puede decirse *eliminatoria, liguilla, segunda fase, fase final, serie semifinal, serie final, series finales*.

PLAZA. Véase *calle*.

PLEBISCITAR. Dígase *someter a plebiscito*.

PLUSMARQUISTA. No «recordman» o «recordwoman» (persona que ostenta la mejor marca en su especialidad atlética).

PLUSVALÍA. Acrecentamiento del valor de una cosa por causas extrínsecas a ella. (En inglés, «premium», «increase in value».)

POBLADOR. Es el que puebla, y *poblar* es fundar uno o más pueblos u ocupar con gente un sitio para que habite en él. No se debe utilizar esta palabra en el sentido de habitante. En Chile y otros países de Hispanoamérica se llama *pobladores* a los habitantes de las zonas más pobres y periféricas de las grandes ciudades. En este caso debemos entrecomillarlo.

POBRE. Empleado con el sentido de *malo* es un anglicismo. «A *poor* health» no es «una *pobre* salud», sino «una *mala* salud».

POCO. Hay que distinguir entre *por poco* (casi) y *a poco* (poco después). A poco puede llevar a veces *de* como complemento.

PODIO. No *podium*.

POLÍGLOTO. Su femenino es *políglota*.

«POLITBURÓ». Escríbase entre comillas.

POLÍTICAS ECONÓMICAS. Siempre en singular: *política económica;* en plural es un anglicismo.

POLITÓLOGO. Dígase *comentarista político* (o *especialista en ciencia política,* si realmente lo es).

POLIVALENTE. Significa *de múltiples valores* o *de múltiples usos.*

PONER EN CUESTIÓN. Empléese *cuestionar.* Véase esta palabra.

PONI. Escríbase así, evitando la forma inglesa de *pony* y la francesa de *poney.*

«POOL». Manténganse las comillas o tradúzcase, siempre que sea posible, *por agrupamiento* (de empresas) o *representación* (referido a personas).

POR. Se emplea erróneamente, sobre todo en noticias de los Estados Unidos, en lugar de *para* (conseguir, lograr, etc.): «La campaña de la administración Reagan *por* frenar las transferencias tecnológicas.»

POR CONTRA. Del francés «par contre». Dígase *por el contrario* o *en cambio.*

POR LA VÍA DE. Enfática manera de sustituir a *mediante, con, por* y otras modestas pero dignas preposiciones: «Eso debe resolverse *por la vía de* las negociaciones.»

PORQUÉ. Esta palabra es un sustantivo que significa «causa». Tiene un plural, los *porqués.* No debe confundirse con *porque, por que* ni *por qué.*

PORTAR. Es anticuado usarlo en lugar de llevar o *traer.* Úsese solamente en *portar* armas.

PORTAVOCÍA. Admítase este neologismo parlamentario.

PORTORRIQUEÑO. Dígase *puertorriqueno.*

POS, POST. El prefijo *pos* se usa cuando precede a una palabra que comienza por consonante. *Post,* cuando la palabra empieza por vocal.

POSICIÓN. Anglicismo flagrante en frases como: «No están en *posición* de arriesgarse a...» (por *situación, condiciones);* «No ha variado la posición del PNV» (por *actitud);* «Ocupa una importante *posición* en el partido» (por *puesto, cargo, empleo,* etcétera, y, si no tiene *cargo,* «Ejerce una gran *influencia* en el partido»).

POSICIONAMIENTO. No debe desplazar sistemáticamente otras palabras, tales como *actitud, posición, postura, toma de postura,* etc.

POSICIONAR. Figura ya en el DRAE con el sentido de «tomar posición». Es verbo intransitivo y se usa también como pronominal. De todas formas conviene recordar que existen otros verbos más sencillos y tradicionales en español, como *colocar, situar,* etc.

POSITIVAR (UNA FOTOGRAFÍA). No es *revelar,* sino convertir en positivo un negativo fotográfico.

POSOPERATORIO. Escríbase *postoperatorio.* Véase *pos-, post-.*

POSPONER. No equivale a *aplazar* o *suspender*. *Posponer* ha de hacer referencia a otra cosa que se adelanta a la pospuesta. *Aplazar* no hace esa referencia.

PÓSTER. Figura ya en el DRAE y no equivale a *cartel*.

POSTERIORMENTE A. Muy mal si se escribe: «se ha sabido *posteriormente a* esto que...» ¿Por qué no *después de/que* o *con posterioridad a* esto?

POSGUERRA CIVIL. Dígase *al término de la guerra civil*, o, simplemente, *en la posguerra*.

POSTGUERRA. Escríbase *posguerra*. Véase *pos-, post-*.

«POSTPONE». Esta palabra inglesa no equivale al español *posponer*. Debemos traducirla por *aplazar* o *diferir*.

POSTRER. Es apócope de *postrero* y sólo va delante de nombres masculinos. Por lo tanto, es incorrecto decir: «en su segunda y posiblemente *postrer* jornada».

POSTULANTE. No es sinónimo de *candidato*. Es, pues, incorrecto su uso en frases como: «El Movimiento Popular Democrático, cuyo *postulante* se clasificó en el cuarto lugar...»

POSTULAR. No equivale a *presentar candidatos:* «El partido *postulará* candidatos a todos los puestos.» *(Presentará)*.

POTENCIAL. Dígase también *poderío* o *potencia*.

PRÁCTICA TOTALIDAD. Véase *la práctica totalidad*.

PRACTICIDAD. Término inexistente en español. Dígase, según el caso, *eficacia, provecho...*

PRECALENTAMIENTO. Véase *calentar*.

PRECONDICIONES. Anglicismo. «Conversaciones con los representantes de la OLP sin *pre-condiciones (sic)*...» Dígase *sin condiciones, incondicionalmente,* o mejor, *sin condiciones previas*.

PRECONGRESUAL. Dígase *anterior al congreso*.

PRECONIZAR. Puede usarse con los significados de *aconsejar, recomendar* (ciertas cosas de interés general) o *propugnar*.

PREFERENTEMENTE. No debe emplearse en lugar de *especialmente* o *sobre todo*, en frases como: «Intervalos nubosos con algunos chubascos de madrugada, *preferentemente* en el País Vasco...»

«PREMIER». Escríbase entre comillas, y referido sólo al primer ministro británico.

«PREMIÈRE». En la acepción de «primera representación de una obra teatral o cinematográfica», dígase *estreno*.

PREMISA. Pedantería por *supuesto, base, condición,* etc.: «No se puede partir de la *premisa* de que el taxista trabaje doce horas.»

PREOCUPARSE. El régimen preposicional de este verbo es *por* o *de*.

PRERREQUISITOS. Ambos son un calco del inglés. En español se debe decir: *condiciones previas, requisitos previos*.

PRESCRIBIR. A veces se confunde este verbo con *proscribir*. *Prescribir* significa *ordenar, recetar, concluir, extinguirse una carga, obligación o deuda. Proscribir* es *desterrar, prohibir* el uso de algo.

PRESERVAR. Este verbo está regido siempre por la preposición *de* (*Preservar del* frío). No debe emplearse como sinónimo del inglés *to preserve,* que unas veces equivale a *conservar, sostener* («El empeño principal del Estado debe ser la *preservación* de la paz»; debió escribirse la *conservación);* y otras, *proteger, cuidar* («Hay que buscar soluciones que *preserven* los intereses de todas las partes»; debió escribirse que *protejan,* que *salvaguarden).*

PRESIONAR. Es incorrecto su uso en frases como «*Presionan* la dimisión del ministro»; dígase: «*Presionan* para que dimita el ministro» o, en su caso, «*presionan* al ministro para que dimita.»

«PRESSING». Voz inglesa inventada en Francia que conviene traducir por *acoso* o *presión.*

«PRESS-RELEASE». Tradúzcase por *comunicado* o *nota de prensa.*

PRÉSTAMOS BLANDOS. Traducción literal de «*soft loans*». Sería preferible emplear *préstamos favorables, privilegiados* o *subvencionados.*

PRÊT À-PORTER». Escríbase entre comillas.

PRETEXTO. Dígase *con el pretexto de* o *so pretexto de.* Es incorrecto *bajo el pretexto de* y *a pretexto de.*

PREVENIR. No debe emplearse con el sentido de *impedir, evitar* (que es un anglicismo). No debe confundirse con *prever. Prevenir* es *preparar, precaver. Prever* es *ver con anticipación* o *conjeturar. Prevenir* un peligro es «tomar precauciones contra él»; *preverlo* es «ver, suponer, anunciar, sospechar que va a producirse».

PREVER. Se lee a veces: «La ley *prevé* que, en estos casos...» La ley no *prevé,* sino que *ordena, dispone, establece, manda, estipula...* Es, pues, erróneo, escribir: «Se van a tomar las medidas *previstas* por el decreto...»; se dirá *establecidas, dispuestas, estipuladas,* etc. Es vulgarismo corriente decir o escribir *preveer.*

PREVEYENDO, PREVEYERA, PREVEYÓ. Tosco error por *previendo, previera, previó.* Téngase en cuenta que *prever* se conjuga como *ver.*

PREVIAMENTE A. Constituye error este difundido giro en frases como: «*Previamente a* la cita con el señor Fontán, una comisión se entrevistó con el señor Ontínez.» Dígase: «*Antes de* asistir a la cita...» Deséchese siempre *previamente a.*

PREVIO. Es incorrecto el giro preposicional *previo a.* No debe escribirse: «La preparación que realizan *previo al Mundial*», sino «la preparación que realizan *antes del* Mundial».

«PRIME RATE». Escríbase entre comillas o subrayado. Úsese mejor *tasa* o *tipo de interés preferente.*

PRIMER, TERCER. El apócope de *primero* y *tercero* sólo debe emplearse cuando precede a un nombre masculino, aunque se interponga otro adjetivo. A veces aparece usado ante nombre femenino: la *primer* vez. Este uso no es normal.

PRIMERO DE TODO. Dígase *en primer lugar*.

«PRINTING». Siempre entre comillas.

PRIORIDAD, PRIORITARIO. Aunque aceptado por la Academia, es anglicismo que abunda hasta la náusea desplazando a *preferencia, precedencia, prelación* y *preferente*.

PRIORIZAR. Sustitúyase este verbo inexistente por *dar preferencia, anteponer, dar prioridad*.

PRIVACIDAD. Debe usarse *intimidad*.

«PRIVACY». Tradúzcase por *intimidad* o *independencia*; pero nunca por *privacidad*, que es término inexistente en español.

PRO. Es una preposición que significa *en favor de,* precede a un sustantivo o a un adjetivo sustantivado, y se escribe separadamente. *Pro* puede ser también nombre femenino, y significa provecho: "hombre de *pro*", "¡Buena *pro* les haga!". Puede ser nombre masculino, *aspecto* o *punto favorable:* "el *pro* y el contra". Y puede ser prefijo latino, sólo en este caso se escribe unido a la palabra siguiente, significa *en vez de: pro*hombre; o *delante, adelante: pro*cesión, *pro*poner...

PROBABLE. No es correcto su uso en construcciones como: «A dos años *probables* de la próxima convocatoria electoral.» Dígase: «Probablemente, a dos años de

la.. », «A dos años, probablemente, de la...» o «A dos años, tal vez (o quizá), de la...»

PROBLEMÁTICA. Es aceptable como «conjunto de problemas de considerable relieve». Pero no debe emplearse sistemáticamente como sustituto de *problemas*.

PROCLAMAR. Publicar en alta voz una cosa no es sinónimo de *declarar*. Es incorrecto su uso en: "Yirinovski fue *proclamado* persona no grata en Eslovenia..."

PROCLIVE. Se aplica a la persona propensa a alguna cosa, especialmente a lo malo.

PROCURADOR GENERAL. Cuando aparezca en noticias de Hispanoamérica *Procurador general,* téngase en cuenta que es lo que en España conocemos como *Fiscal general* (del Estado).

«PROCUREUR». Ese término francés del lenguaje judicial debe traducirse al español por *fiscal* (no *procurador*). El *procurador* español equivale al «avoué» francés.

PROFERIR. Sólo puede emplearse este verbo refiriéndose a algo dicho de viva voz. No se pueden *proferir* amenazas en un escrito enviado a una agencia de prensa.

PROGRESIVAMENTE. No es sinónimo de *paulatinamente*. No es correcto escribir: «La tierra aumenta *progresivamente* de temperatura.» Debió escribirse *paulatinamente,* porque quiere decir que va aumentando «poco a poco».

PROGROMO. La grafía correcta en español es *pogromo*.

PROLONGARSE. No debe abusarse de este término con el sentido de *durar*.

PROLONGARSE A. El régimen preposicional de este verbo es *hasta* o *hacia*: «La calle será *prolongada hasta* enlazar con la carretera de Burgos» (no *prolongada a* enlazar...)

«PROMISSORY NOTE». Término económico que se traduce como *pagaré*.

PROMOVER. Anglicismo que está desplazando a *convocar, fomentar*: «*Promover* una reunión.»

PRONUNCIAMIENTO. Evítese cuidadosamente hacerlo equivaler a *declaración*, ya que sólo significa *rebelión militar* o tiene acepciones judiciales.

PRONUNCIAR (UN MITIN). No se pronuncia un *mitin*, sino que se *celebra. Mitin* es una reunión pública.

PRONUNCIARSE. Significa *determinar, resolver* y no simplemente «decir».

PROPALAR. Es divulgar una cosa oculta, lo que no suele ser el caso de la misa que se *propaga, divulga, difunde, transmite* o *retransmite* desde la iglesia de la Natividad. Evítense frases como: .«... los turistas visitaban la iglesia de la Natividad y la de Santa Catalina, desde donde suele *propalarse* la misa de Nochebuena".

«PROPERTY». No siempre significa propiedad, como a veces traducen algunos, sino *bienes* o *pro-*

piedades. Real property son *bienes raíces. Personal Property* son *bienes muebles.*

PROPICIAR. Significa «favorecer la ejecución de algo». Es absurdo, por tanto, escribir: «Los adivinos *propician* (por *pronostican)* un año lleno de dificultades.» El verbo sólo puede emplearse cuando se favorece *activamente* la realización de algo: «La empresa *propicia la* instalación de un jardín de infancia»; pero no cuando falta aquella actividad: «La oscuridad de la noche *propició* la acción de los terroristas»; dígase mejor *favoreció.*

PROPICIO. Significa «favorable, inclinado a hacer un bien», «favorable para que algo se logre». Es, pues, inadecuado decir: «El gobierno sirio se muestra *propicio* a declarar la guerra a Israel»; «Dijo sentirse *propicio* a pensar que aquel ofrecimiento era un engaño.» Úsese *inclinado, favorable, dispuesto, propenso,* etcétera.

PROSCRIBIR. Significa «desterrar», «prohibir el uso de una cosa» y no hay que confundirla con *prescribir.*

PROSPECTIVA. Lo encontramos mal usado con el sentido de «proyecto, iniciativa». *Prospectiva*: «Conjunto de análisis y estudios realizados con el fin de explorar o predecir el futuro, en una determinada materia» (DRAE).

PROSPERAR. Aunque se usa frecuentemente con los sentidos de *avanzar, progresar, adelantar, pasar, ser aprobado, triun-*

far, debe preferirse el empleo de estos verbos.

PROTAGÓNICO. Preferible usar como adjetivo el sustantivo *protagonista:* «Un papel *protagónico* y directo.» Mejor: «Un papel *protagonista* y directo.»

PROTESTARIO. Mejor que «adoptó una actitud *protestataria*», cabe decir «una actitud *de protesta*».

PROVENIENTE. No *proviniente*.

PROVISIONAR. Verbo inexistente. Dígase en su lugar *abastecer, proveer, suministrar, aprovisionar, aportar, facilitar.*

PROVISORIAMENTE. Dígase *provisionalmente.*

PROVOCAR. Significa *incitar, inducir.* También *producir,* pero sólo cuando se trata de una reacción o respuesta: «La ocupación iraquí de Kuwait *provocó* la guerra del Golfo.» Pero sería incorrecto escribir: «Heridas *provocadas* por los vidrios destrozados.»

PROYECCIÓN. Prefiérase *previsión* o *pronóstico* en frases como «las primeras *proyecciones* sobre la composición del Senado comenzarán a conocerse...»

PSEUDO-/SEUDO-. Es un prefijo inseparable —recuérdese que la Academia prefiere la segunda grafía. Por lo tanto, escribimos *seudónimo, seudópodo, seudoprofeta.*

PSICO-/SICO-. En las palabras compuestas con este prefijo es preferible la forma *psico-.*

PSIQUIÁTRICO. No es sinónimo de *mental.* En lugar de «ha padecido trastornos *psiquiátricos*», dígase «ha padecido trastornos *mentales* o *psiquicos*».

PSIQUIS. Lo correcto es *psique.*

PUBLICITAR. Dígase *dar a la publicidad* algo, o *hacer publicidad* de un producto. Se emplea este barbarismo con el sentido de *dar publicidad, publicar, divulgar,* o *hacer propaganda de:* «Poco *publicitado* por los medios de comunicación.»

«PUDING». LA RAE incorporó esta voz como *budín* o *pudín.*

PUERTORRICENSE. El gentilicio de Puerto Rico es *puertorriqueño.*

PUERTORRIQUEÑO. Véase *puertorricense.*

PULCRITUD. No es la traducción del inglés *pulchritude. Pulcritud* en español es sinónimo de «limpieza»; *pulchritude* equivale, en inglés, a «belleza»: «Nunca había visto tanta *pulcritud* reunida en un solo lugar» (refiriéndose a un grupo de muchachas).

PULSIÓN. Galicismo evitable; dígase *impulso.*

PUNTA (TECNOLOGÍA). Prefiérase *tecnología avanzada.*

PUNTAJE. Neologismo innecesario que no debe sustituir a *puntuación.*

PUNTO Y FINAL. Dígase *punto final* (sin la *y*).

PUNTUAL. Es un anglicismo-galicismo que debe evitarse y no ser utilizado como sinónimo de *concreto* o de *detalle.*

PUNTUALMENTE. En español significa «con diligencia y exactitud, pormenorizadamente»; y, por supuesto, «a la hora en punto». Evítense otras acepciones.

Q

QUERELLA. En derecho es generalmente una acción penal; por consiguiente, todas las *querellas* son *criminales.*

QUIEN. Sólo puede tener antecedente personal. Véanse las *«Normas de redacción»,* 7.5. Este pronombre tiene un plural: *quienes,* cosa que a veces se olvida, «... y sean *quien* sean los que participen».

QUIENQUIERA. Se construye siempre con *que: «quienquiera que lo* haya hallado...» (Y no *«quienquiera lo* haya hallado»).

QUÍMICOS. Es anglicismo usar esta palabra en vez de *productos químicos.*

QUINCENA. *Quincena* significa «período de quince días», *quinquenio* «período de cinco años» y *quindenio* «período de quince años».

QUIOSCO. Es la forma correcta junto con *kiosco* aunque es preferible la primera. De ninguna manera *kiosko.*

QUÓRUM. No varía el plural.

QUOTA PARTE. Dígase *parte alícuota.*

R

RADIACTIVIDAD, RADIACTIVO. No *radioactividad, radioactivo.*

RADIAL. En lugar de «las emisoras *radiales»,* debe decirse «las emisoras *de radio»* o *radiofónicas.*

RADIOESCUCHAS, RADIOYENTES. Pueden utilizarse ambos términos.

«RAID». Debe traducirse por *incursión, correría, ataque, bombardeo.*

«RAIS». En árabe y no sólo en Egipto, significa *presidente.* Tradúzcase así siempre al español.

RALENTIZAR, RALENTIZACIÓN. Ambos vocablos están admitidos por la Academia.

«RALLY». Escríbase entre comillas. No debe usarse la grafía *rallye,* que es adaptación francesa. Su plural inglés es *rallies;* pero, usado dentro de nuestro idioma es preferible darle la forma *rallys,* para evitar una falsa pronunciación /*ralies.*

RANGO. Es anglicismo en estas construcciones: «militar de alto *rango»* (graduación); «una novela de primer *rango» (calidad,* categoría); «se encuentra en los últimos *rangos* de su categoría» (escalones, peldaños). Con el significado de *clase social elevada* es normal en América: «Una familia de *rango.» (También* se utiliza a veces en España).

«RANKING». Es voz castellanizable como *ranquin,* aunque puede traducirse por *clasificación, tabla* o *lista clasificatoria.*

RAPE, RAPÉ. Confundirlos es un grave error ortográfico ya que en español tienen significados muy distintos.

RAPTAR. No es voz sinónima de *secuestrar.* Se *rapta* por un móvil sexual o a una persona menor de edad.

RATING. Es una voz inglesa que en español debemos traducir por *clasificación, tasación, valoración, tarifación, cotización, ajuste de primas.*

RAZA. Equivale a grupo de una especie botánica o zoológica. Por lo tanto, no debemos hablar de *raza*, sino de la *especie humana.*

REACTIVACIÓN/RECRUDECIMIENTO. La primera palabra es de signo positivo; de signo negativo la segunda: «La *reactivación* de la economía», pero «el *recrudecimiento* del paro».

REALISTARSE, REALISTAMIENTO. Es un calco del inglés *«re-enlist», «reenlistment»;* en castellano decimos *reengancharse* y *reenganche.*

«REALITY SHOW». Tradúzcase por *programa de sucesos.*

REALIZAR. Verbo comodín que desplaza innecesariamente a otros más apropiados a los diferentes contextos en los que aparece, tales como *celebrar, hacer, elaborar, efectuar, fabricar, componer, confeccionar, producirse, darse,* etc.

RECAPTURAR. No debe usarse en el sentido de *reconquistar.*

RECEPCIONAR. Extraño verbo que, sustituyendo a *recibir,* aparece sobre todo en la jerga deportiva: «... recepcionó el balón». Evítese.

RECESIÓN. Caída o disminución de la actividad económica. (Ing.: «Recession»).

RECESO. Dígase *suspensión, aplazamiento, descanso...* El término figura en el Diccionario como americanismo.

RECICLAJE. Prefiéranse las formas *reciclamiento* o *reciclado.*

RECIÉN. Vigílese su uso americano en los despachos para España.

RECLAMARSE DE. Galicismo inaceptable en frases como: «los partidos que *se reclaman del* marxismo van a coligarse», dígase: «que *se declaran marxistas», «de ideología* marxista», o simplemente *marxistas.*

RECOLECTAR. Conviene recordar que no es sinónimo de *recoger.* No son correctas frases como: «... para *recolectar* un millón de firmas...»

RECOLOCAR. «... la *recolocación* de la mayor parte de los excedentes laborales...» No es verbo español. En este caso basta con *colocar:* «... la *colocación* de...», y en otros puede decirse *volver a colocar.*

RECONDUCIR, RECONDUCCIÓN/RECONVERSIÓN. Dígase mejor: *reorientar, cambiar, reformar, renovar, reorganizar,* etc.

RECONFIRMAR. Aunque no figure en el DRAE, es aceptable en frases como: «Me gustaría utilizar esta ocasión para *reconfirmar* a ustedes nuestra determinación...»

RECOPILAR. No equivale a *recoger.* Es incorrecta la frase: «Se dedican a *recopilar* cuentos, tebeos y libros, para enviarlos a Colombia...»

«RECORD». Si se utiliza esta palabra, se castellanizará escribiéndola con acento en la *e* y en letra redonda: récord (plural récords). Voz inglesa que equivale a *plus-*

marca, aunque no es lo mismo *récord* que *mejor marca.* Generalmente se utiliza esta segunda expresión cuando la marca realizada no puede ser homologada como récord. También puede en algunas ocasiones sustituirse por *registro, palmarés, anales, relación,* etc.

«RECORDMAN», «RECORDWOMAN». Dígase *plusmarquista.*

RECORDARSE DE. Es incorrecto. «No *se recordaba de* nada.» Dígase «No *recordaba* nada.»

RECUENTO. Es volver a contar. Dígase *cómputo* si es la primera vez que se cuenta.

RECURRIR. Su significado es «Acudir a un juez o autoridad con una demanda o petición.» Es verbo intransitivo aunque a veces se usa como transitivo.

REDEFINIR. Acéptese el uso de este vocablo: «Enmiendas tendentes a la *redefinición* nacionalista del P.S.C.»

REDIMENSIONAR. Dígase *reajustar, adecuar* (la dimensión), *reducir* o *aumentar* (la dimensión), *replantear.* Debe evitarse también el uso de *dimensionar* y *sobredimensionar.*

REENCUENTRO. No debe usarse en lugar de *reconciliación.*

REESTABLECER. Forma incorrecta. Escríbase *restablecer.*

REFERENDARIO. *Referendario* es en español un sustantivo que no funciona como adjetivo. Por lo tanto, es incorrecto su uso como tal adjetivo.

REFERENDUM. Adóptese como plural *referendos.* Conviene también difundir el singular *referendo.*

REFORMULAR. Aunque no lo registre el DRAE, puede usarse.

REFORTALECER. No es verbo español. Dígase *fortalecer* o *reforzar.*

REFORZAMIENTO. No existe esta palabra en español. Dígase *refuerzo* y, en todo caso, según el texto, *aumento, incremento,* etc.

REGAZO. Es el «hueco formado por la falda entre la cintura y las rodillas cuando una mujer está sentada». Así pues, es incorrecto decir que «Cela estaba sentado con su premio en *el regazo.»*

RÉGIMEN. Su plural es *regímenes.*

REGIONAL. En el contexto internacional este adjetivo tiene una significación distinta a la usual. Alude a regiones a nivel mundial, es decir, a un grupo de naciones de una determinada zona geográfica, frecuentemente un continente. Así, se dice que la Comunidad Económica Europea, la Liga Árabe, o la OEA son «Organizaciones regionales» por oposición a las Naciones Unidas, por ejemplo, que lo es de ámbito universal.

REGIONALIZACIÓN. En frases como: «... significaría la *regionalización* del conflicto», dígase siempre *extensión.*

REGISTRAR. Incorrecto en frases como: «... un combate *registrado* en la región central...», «... ayer se *registraron* combates en la ciudad de...». Los combates se *libran,* no se *registran.*

REGLAMENTADO. Al decir «tiempo reglamentado» nos referimos al tiempo que dura un partido y no hay que confundirlo con *reglamentario* que comprende ese tiempo más la prolongación que pudiera tener lugar por haber habido interrupciones en el transcurso de dicho partido.

REGULACIÓN, REGULACIONES. Muchas veces se emplea mal, en las acepciones de *reglamento, reglamentación* o *norma*.

REGULAR. Es anglicismo cuando se utiliza en la acepción de *habitual, asiduo*.

REHUSARSE. Dígase *rehusar* o *negarse a*. «El presidente *rehusó* la invitación», «El periodista *se ha negado* a revelar sus puntos.»

REINGRESAR. No es correcto en el sentido de volver a un país. Dígase sencillamente *volver, regresar*.

REINICIAR. *Reiniciar* es «volver a empezar» y no debe confundirse con *reanudar, reemprender, proseguir,* o *continuar* algo que se había interrumpido.

REITERAR. No debe decirse «*se reiteró*», «*reiteró* en que», sino «*reiteró* que» o «*se reafirmó* en que».

REIVINDICAR. Aunque aparece en el DRAE con el significado de «reclamar para sí la autoría de una acción», es preferible utilizar, en casos de terrorismo, *reclamar para sí, declararse autor* o *atribuirse la autoría*. No confundir con *revindicar*, que significa «defender al que se halla injuriado».

RELACIONES BILATERALES. *Bilateral* es una redundancia, ya que toda relación es «conexión, trato, correspondencia de una persona o cosa con otra» y cuando hablamos de *bilateral* hacemos referencia a algo «que pertenece a los dos lados, aspectos o partes que se consideran». Es un error usarlo como sinónimo de *recíproco*.

RELANZAR. No significa «volver a lanzar», como muchos creen, sino «repeler», «rechazar». Dígase *reactivar*, y, en vez de *relanzamiento,* empléese *reactivación*.

«RELAX». Figura ya en el DRAE.

RELEVANT/RELEVANTE. En inglés significa *pertinente, que viene al caso;* en español, *de mucho relieve, destacado, importante*.

RELUCTANCIA. Significa «resistencia que ofrece un círculo al flujo magnético». (Cambiar fluido por flujo). Dígase, pues, *renuencia, resistencia, repugnancia, oposición*. Sin embargo, puede usarse *reluctante* que, según el DRAE, significa *reacio, opuesto*.

«REMAKE». En la jerga cinematográfica, tradúzcase por *nueva versión*.

REMARCAR. Sustitúyase este galicismo por *subrayar, destacar, llamar la atención sobre*.

REMBOLSAR. Aunque el DRAE autoriza esta forma, prefiere, sin embargo, *reembolsar*.

«REMODEL». No es *remodelar*, sino *modernizar*.

REMODELACIÓN, REMODELAR. Insufrible galicismo por *reestructuración, reajuste, reforma, mo-*

dificación, mejora, y los verbos correspondientes.

REMOVER. "... Fue intervenido quirúrgicamente para *removerle* un tumor cerebral". No parece que en la intervención quirúrgica le cambiaran, al paciente, el tumor de un sitio a otro, que es lo que significa *remover,* sino que se lo *extirparon o quitaron,* que es lo que significa en español *to remove.*

REMPLAZAR. Cabe el mismo comentario que en *rembolsar.*

RENDIR UN SERVICIO. Digamos *prestar un servicio. Rendir un servicio* es galicismo.

RENTAR. Anglicismo usado con el significado de *alquiler.* Su significado es «producir o rendir beneficio o utilidad anualmente una cosa».

REPERCUTIR. Este verbo rige siempre un complemento con la preposición *en,* aunque frecuentemente se omite.

REPORTAR. Es anglicismo usado en el sentido de *informar.*

REPORTE. Mala traducción del inglés «report». Dígase *informe.*

REPORTERA. Es el femenino de *reportero.*

REPUDIAR. No es sinónimo de *rechazar.*

REPUNTE. Es un americanismo mal usado en lugar de *reactivación, recuperación.*

RÉQUIEM. Empléese sólo en singular: el *réquiem,* los *réquiem.*

RESALTAR. Se trata de un verbo intransitivo. Asi, es incorrecta la frase «El ministro *resaltó* los logros obtenidos por su depar-tamento.» En casos como el del ejemplo debe usarse el verbo transitivo *destacar.*

RESARCIRSE. No debe usarse como sinónimo de *congraciarse.* Está mal decir: «El equipo quiere *resarcirse* con la afición después de las últimas derrotas.»

RESINA DE HACHÍS. Es suficiente decir *hachís,* ya que este producto es la resina prensada de una planta. No debe confundirse con el *aceite de hachís.*

RESPONDER. Este verbo rige la preposición *a.*

RESPONSABLE. Puede usarse en la acepción de *dirigente* o *directivo.*

RESTAR. No debe sustituir a *quedar* o *faltar.* «*Faltan* (o *quedan*) diez minutos de partido.»

RESTAURACIÓN. Puede utilizarse esta palabra como derivado de restaurante: «Los empleados de la hostelería y *restauración.*»

RESTAURADOR. Puede usarse en el sentido de persona que tiene o dirige un *restaurante,* o cuya actividad es la *restauración.*

RESTAURANTE. Úsese en lugar de *restaurant* o *restorán.*

RESTAURANTE EXCLUSIVO. Extranjerismo que en castellano debe sustituirse por *restaurante selecto* o *distinguido.*

RESULTAR EN. Traducción literal del inglés «to result in». En español equivale a *dar como resultado, tener como consecuencia.*

RESUSCITATION/RESUCITACIÓN. En medicina, el término que se emplea para hacer que una persona vuelva en sí es *reanimación*. También *resucitación*.

RETICENTE. Mostrarse *reticente* significa: «No decir sino en parte, o dar a entender claramente, y de ordinario con malicia, que se oculta o calla algo que debiera o pudiera decirse.» No debe usarse con el significado de *reacio, renuente, remiso*: «Se ha mostrado *reticente* a aceptar.»

RETRANSMITIR (O TRANSMITIR). Es transmitir desde una emisora lo que se ha transmitido a ella desde otro lugar.

REVERTIR. Significa «volver una cosa a la propiedad que tuvo antes, o pasar a un nuevo dueño». No debe usarse en lugar de *volver atrás, retroceder, derogar, abrogar, abolir, anular, volver del revés, invertir*, etc.

REVISTAS ESPECIALIZADAS EN ROMANCES. Preferible emplear *revistas del corazón*, que es la forma ya acuñada por el uso en España.

REVULSIVO. Se utiliza mal en el sentido de *estímulo, incentivo*.

RIESGOSO. En español se dice *arriesgado/a*. En despachos de la Argentina puede aceptarse.

«RING». Véase *cuadrilátero*.

ROL. Anglicismo o galicismo («role») superfluo. Escríbase *papel*.

«ROLL-ON-ROLL-OF». Técnica de transporte marítimo en la que vehículos terrestres (camiones, vagones) suben a un barco por medio de una pasarela tendida desde el muelle. Término usado en las compañías navieras de todo el mundo. Los franceses han propuesto el término *roulage*. Se propone que en español se llame «carga rodada» (pero pónganse con comillas las formas inglesas para favorecer la identificación y la difusión de la forma española).

ROMANCE. Aunque el DRAE admite esta palabra con el significado de «relación amorosa pasajera», se trata de un claro anglicismo y debe evitarse su uso siempre que pueda cambiarse por *idilio, noviazgo, amorío, flirteo* o *galanteo*.

ROTATIVO/ROTATORIO. *Rotativo/rotativa*, como adjetivo, se aplica solamente a cierta máquina de imprimir periódicos. Como sustantivo, equivale a *periódico*. Aunque sería correcto, siguiendo el DRAE, hablar de «movimiento *rotativo*», mejor si decimos «movimiento *rotatorio*».

«ROULOTTE». Tradúzcase por *caravana*.

«ROUND». En lenguaje deportivo, tradúzcase por *asalto* o *episodio*. No debe usarse en lugar de *ronda*: «Un nuevo *round* de negociaciones.»

«ROUND-UP». Tradúzcase por *mesa redonda*. (A veces equivale a *resumen*).

«ROYALTY». Póngase entre comillas, o tradúzcase por *regalía, derecho de, patente* o *canon*.

RUBRO. Americanismo que en los despachos para España debemos evitar. Dígase *sector, capítulo*, etc. «... la sola excepción del *rubro* alimentos». Digamos «la sola excepción del *sector* alimentario».

RUGOSO. No debe decirse de un terreno *montañoso, accidentado* o *quebrado*.

RUMANIA, RUMANÍA. Preferible *Rumanía*. En cambio, con *Romania* designamos el conjunto de los territorios de lenguas románicas.

«RUSH». Empléese entre comillas. *Filme impresionado, pero sin montar*. O también *envio urgente*.

RUSIFICACIÓN. No es lo mismo que *sovietización*. Se puede *rusificar* una cultura sin *sovietizarla*.

RUTINARIO. No debe emplearse como equivalente a *ordinario, periódico, de trámite*. En español *rutinario* es lo que se hace con rutina, por mera práctica y sin discurrir; tiene carácter peyorativo.

S

SABER HACER. Este sintagma se emplea a veces como traducción del inglés *know how (habilidad, experiencia)* y otras como traducción del francés *savoir faire (tacto, mano izquierda, habilidad)*: «Una profesión que requiere años de trabajo, constancia y *saber hacer*.»

SAGA. Significa *leyenda* o *relato*, pero no debe sustituir a *estirpe, linaje, alcurnia, ascendencia* o *los miembros de una familia*: «*Los Domecq, los Bach, los Machado*, etc.»

SAH. La Academia registra así esta palabra, aunque suele escribirse *sha*.

SÁHARA. No *Sahara*.

SALDO. Véase *balance*.

SALUDAR. Dígase *acogió con gusto, con agrado, con satisfacción* en frases como: «...el Gobierno húngaro *saludó* las nuevas medidas...».

SALVAJE, SILVESTRE. *Salvaje* debe aplicarse preferentemente a personas, grupos humanos o animales. *Silvestre* cuando se habla de plantas.

SANTUARIO. Es anglicismo en frases como «Los etarras se han acogido al *santuario* de Francia». Dígase *sagrado, refugio* o *asilo*.

SATANIZAR. Puede utilizarse con el significado de atribuir al enemigo cualidades extremadamente perversas.

SATISFACER. Se conjuga igual que «hacer». Pueden aparecer en la prensa formas vulgares como *satisfacieron*. Debe decirse *satisficieron*.

SAUDITA. Dígase *saudí*.

SAVE/SALVAR. En la terminología informática, son preferibles *almacenar* o *guardar, archivar* (en la memoria), incluso *memorizar*. Sólo en caso extremo se *salva* de la destrucción lo guardado en la memoria.

SCANNER. Ha sido adoptado por la Academia como *escáner*.

«SCOOP». Tradúzcase por *exclusiva* o *noticia exclusiva*.

«SCORE». Puede traducirse como *marcador, clasificación*.

«SCOUT» Y «BOY-SCOUT». Escríbase entre comillas. Su plural es *scouts* y *boy scouts*, pero tradúzcase cuando se pueda por *explorador*.

«SCRIPT». Escríbase entre comillas, aunque es preferible reemplazarla por *texto, copia, guión*. Pero normalmente este vocablo se refiere más bien a la «scriptgirl», *secretaria de rodaje*.

«SCHEDULE». Tradúzcase por *programa, programación* u *horario*.

SCHOLAR/ESCOLAR. En inglés, además de referirse al niño que va a la escuela —significado poco común—, quiere decir *erudito, sabio, humanista* —también *Latin scholar* es *latinista, Greek scholar* es *helenista*. En español, escolar se refiere exclusivamente al niño que va a la escuela.

SECUELA. Es «la mala consecuencia de una cosa». No es correcto decir, «se anuncia una *secuela* de «Saturday night fever». Dígase una *segunda parte* o *una continuación*.

SECUESTRO EXTORSIVO. Dígase *secuestro con extorsión*.

«SECURITIES». En el lenguaje bursátil debe traducirse por *valores de renta fija*.

SEFARDITA. Dígase *sefardí*. (Plural, *sefardíes*).

SEGMENTO. Dígase *sector* en frases como «los tres *segmentos* de la sociedad que...»

SEGUIDAMENTE A. Locución adverbial que desplaza incorrectamente a *después de, tras, a continuación de*, en frases como, *seguidamente a* la actuación del coro, dirigió la palabra a los asistentes el secretario general».

SEGUIMIENTO. A veces esta palabra se confunde con *incidencia*. No diremos *la huelga tuvo poca incidencia*, sino *la huelga tuvo poco seguimiento*.

SEGUNDO MÁS IMPORTANTE (EL). Calco del inglés, incorrecto en español. Dígase *el segundo en importancia*.

SEGURAS (FUENTES). Son fuentes *fidedignas o dignas de crédito*.

SEIJ/SHEIJ/SHEIKH. La palabra árabe «sheij» dio la española *jeque*. Utilícese.

«SEJM». Esta palabra se pronuncia *seim*. (El Parlamento polaco).

SELLO. Su empleo está muy extendido, aunque resulta todavía algo extraño en la acepción de «marca» o «casa comercial»: «el cantante X ha firmado con un nuevo *sello* discográfico».

SEMÁNTICO. Se suele emplear este adjetivo con ignorancia total de su significado, atribuyéndole el de «meramente formal», «gramatical». Y así, se escribe: «Llegarán a un acuerdo, porque las diferencias son sólo *semánticas*.» Se trata de un error magno, ya que la Semántica es la ciencia de las significaciones, y una falta de acuerdo en lo semántico implica un desacuerdo en el fondo, en el contenido, no en la forma de expresarlo. Conviene no usar la palabra si no es en su acepción correcta. «El término «nacionalidades» implica problemas *semánticos* difíciles de desentrañar».

SEMI-. Es un prefijo inseparable. Escribimos *semirrecta*.

SEMITA. No debemos usarla sólo con el significado de *judío,* ya que también comprende a los árabes.

SENDOS/AS. Significa *uno cada uno.* No equivale, por tanto, a *grandes* ni a *ambos:* «Los tres mosqueteros llevaban *sendas* espadas».

«SENIOR». Escríbase sin comillas y con acento en la *é.* En algunos países de América se sustituye por *veterano, mayor.*

SENSIBLE (ULTRASENSIBLE). Es anglicismo utilizar este término en lugar de *delicado:* «... admitió haber vendido documentos secretos *ultrasensibles* a los soviéticos».

SENSITIVE/SENSITIVO. Cuando se trata del grado de sensibilidad de un aparato, se dice en español *sensible,* no *sensitivo.*

SENTARSE A LA MESA-SENTARSE EN LA MESA. La segunda construcción es incorrecta a menos que se refiera al hecho de tomar la mesa como asiento.

SENTENCIAR. No es sinónimo de *asegurar* o *afirmar.*

SEÑALIZAR/SEÑALAR. No son sinónimos. *Señalizar* es poner señales; *señalar* quiere decir indicar: el árbitro *señala* una falta, no la *señaliza.*

SER CONSISTENTE CON. Traducción literal del sintagma inglés «to be consistent with», que en español equivale a *estar de acuerdo*
con, *estar acorde con.* «... dijo que el apoyo... era en autodefensa y totalmente *consistente con* la carta de la OEA...».

SER OBJETO DE. Se suele leer: «X *fue objeto de* una agresión»; ¿por qué no: «*sufrió* una agresión»?; *fueron objeto* de malos tratos»; preferible: «les *infligieron* malos tratos» o «*sufrieron* malos tratos».

SESIONAR. Aunque este verbo figura ya en el DRAE («asistir a una reunión participando en sus debates»), prefiérase *trabajar* o *reunirse.*

SESQUI. Formante que significa mitad y medio: *Sesquicentenario* (siglo y medio).

«SET». Al hablar de deportes empleemos esta palabra inglesa, entrecomillada. Sin embargo, en ajedrez podemos hablar de primera, segunda, etc. *ronda* de un torneo.

SEULITA. El gentilicio de Seúl es *seulés* o *seulense. Seulita* es una forma afrancesada ajena a las reglas más normales que se siguen en español para la formación de gentilicios.

SEVERE/SEVERO. Por influencia del inglés, está penetrando en el español este vocablo, que tradicionalmente no quiere decir siempre lo mismo en una lengua que en la otra. En inglés *severe* se emplea, sobre todo en medicina, con el sentido de *fuerte, intenso, agudo, pronunciado, grave, serio:* "un dolor *agudo,* un *fuerte* dolor de cabeza". En español *severo* se aplica sólo a personas, no a cosas, y quiere decir *adusto, rígido, riguroso*. También el inglés tiene este sentido, pero no es de uso tan común como en español.

«SEX-SYMBOL». Este sintagma inglés, cuyo uso se ha generalizado en español, debe escribirse entrecomillado y con *y,* y no con *i,* como se hace con frecuencia.

SHARE. Recomendamos utilizar *porcentaje* (de audiencia, de difusión, etc.)

«SHEIKA». Aparece como la esposa del «sheik» (jeque). Dígase *princesa.*

«SHOCK». Véase *choque.* Puede decirse también *conmoción.*

«SHOW». Escríbase entre comillas; siempre que sea posible, sustitúyase por *número* o *espectáculo.*

«SHUNT». Tradúzcase por *esfumación, atenuación, amortiguamiento* o *amortiguación.*

SÍ. Precedido del artículo o de otro determinante, es sustantivo: «le dio el sí». En este caso el plural es *síes.*

SIDÁTICO. En vez de este galicismo empléese *sídico o sidoso,* referido al SIDA.

SILENCIAR. Significa «guardar silencio sobre algo» (Ciertos periódicos *han silenciado* el hecho»), pero también «acallar», «reducir el silencio» («El público, con sus aplausos al orador, *silenció* a los alborotadores»).

SIMILARIDAD. Calco del inglés. En español se dice *similitud* o *semejanza.*

«SIMPOSIUM». La Academia ha adoptado la forma *simposio* y su plural *simposios.*

SIMULADOR. El DRAE no registra la acepción técnica de este aparato: dispositivo que permite representar el comportamiento de un aparato, de una máquina, de un sistema cuyo funcionamiento, evolución, etc., se quiere estudiar. Generalmente forma sintagma con la palabra que define su empleo: *simulador* de vuelo, *simulador* de radar, etc. Ensayar un satélite artificial en un *simulador.*

SIMULTÁNEAMENTE CON. Grave error: «Las sesiones del Congreso se celebrarán *simultáneamente con* las del Senado.» Dígase: «Las sesiones del Congreso se celebrarán *a la vez que* las del Senado». O mejor: «Las sesiones del Congreso y las del Senado serán *simultáneas.*»

SINDICAR. Es correcto su uso con el significado de *considerar, incluir,* además de *acusar, delatar* (DRAE): «... a quien la policía *sindica* como integrante de la organización guerrillera Montoneros.»

SINFÍN. Hay que distinguir entre *sinfín* (nombre masculino que significa «infinidad») y la locución adjetiva *sin fin* con el significado de «inacabable».

SINGLADURA. Es la distancia que recorre un barco en un día. Como metáfora tópica («la directiva, en su nueva *singladura,* se dispone a...»; «la *singladura* que ha capitaneado X ha sido fecundísima») resulta abominable.

«SINGLE». Hablando de discos, tradúzcase por *sencillo.*

SÍNDROME. No equivale a *enfermedad,* sino al conjunto de síntomas de ella. No debe escribirse: «... cualquier tipo de persona está expuesta a contraer el *síndrome».* Pero respétese *síndrome tóxico.*

SINIESTRALIDAD. Figura ya en el DRAE con el significado de «frecuencia o índice de siniestros». («...los accidentes de circulación, cuya *siniestralidad* es muy superior a la de otros países»).

SINÓLOGO. Así designa el DRAE al especialista en lengua y literatura e instituciones de la China. Es incorrecto escribir *chinólogo.*

SINTONÍA. Figura ya en el DRAE: «Señal sonora, consistente muchas veces en una melodía con la que se marca el comienzo de un programa de radio o televisión, y sirve para identificarlo entre los demás». En sentido figurado, puede emplearse para indicar acuerdo mutuo entre dos personas u organismos: «La Asociación de Teólogos, en *sintonía* con el Concilio Vaticano Segundo...».

SINTONIZAR. Es correcto emplear este verbo en sentido figurado, como se viene haciendo desde hace tiempo: «Se separaron porque no *sintonizaban».*

SITUAR. Desplaza innecesariamente a *colocar o instalar* en mu-chos casos: «Fueron *situados* algunos puestos de soco-

rro en el lugar de la concentración.»

«SKETCH». Escríbase entre comillas.

«SKIPPING». Ejercicio de piernas consistente en la elevación de las rodillas hasta la cadera, con alta frecuencia y poco desplazamiento. Se sugiere la posibilidad de usar *brincoteo.*

«SLALOM». Véase *eslalon.*

SLOGANS. La palabra escocesa slogan ha sido adoptada en español, y figura en el DRAE, bajo la forma *eslogan,* plural, *eslóganes.*

«SMOKING». La Academia ha aceptado *esmoquin* (plural *esmóquines).*

SOBRE. El empleo de esta preposición en lugar de *de* es un galicismo. «El desempleo afecta a un trabajador *sobre* diez». Dígase: «... afecta a un trabajador *de cada* diez.»

SOBRECONTRATACIÓN. Preferible a *overbooking.*

SOBRENTENDER. Es preferible esta grafía a la también correcta de *sobreentender.*

SOBREOFERTA. Puede usarse esta palabra aunque no figura en el DRAE.

SOBREVIVENCIA. Dígase *supervivencia.*

SOCIOECONÓMICO-SOCIO-ECONÓMICO. Lo primero es lo correcto.

SOFISTICADO. Es el participio de *sofisticar,* que significa «adulterar», «falsificar con sofismas». Además, en la última edición del DRAE aparece la acepción de «complicado». «Dícese de aparatos, técnicas o mecanismos.»

«SOFROSINE». Puede usarse, aunque no figure en el DRAE, con el significado de *serenidad, equilibrio.*

«SOFTWARE». Se llama así, en informática, a todo lo concerniente a la programación, no a los aparatos, en una computadora. Entrecomíllese. Conviene traducirlo por *programa* (informático).

SOLAMENTE. Es un anglicismo utilizar esta palabra que, en español, significa *una sola vez*, en el sentido de «no más tarde que». «...Y *solamente* la semana pasada la primera ministra dijo...», traducción literal del inglés *only.* («I saw him *only* yesterday»).

SÓLO. Lleva acento cuando equivale a *solamente*. Y si no se produce equívoco, no es necesario ponerlo.

SOLVENTES (FUENTES). Son *fuentes fidedignas, dignas de crédito.*

SONIDISTA. En español debemos decir el *técnico de sonido*. «El cámara Aurel Cornea y el *sonidista* Jean Louis Normandin...»

SORPRESIVO. Americanismo. En despachos españoles dígase *sorprendente, inesperado.*

«SOUND MAN». Tradúzcase por *técnico de sonido.*

SPAGHETTI. La Academia escribe *espagueti.*

«SPARRING». Castellanizable como *esparrin(g)*, o traducible por *pareja de entrenamiento:* es el púgil que combate con otro para entrenarle.

«SPEAKER». Tradúzcase por *presidente* cuando alude a ese cargo en la Cámara de los Comunes y en la Cámara de Representantes de los Estados Unidos.

«SPONSOR» . Tradúzcase al español por *patrocinador.*

«SPONSORIZAR». Dígase *patrocinar.*

«SPORT». Mejor *deporte.*

«SPORTSMAN». Mejor (varón) *deportista.*

«SPORTSWOMAN». Mejor (mujer) *deportista.*

«SPORT WEAR». En inglés, «*sportswear*» significa *traje de deporte;* en el lenguaje de la moda, que es donde se utiliza, puede traducirse por *prenda deportiva.*

«SPOT». Póngase entre comillas o tradúzcase por *anuncio* o *espacio publicitario*. Si alude a un proyector de luz concentrada, digamos *cañón luminoso.*

«SPOT MARKET». Tradúzcase por *mercado al contado.*

«SPOT PRICE». *Precio al contado.*

«SPRAY». Tradúzcase por *aerosol, vaporizador, nebulizador* o *pulverizador.*

«SPREAD». Tradúzcase por *margen* (de venta, de beneficio, de precio, de interés, etc.)

«SPRINT». Puede utilizarse *esprín (t)* (con los derivados *esprintar* y *esprintador*), o traducirse por *aceleración final.*

«SQUATTER». Entrecomíllese, añadiendo entre paréntesis su traducción: *ocupantes ilegales de viviendas.* En algunos países se emplea *okupa* o *posesionario*, vocablos no recogidos por el DRAE.

SR. Abreviatura inglesa de *senior.* Preferible *padre* cuando nos referimos al padre homónimo.

SRILANQUÉS. En lugar de esta palabra, impronunciable en español, sigamos usando *ceilanés* o *ceilandés* como gentilicio de *Sri Lanka (Ceilán)*.

«STADIUM». Dígase *estadio*.

«STAFF». Tradúzcase por *equipo directivo, directiva* o *personal de dirección;* en el ejército, por «Estado Mayor»; a veces equivale a *personal* en general. En el lenguaje académico, a *personal docente, profesorado,* y también a *personal administrativo.* En periodismo puede equivaler a la *plantilla* de Redacción.

«STAGE». Es periodo de preparación de un equipo fuera de su lugar habitual; puede traducirse como *estadía* o *estancia.*

STALINISMO. Véase *estalinismo.*

«STAND». Normalmente puede sustituirse por *caseta, pabellón* o *puesto.*

«STANDARD». Véase *estándar.*

«STAND-BY» (CREDIT). Tradúzcase por *crédito de reserva* o *de apoyo.*

«STAND-BY AGREEMENT». Tradúzcase por *acuerdo de apertura de líneas de crédito* y también por *acuerdo de disponibilidad de crédito.*

«STANDING». Tradúzcase por *categoría, importancia, solvencia, posición, crédito* o *sitio.* Equivale a veces a *duración* o *antigüedad.* Y a *posición social* y *nivel de vida.*

«STAR». (Jugador) *Estrella*, aunque no en todos los países de habla hispana; también clase de embarcación.

«START». Tradúzcase por *punto de arranque, botón de arranque,* etcétera.

«STARTER». Dígase *juez de salida.* Y cuando se trate de los apoyos usados por los corredores (en atletismo) para impulsarse al comenzar la carrera, hispanícese como *estárter* o tradúzcase por *tacos de salida.* Véase «starting blocks».

«STARTING BLOCKS». Apoyatura de los pies para facilitar la salida en las carreras de velocidad. Preferible *tacos de salida.*

STATU QUO. Ésta es la grafía correcta de la locución latina. No debe escribirse, pues: Statusquo, estatuquo, status quo, etc. Se pronuncia /státu kuó/ y no /státu kúo/.

«STATUS». Tradúzcase por *posición social* o *nivel social;* otras veces por *situación* o *condición.*

«STEEPLE». Tradúzcase por *obstáculo.*

«STEEPLE CHASE». Tradúzcase por *carrera de obstáculos.*

«STOCK». Tradúzcase por *existencias, reservas* o *excedentes* en frases como «... los ingentes *stocks* agrícolas».

«STOCK REGULATOR». Tradúzcase por *depósito regulador:* «para lograr la elevación de precios deberá constituirse un *stock regulador* de 250.000 toneladas».

«STOCK SHOT». Tradúzcase por *imagen de archivo.*

«STRESS». Véase *estrés.*

«STRICTU SENSU». Escríbase *stricto sensu.*

«STRINGER». Este término, utilizado únicamente en periodismo, se debe traducir por *colaborador* o *corresponsal* sin relación laboral.

«STRIPTEASE». Entrecomíllese y evítense grafías tales como *striptease, strip-tise, striptis,* etc.

«STRONG». Se comete un calco del inglés traduciendo siempre la voz «strong» por *fuerte.* «Strong» equivale unas veces a *intenso,* otras a *enérgico* o *marcado.* «Estados Unidos mantuvo los últimos años una *fuerte* presencia naval en el Caribe» («... una *intensa* presencia»). «*Strong* accent» equivale a acento *marcado.* «*Strong* drink» es una bebida *alcohólica.* «*Strong language*» es lenguaje *indecente,* etc.

«STYLING». En el vocabulario de la *moda* lo traducimos por *línea* o *diseño.*

SU. Debemos evitar el uso anglicado y galicado del posesivo en vez del determinante. No se debe escribir: «Le costó la amputación de *su* pierna».

SUBIR A/SUBIR EN. Al hablar de medios de locomoción, y para referirse al hecho de entrar en ellos, no debe usarse *subir en* («*subir en* un automóvil»), sino *subir a.*

«SUBHOLDING». Si «holding» se traduce por *grupo financiero* o *industrial,* en lugar de «*subholding*», podemos decir *grupo financiero filial* o *grupo filial.*

SUBLIMAR. Además del significado del Diccionario, es aceptable su empleo en el sentido de «desplazamiento de una energía instintiva hacia un fin moral o so-

cial elevado», que tiene en psicología.

SUBPLÁN. Dígase *plan secundario, subordinado, posterior...*

SUBSIDIADO. No es voz española. Utilícese *subvencionado.*

SUBSIDIARIO. Anglicismo (subsidiary); se traduce por *auxiliar:* «... se compone de un cohete propulsor y de cohetes *subsidiarios...*».

«SUBSIDIES». Tradúzcase por *subvenciones* (no *subsidios).*

SUBTITULAJE (EL). Dígase *la subtitulación.*

SUBTÍTULO. El DRAE recoge esta palabra con el sentido de «letrero que, al proyectarse un filme, aparece en la parte inferior de la imagen, normalmente con la versión del texto hablado de la película».

SUDAMERICANO, SUDAFRICANO. Correctos también *suramericano* y *surafricano.*

SUÉTER. La Academia ha dado entrada a esta voz, hispanización de la inglesa *sweater,* plural *suéteres.*

SUFRIR. Se usa frecuentemente por *experimentar* o *tener,* aunque resulta algo exagerado.

SUITE. Palabra francesa que significa literalmente «serie», pero que en español usamos como nombre femenino, pronunciado *suit,* plural *suites,* con dos sentidos especiales para los que de momento no hay sustituto dentro de nuestro idioma: «obra musical constituida por una serie de piezas» y «conjunto de habitaciones, a manera de un apartamento, que se alquila en un hotel». Escríbase entre comillas.

SUJECIÓN. No *sujección.*

SUNÍ. No *sunita.*

SUPERÁVIT. Conviene usar sólo el singular.

SUPERMÁN. Plural *supermanes.*

SUPERTANQUEROS. No es voz castellana; empléese *superpetroleros.*

SUPERVALORAR. Es vocablo aceptable; preferible *sobrevalorar.*

SUPERVIVIR. Correcto en accidentes: «Los *supervivientes* del naufragio.» En los otros casos dígase *sobrevivir:* «Algunos conservatorios *sobreviven* de milagro.»

SURAMERICA. Comprende todos los países desde Colombia hasta Argentina, incluidos Guayana, Surinam y la Guayana francesa.

«SURMENAGE». Tradúzcase por *agotamiento* o *depresión.*

SUSCEPTIBLE. Constituye un error confundirlo con *capaz,* como ocurre con este ejemplo: «La crisis nicaragüense es *susceptible* de alterar la seguridad de toda Centroamérica.» *Susceptible* implica una capacidad «pasiva». «El proyecto es *susceptible* de mejoras». Y capaz implica «actividad»; «Es *capaz* de alterar la seguridad de toda Centroamérica»; «el acuerdo parece *capaz* de resolver los problemas».

«SUSPENSE». En América se prefiere *suspenso;* en España, *suspense.*

SUTIL. Es palabra aguda, aunque algunos la hacen llana, tal vez influidos por *fútil.*

«SWAP». Término económico que puede traducirse por permuta (permuta de acciones o accionarial).

T

TABLOIDE. Figura ya en el DRAE.

TABÚ. Su plural es *tabúes.* Como adjetivo es generalmente invariable: «temas *tabú*», aunque también se usan las formas de plural: «elementos *tabúes*».

TÁCTIL. Es voz grave o llana.

«TAKE-OFF». Tradúzcase por *despegue.*

TALIBANES (Grupo guerrillero afgano). La raíz árabe *talaba* significa *estudiar,* y el sustantivo *talib* (plural *talibun* para el nominativo, *talibin* para el genitivo o *taliban* para el acusativo) significa *estudiante.* Lo correcto en este caso es hablar de *los taliban.* Un caso igual sucede con la palabra árabe "muyahidín", también usada en Afganistán.

TALLA/TAMAÑO. "El pescado de *talla* inferior". *Talla* es el tamaño de las personas, no de los animales. Los peces son de mayor o menor *tamaño.*

TALVEZ. En América se suele escribir como una sola palabra, como equivalente de *quizá, acaso* y así figura en el diccionario, pero en España siempre se escribe con dos: *tal vez.*

TANATORIO. Figura ya en el DRAE.

TANQUEROS (buques). Utilícese *petroleros* o *buques cisterna.*

«TAPE». Tradúzcase por *cinta.*

TAQUILLERO. El DRAE recoge ya esta palabra con el sentido de «persona que actúa en espectáculos, o del espectáculo mismo, que suele proporcionar buenas recaudaciones a la empresa».

TARDE DE HOY (EN LA). Mejor *esta tarde*.

TARIFA. La voz inglesa «tariff» no debe traducirse en español por *tarifa*, sino por *arancel* en frases como «establecer un sistema de *tarifas* contra la importación de algunos productos comunitarios».

«TASK FORCES», «TASK GROUP». Las *task forces* se dividen en varios *group forces*. Se pueden traducir, respectivamente, por *fuerza operativa* y *grupo operativo*.

TAU. Nombre de letra griega. «Partículas TAU»: Familia de partículas elementales que intervienen en los procesos de interacción nuclear débil y que se caracteriza por su gran masa y su corta vida media.

«TEAM». Puede ser traducido por *equipo*.

TECNOLOGÍA. *Técnica* es la aplicación de la ciencia, y *tecnología* el conjunto de los conocimientos propios de un oficio mecánico o arte industrial: *tecnología* de la comunicación.

TECHO. Figura ya en el DRAE en el sentido de «altura o límite máximo al que puede llegar y del que no puede pasar un asunto, negociación, evolución, etcétera»: «Ese partido ha llegado a su *techo* electoral».

TELEMÁTICA. Empléese como aplicación de la informática a la telecomunicación.

TEMA. Abominable sustituto actual de *asunto, cuestión,* o *problema*. Correcto para designar la idea fija de un demente. «Cada loco con su *tema*».

TEMÁTICA. Es voz castellana, pero pedante. Muchas veces equivale simplemente a *los temas;* y otras a *temario*.

TEMPRANA (ALERTA). Mala traducción del inglés «early warning». Dígase *alerta previa*.

«TENDER». Se traduce por *oferta*.

TENER EFECTO. No figura en el Diccionario esta aburrida perífrasis, por *efectuarse, celebrarse, suceder, tener lugar,* etc. Evítese. (Según el Dicc. de Dudas es un regionalismo de Cataluña.)

TENER EN MENTE. La forma correcta en castellano es *tener en la mente, o* en latín *in mente*.

TERCER. Esta forma apocopada de *tercero* se usa cuando va delante del sustantivo a que se refiere, aunque entre éste y el adjetivo se interponga otro adjetivo: «el *tercer* personaje», «el *tercer* gran personaje». Pero no hay apócope cuando el adjetivo va seguido de una conjunción. Es, pues, incorrecta la frase: «el *tercer* y último día de estancia...». La apócope debe hacerse cuando el sustantivo que sigue es masculino. No es correcto decir «la *tercer* visita» o «la *tercer* edición del telediario».

TERCER MUNDO. Las expresiones *primer mundo* y *segundo mun-*

do son insólitas. Se emplea sobre todo *tercer mundo*.

TERRITORIALIZACIÓN. No existe la palabra *territorialización*.

TERMES. Puede usarse también *termitas*.

TERMINAL. El género de esta palabra depende del nombre sobreentendido: *la* (estación) *terminal*, *el* (edificio) *terminal*.

«TEST». Figura ya en el DRAE, pero no debe desplazar a *prueba objetiva*, *prueba* o *examen*.

TESTAR. En español significa «hacer testamento», al igual que en francés «tester» o en italiano «testare»; pero últimamente se está utilizando mal con el significado de *examinar, controlar, probar, experimentar, ensayar, analizar, someter a control, someter a prueba, hacer un ensayo...* El inglés «tested» (participio de «to test») se ha traducido erróneamente por *testado* y de ahí se ha llegado al «nuevo» *testar*.

«TICKET». Si no puede usarse *entrada, boleto, billete* o *vale*, empléese *tique*, vocablo registrado por la Academia. En política debe usarse *candidatura* o *lista* (de un partido).

«TIED LOAN». Tradúzcase por *préstamo condicionado*.

«TIFOSI». Evítese el empleo de esta palabra italiana que tiene su equivalente en español: *hinchas*. Si se usa, debe ir entre comillas y debe tenerse en cuenta que *tifosi* es plural (singular, *tifoso*).

TOMAR ACCIONES. Traducción literal del inglés «to take actions», cuya traducción correcta al español es *tomar medidas*.

TOMAR EL ACUERDO. Preferible *acordar*.

TOMAR PRISIONERO. Construcción válida junto con las otras más usuales: hacer prisionero y coger *prisionero*.

TOPERA. Fuera de la jerga ferroviaria dígase *protección* o *defensa*.

TOPIC/TÓPICO. En inglés quiere decir *asunto, tema, materia*, que se ha de tratar. En español quiere decir *lugar común, expresión muy manida, cliché*.

«TOPLESS». Empléese entre comillas.

TORNO A (EN). Véase *en torno a*.

«TOURNÉE». Empléese *gira*.

«TOUR OPERATOR». Tradúzcase por *operador turístico*.

TRADUCIDO A LA ÓPTICA. Metáfora algo chirriante. Dígase *desde el punto de vista, lo que visto desde una perspectiva*, etc.

TRÁFICO/TRÁNSITO. No son sinónimos. *Tránsito* es la actividad de personas y vehículos que pasan por una calle, carretera, etc., y *tráfico*, la acción de comerciar, negociar con dinero las mercancías. Hacer negocios no lícitos. *Transeunte* es el que *transita* y *traficante* el que *trafica*. No es pues igual el *tránsito* de vehículos que el *tráfico* de vehículos.

«TRÁILER». Figura ya en el DRAE, acentuado así, con el significado de *remolque* de un camión y *avance* de una película.

«TRAINING». Tradúzcase por *adiestramiento, entrenamiento, perfeccionamiento*.

TRANSAR. Americanismo. En los despachos para España dígase *transigir, ceder, llegar a una transacción o acuerdo* (DRAE).

TRANSBORDADOR ESPACIAL. Véase *lanzadera*.

TRANSCURSO DE (EN EL). Es abusivo decir: «en el transcurso de la conferencia, el orador se refirió...»; dígase *durante* o *en* la conferencia.

«TRANSFER». Entrecomíllese o tradúzcase, cuando se pueda, por *transferencia*.

TRANSGREDIR. Sólo se emplean las formas cuya desinencia empieza por *i*.

TRANSMEDITERRÁNEA. El prefijo *trans-* puede alternar con la forma *tras-*, pero en este caso la Academia prefiere la primera. (La compañía naviera ha optado por la forma *Trasmediterránea)*.

TRANSMITIR. Véase *retransmitir*.

TRANSNACIONALIZAR, TRANSNACIONALIZACIÓN. Pueden emplearse estas voces aunque no las registre el DRAE.

TRAUMAR. Empléese *traumatizar*.

TRAVELÍN. Figura ya en el DRAE, acentuado así. (Del inglés «travelling».)

TRAVESTIDO. No *travestí*. Verbo *travestirse*.

«TREBLE». En el lenguaje de la radiodifusión tradúzcase por *agudo*.

TREGUA Y ALTO EL FUEGO. Toda tregua lleva implícito el alto el fuego; por lo tanto, es una redundancia decir: «firmaron una *tregua y alto el fuego*».

«TRIAL». Término deportivo recogido ya en el DRAE.

TRIANUAL/TRIENAL. *Trianual* es lo que sucede tres veces al año; *trienal*, lo que acontece cada tres años.

TROFOLOGÍA. Tratado de la nutrición.

TROFÓLOGO. Persona versada en la trofología.

TROIKA. Es una palabra rusa que se usa para nombrar al trineo tirado por tres caballos (troika son los tres caballos). En castellano hay otras palabras para designar a un grupo de tres personas o entidades unidas entre sí por algo: *trío, tríada* y *triunvirato*. Recurriendo a las metáforas también es posible utilizar *terna* y *terceto*.

TROPA (en singular) es un colectivo referido a sargentos, cabos y soldados; podríamos decir, "para una tropa de 28.000 soldados", o "para 28.000 soldados", pero no "para 28.000 tropas".

«TRUST». En el lenguaje económico debemos traducirlo por *consorcio* o *fideicomiso*.

TSCHAIKOVSKI, TCHAIKOVSKI. En español puede escribirse *Chaikovski*.

TUAREGS. Esta forma plural es incorrecta e innecesaria, pues la voz *tuareg* es el plural de targui, nombre de la población nómada del Sáhara, su raza y su lengua. En español se usa tuareg, tanto para el singular como para el plural.

«TUNER». Tradúzcase por *sintonizador, ajustador o receptor (de radio)*.

TURKMENIO/TURKMENO. El gentilicio histórico en español de la actual República Socialista Soviética de Turkmenia es *turcomano*.

U

UBICAR. En España se utiliza preferentemente el participio *ubicado* con *estar*: «El campo de fútbol *está ubicado* en las afueras». No debe emplearse en lugar de *localizar* o *encontrar*. En América se usa a veces con el significado de «situar o instalar en determinado espacio o lugar».

UCE. Véase *ecu*.

ULTIMÁTUM. Conviene emplear sólo el singular: el *ultimátum*, los *ultimátum*.

ULTRA. Este prefijo debe formar una sola palabra con la modificada por él. *Ultra*nacionalista, *ultra*secreto. No son correctas las formas *ultra* nacionalista o *ultra* secreto.

UN. Debe evitarse el empleo anglicado del artículo indefinido delante de un nombre que complemente a otro en aposición: «El doctor X, *un* ginecólogo americano muy conocido, ha declarado...»; «La deshumanización del arte: *un* tratado fundamental de estética»; «Kodak, una empresa de artículos fotográficos bien conocida». Tampoco debe anteponerse a nombres de profesiones, si éstos no llevan complementos: «Su padre es *un* pintor»; pero es correcto: «Su padre es *un* pintor excelente.»

UNA VEZ QUE, TODA VEZ QUE. Estos dos sintagmas tienen diferente significación. El primero equivale a *después de que;* el segundo a *puesto que*. Es, pues, incorrecto escribir: «La nueva conferencia... llegará con más fuerza en sus argumentos, una *vez que su* producción y exportación no afecta al mercado mundial.»

UNDÉCIMO. El ordinal correspondiente a once es *undécimo;* no *decimoprimero* ni *onceavo*.

UNESCO. Escríbase con mayúscula la inicial: *Unesco*.

UNICEF. Se escribe con inicial mayúscula.

UNIFORMADO. No es sinónimo de militar. Otras personas sin ser militares pueden llevar uniforme.

UN TOTAL DE. Esta locución prepositiva, tan superflua como tenaz, se prodiga últimamente: *"Un total de* cinco soldados indios murieron en la región norteña de Cachemira...",* lo que equivale a: *cinco soldados han muerto en la región norteña de Cachemira*.

UPERIZACIÓN. Cierto método de esterilización de productos lácteos. Es incorrecta la forma *uperisación,* por ser galicismo.

URBI ET ORBI. No *urbi et orbe*.

URGIR. No puede llevar sujeto personal. De ahí el error de frases como «los vecinos *urgen* al Ayuntamiento para que se instalen semáforos», «El Congreso urgirá del gobierno la remisión de una ley sobre...» En estos casos, utilícese *instar, solicitar, reclamar*. Son buenos usos: «Urge instalar semáforos en...»; «El Congreso estima que *urge* la remisión de la ley...»

USUAL. No debe usarse en el sentido de *normal, habitual* o *frecuente*.

USURA. En el sentido de desgaste es galicismo grave.

V

VAGAROSO. «Que vaga o que fácilmente y de continuo se mueve de una a otra parte». De uso exclusivamente literario. Es errónea la forma vagoroso.

VALORAR POSITIVA O NEGATIVAMENTE. Tópico de moda en España, referente a la política. Evítese siempre en favor de *aprobar, manifestar su acuerdo, mostrar conformidad, estimar satisfactorio,* etc.; o *rechazar, reprobar, manifestar su desacuerdo, mostrar disconformidad, estimar insatisfactorio,* etc.

VAQUEROS. Véase *«blue jeans»*.

VARIANCIA. Normalmente equivale a variación. En el lenguaje estadístico es una medida de desviación.

VARICES. La Academia registra las dos formas, *varices* y *várices,* aunque la más usual en España es la primera. Tambien figura en el DRAE la forma singular: *varice, várice* y *variz.*

VATIO. Es preferible esta grafía a la de watio.

«VAUDEVILLE». Adóptese el español *vodevil.*

VECINDAJE. No es palabra española. Dígase *vecindad.*

VECTOR. En astronáutica empléese este vocablo con el significado de vehículo capaz de transportar una carga nuclear.

«VEDETTE». Escríbase entre comillas o tradúzcase como *estrella.*

VEGETALES. El empleo de esta palabra con el sentido de *verduras* es anglicismo.

VEHICULAR. No debe usarse este verbo. Dígase *transportar, transmitir, canalizar.* Peor sería *vehiculizar,* que significaría «convertir una cosa en vehículo».

VENDEDORES INFORMALES. Dígase *vendedores ambulantes,* ya que se trata de personas que venden por las calles y no tienen puestos fijos.

VENIR DE+INFINITIVO. Es un galicismo en el sentido de «*Venía de ganar* el gran premio. Dígase *acabar de.* Además, el uso de esta construcción se presta a confusión. «*Vengo de certificar* una carta», no equivale a que *acabo de* certificarla, sino que vengo de la oficina de correos.

VENIR+PARTICIPIO. Es italianismo que no debe usarse: «Los dueños de pisos vacantes *vienen obligados* a declarar...». Sustitúyase por *ser* o *estar* + participio: «... *están obligados a declarar...*»

VEREDICTO. Es, fundamentalmente, la «definición sobre un hecho dictada por un jurado». No debe desplazar a *fallo* o *sentencia, que ordena un juez tras recibir el* veredicto, cuando existe jurado.

VERGONZOSO, VERGONZANTE. *Vergonzoso,* que causa vergüenza o que la siente con facilidad; no equivale a *vergonzante,* que siente vergüenza por algo que le ocurre.

VERMÚ O VERMUT. El DRAE recoge estas dos formas, pero la Academia no se pronuncia sobre el plural; dígase *vermús.*

VERSÁTIL. Referido a personas significa «de genio o carácter voluble e inconstante». Posee, pues, un valor peyorativo que desconocen quienes aplican este adjetivo como elogio: «Es tan *versátil* que canta, baila y declama con igual perfección». En su lugar, pueden emplearse muchas veces *dúctil, polifacético, polivalente, capaz,* etc.

«VERSATILE». Esta palabra inglesa casi nunca puede traducirse por *versátil,* sino que equivale al español *adaptable* (cuando se habla, por ejemplo, de una herramienta) o *hábil* para muchas cosas (si se trata de un individuo).

VERSUS/VERSUS. Ni en español, ni en francés, ni en el propio latín tiene *versus* la acepción que se le da en inglés, sino que más bien quiere decir *hacia,* en dirección a. En español se puede remplazar, según los casos, por *contra, frente a, en comparación con, en función de,* o por un simple guión: "Partido Argentina-Brasil".

VESTIR DE PAISANO-VESTIR DE CIVIL. En España es más frecuente la primera construcción. En Iberoamérica suele decirse *vestir de civil,* construcción que podemos aceptar en noticias para países hispánicos de América.

VIABILIZAR. Dígase *hacer viable.*

VICE. Este prefijo es inseparable en español. No debe usarse con guión: «Vice-Presidente.»

VICECANCILLER. En español de España digamos *Viceministro.*

VICE-PRIMER MINISTRO. Dígase *vicepresidente del gobierno.*

VICTIMAR. Figura ya en el DRAE con el significado de *asesinar, matar.*

VICTIMISMO. Tendencia a considerarse *víctima* por acción deliberada de otro.

VIDEOCASSETTE. Escríbase *videocasete.* (Véase *casete).*

«VIDEO-TAPE». Tradúzcase por *videocinta* (DRAE).

VIETNAM. Utilícese siempre en singular: «Los dos Vietnam.»

VIRULENTO. Significa «ponzoñoso, maligno», «con podre»; y, hablando de estilos, discursos o escritos, «ardiente, sañudo, ponzoñoso o mordaz en sumo grado». No equivale, pues, a *violento:* «Un fuego *virulento.*»

VISA. En España, utilícese *visado.*

VISCERAL. No conviene abusar de esta palabra de moda: «Una aversión *visceral.*»

VISIONAR. El DRAE recoge esta palabra con el significado de «ver imágenes cinematográficas o televisivas, especialmente desde un punto de vista técnico o crítico».

VISUALIZAR. No confundir con *ver*.

VIVENCIAS. No abusemos de esta palabra. También existen *recuerdos, experiencias,* etc.

«VOLEIBOL». Prefiérase *balonvolea*.

VOLTAJE (ALTO). En español no se dice «cables de alto voltaje», sino «cables de alta tensión».

VOLVER A REANUDAR. Esta construcción es una redundancia. En la frase «... la dirección espera que *vuelva a reanudarse* la producción, paralizada desde hace varias semanas...», debiera decir: «... que *se reanude* la producción...»

W

«WALKIE-TALKIE». Escríbase entre comillas.

«WARM UP». Mejor *calentamiento, calentarse, realizar ejercicios de calentamiento*.

«WATER». Tradúzcase por *retrete, cuarto de baño, lavabo, aseo, servicio* o *váter,* que ya figura, acentuado así, en el DRAE.

WATERPOLO. Puede traducirse como *polo acuático*.

WHISKY. Véase *güisqui*.

«WINDSURF». Tradúzcase por *patín de vela* o *tabla de vela*.

«WINNER». Puede traducirse como *ganador*.

«WORKSHOP». Término inglés (neologismo) para designar lo que en español podríamos llamar *reunión de trabajo, lugar de trabajo* o *taller*.

X

XUQUER (EL RÍO). Por eficacia informativa, debemos emplear *Júcar* en vez de *Xuquer,* de difícil comprensión para el hispanohablante que no sepa valenciano.

Y

YANQUI. Plural *yanquis*.

YEN. Plural *yenes*.

«YIDDISH». Escríbase *yídish*.

YO. Como sustantivo (el *yo)* su plural es *yoes*.

YIHAD. Véase *Jihad*.

Z

«ZAPPING». Entrecomíllese o tradúzcase por *zapeo* (De *zapear:* ahuyentar).

ZOMBI. Figura ya en el DRAE.

Bibliografía básica

ABC, *Libro de estilo de ABC,* Ariel, Barcelona, 1993.

AGENCIA EFE, Alberto Gómez Font, *Vademécum de Español Urgente,* Fundación EFE, Madrid, 1992.

AGENCIA EFE, *Normas básicas para los Servicios Informativos,* Madrid, 1988.

AGENCIA EFE y Comunidad Autónoma de La Rioja, *El neologismo necesario,* Fundación EFE, Madrid, 1992.

— *El idioma español en el deporte – Guía práctica,* Gobierno de La Rioja, Logroño, 1992.

AGENCIA EFE y Fundación Germán Sánchez Ruipérez, *El idioma español en las agencias de prensa,* Fundación Germán Sánchez Ruipérez, Madrid, 1990.

ALBAIGÈS, Josep M., *Enciclopedia de los nombres propios,* Barcelona, Planeta, 1995.

ALCOBA, Santiago, *Léxico periodístico español,* Barcelona, Ariel, 1987.

ALFARO, Ricardo, *Diccionario de anglicismos,* Madrid, Gredos, 1970.

ANDRÉS BENITO, Ana y ROGER LOPPACHER, Olga, *Diccionario del medio ambiente,* Barcelona, Einia, 1994.

BENITO LOBO, José Antonio, *Manual práctico de puntuación,* Madrid, Edinumen, 1992.

BEZUNARTEA, O.; CANGA, J.; COCA, y otros, *La prensa ante el cambio de siglo,* Bilbao, Ediciones Deusto, 1988.

BOND, F. Fraser, *Introducción al Periodismo,* México, Limusa, 1974.

CANAL SUR TELEVISIÓN, *Libro de Estilo,* Canal Sur, Sevilla, 1991.

CARNICER, Ramón, *Desidia y otras lacras en el lenguaje de hoy,* Barcelona, Planeta, 1983.

CASADO, Manuel, *Lengua e ideología,* Pamplona, EUNSA, 1978.

— *El castellano actual: usos y normas,* Pamplona, EUNSA, 1993 (4.ª edición).

CASSANY, Daniel, *La cuina de l'escriptura,* Editorial Empúries, Barcelona, 1993.

CASTAÑÓN RODRÍGUEZ, Jesús, *El lenguaje periodístico en el fútbol,* Universidad de Valladolid, 1993.

CASTELLI, Eugenio, *Lengua y Redacción Periodística,* Santa Fe (Argentina), Colmegna, 1983.

CASASÚS, Josep M., *Iniciación a la Periodística,* Barcelona, Teide, 1988.

CATALÁ DE ALEMANY, J., *Diccionario de meteorología*, Madrid, Alhambra, 1986.

CEBRIÁN Herreros, M., *Diccionario de radio y televisión*, Alhambra, Madrid, 1981.

CLEMENTE, Josep Carles, *Lenguas y medios de comunicación*, Cuadernos del tiempo libre, Publicaciones de la Fundación Actilibre, Madrid, 1992.

CURRAN, J., y otros, *Sociedad y comunicación de masas*, México, Fondo de Cultura Económica, 1981.

DESINANO DE OSSANNA, Norma, *El discurso periodístico*, Buenos Aires, Plus Ultra, 1987.

DÍAZ NOSTY, B.; LALLANA, F.; ÁLVAREZ, J. T., *La nueva identidad de la Prensa*, Madrid, Fundesco, 1988.

Diccionario básico jurídico, Granada, Comares, 1993.

Diccionario de aviación y aeronáutica, Madrid, Alhambra, 1984.

Diccionario de voces de uso actual, Madrid, Arco Libros, 1994.

DUYÓS, Luis M, y MACHÍN, Antonio, *Informe sobre el lenguaje (colección de fichas)*, ABRA Comunicación y Telefónica, S. A., Madrid, 1991, 1992, 1993.

EL CORREO ESPAÑOL-EL PUEBLO VASCO, *Libro de Estilo*, Bilbao, Bilbao Editorial, 1988

El lenguaje en los medios de comunicación, Zaragoza, Asociación de la prensa de Zaragoza, 1990.

EL PAÍS, *Libro de Estilo*, Madrid, Ediciones El País, 1990. (3.ª edición)

FAGOAGA, Concha, *Periodismo interpretativo*, Barcelona, Mitre, 1982.

FERNÁNDEZ BEAUMONT, José, *El lenguaje del periodismo moderno: los libros de estilo en la prensa*, Madrid, SGEL, 1987.

FERNÁNDEZ, David, *Diccionario de dudas e irregularidades de la lengua española*, Teide, Barcelona, 1991.

FISHMAN, Mark, *La fabricación de la noticia*, Buenos Aires, Tres Tiempos, 1983.

FONTCUBERTA, Mar, *Estructura de la noticia periodística*, Barcelona, ATE, 1980.

GARCÍA MADRAZO, Pilar, y MORAGÓN GORDÓN, Carmen, *Hablar y escribir*, Pirámide, Madrid, 1992.

GARCÍA YEBRA, Valentín, *Claudicación en el uso de preposiciones*, Madrid, Gredos, 1988.

GARGUREVICH, Juan, *Géneros periodísticos*, Quito, CIESPAL, 1982.

GILBERT, Pierre, *Dictionnaire des mots contemporains*, París, Le Robert, 1980.

Glosas (Boletín de la Academia Norteamericana de la Lengua Española), Nueva York, 1994-1995.

GÓMEZ DE ENTERRÍA SÁNCHEZ, Josefa, *El tratamiento de los préstamos técnicos en español: El vocabulario de la economía*, Universidad Complutense de Madrid, Madrid, 1992.

GÓMEZ TORREGO, Leonardo, *Manual de español correcto,* Madrid, Arco Libros, 1989.
—, *El buen uso de las palabras,* Madrid, Arco/Libros, 1992.
GÓMIS, Lorenzo, *El medio media,* Barcelona, Mitre, 1987.
GUTIÉRREZ PALACIO, Juan, *Periodismo de opinión,* Madrid, Paraninfo, 1984.
HOHENBERG, John, *Ciencias y técnicas de la información,* México, Interamericana, 1982.
HUNT, Todd, *Reseña Periodística,* México, Editores Asociados, 1974.
Instituto Nacional de Meteorología, *Vocabulario de términos meteorológicos y ciencias afines,* Madrid, 1986.
LA VANGUARDIA, *Libro de Redacción,* La Vanguardia, Barcelona, 1986.
LA VOZ DE GALICIA, *Manual de Estilo,* La Voz de Galicia, S. A., La Coruña, 1992.
LÁZARO CARRETER, F., y otros, *Lenguaje en periodismo escrito,* Madrid, Fundación Juan March, 1977.
LLORENTE MALDONADO DE GUEVARA, Antonio, *La norma lingüística del español actual y sus transgresiones,* Instituto Universitario de Ciencias de la Educación, Documentos didácticos núm. 156, Ediciones Universidad, Salamanca 1991.
— *Desviaciones de la norma léxica del español: barbarismos, vulgarismos, semicultismos y otras incorrecciones,* en Actas de las II Jornadas de Metodología y Didáctica de la lengua y la literatura española: el léxico, (Noviembre-Diciembre 1990), Universidad de Extremadura, Departamento de Filología Española, Instituto de Ciencias de la Información, Cáceres, 1992.
— *Variedades del español en España,* «Boletín Informativo de la Fundación Juan March», núm. 236, serie «La lengua española hoy», XVII, Madrid, enero 1994.
LÓPEZ-ESCOBAR, E.; ORIHUELA, J. L. (edit.), *La responsabilidad pública del periodista,* Pamplona, Universidad de Navarra, 1988.
LÓPEZ MARTÍN, Alfonso, *Cuidando del idioma común,* Universidad de Costa Rica, 1989.
LORENZO, Emilio, *El español de hoy, lengua en ebullición,* Madrid, Gredos, 1971.
LOZANO IRUESTE, José María, *Diccionario bilingüe de economía y empresa,* Madrid, Pirámide, 1989.
LUCAS, Carmen de, *Diccionario de dudas,* Madrid, Edaf, 1994.
MACDOUGALL, Curtis, *Reportaje interpretativo,* México, Diana, 1983.
MADRAZO, P. G. y MORAGÓN, C., *Hablar y escribir,* Madrid, Pirámide, 1992.
MÁRQUEZ RODRÍGUEZ, Alexis, *Con la lengua* (Volúmenes I, II y III), Valencia (Venezuela), Vadell Editores, 1987, 1990 y 1992.
MARTÍN AGUADO, J. A., *Lectura estética y técnica de un diario,* Madrid, Alhambra, 1987.

MARTÍN VIVALDI, Gonzalo, *Géneros periodísticos*, Madrid, Paraninfo, 1973.
MARTÍNEZ ALBERTOS, José Luis, *Curso general de Redacción Periodística*, Madrid, Paraninfo, 1992.
— *La noticia y los comunicadores públicos*, Madrid, Pirámide, 1978.
MARTÍNEZ ALBERTOS, José Luis y SANTAMARÍA SUÁREZ, Luisa, *Manual de estilo*, Indianápolis, Centro Técnico de la sociedad Interamericana de Prensa, 1993.
MARTÍNEZ DE SOUSA, José, *Diccionario de ortografía*, Madrid, Anaya, 1985.
— *Diccionario internacional de siglas y acrónimos*, Madrid, Pirámide, 1984.
MARTÍNEZ LAGE, Santiago, y MARTÍNEZ MORCILLO, Amador, *Diccionario diplomático iberoamericano*, Instituto de Cooperación Iberoamericana, Madrid, 1993.
MENDIETA, Salvador, *Manual de Estilo de TVE*, Labor, Barcelona, 1993.
Ministerio para las Administraciones Públicas, *Manual de estilo del lenguaje administrativo*, Madrid, 1990.
MOLINER, María, *Diccionario de uso del español*, Madrid, Gredos, 1977.
NAVARRO TOMÁS, Tomás, *Manual de pronunciación española*, Madrid, Consejo Superior de Investigaciones Científicas, 1991.
NÚÑEZ LADEVÉZE, Luis, *Teoría y práctica de la construcción del texto*, Ariel Comunicación, Barcelona, 1993.
— *El lenguaje de los «media»*, Madrid, Pirámide, 1979.
PRENSA LATINA, *Normas de redacción*, Prensa Latina, La Habana, 1989.
PRIETO, Florencio, *Diccionario terminológico de los medios de comunicación (Inglés/Español)*, Fundación Germán Sánchez Ruipérez, Madrid, 1991.
Puntoycoma. Boletín de la traducción española de la CEE, Bruselas-Luxemburgo.
Real Academia Española, *Diccionario de la lengua española*, Vigésimoprimera edición, Madrid, Espasa Calpe, 1984.
— *Diccionario manual e ilustrado de la lengua española*, Madrid, Espasa-Calpe, 1989.
REY-DEBOVE, Josette Y GAGNON, Gilberte, *Dictionnaire des anglicismes*, París, Le Robert, 1984.
RIVADENEIRA, Raúl, *Periodismo*, México, Trillas, 1977.
ROMERO CRUALDA, Mª. Victoria, *El español en los medios de comunicación*, Madrid, Arco Libros, 1993.
ROSENBLAT, Ángel, *Buenas y malas palabras en el castellano de Venezuela* (4 vols.), Caracas/Madrid, Mediterráneo, 1969.
SALAS, Rodrigo, *Diccionario de los errores más frecuentes del español*, De Vecchi, Barcelona, 1985.
SALVADOR, Juan, *Ortografía práctica*, De Vecchi, Barcelona, 1988.
SANTAMARÍA, Andrés; CUARTAS, Augusto; MANGADA, Joaquín, y MARTÍNEZ

de Sousa, José, *Diccionario de incorrecciones, particularidades y curiosidades del lenguaje,* Paraninfo, Madrid, 1989.

Santano y León, Daniel, *Diccionario de gentilicios y topónimos,* Madrid, Paraninfo, 1981.

Seco, Manuel, *Diccionario de dudas y dificultades de la lengua española,* Madrid, Espasa-Calpe, 1986.

— *Gramática esencial del español,* Madrid, Espasa-Calpe, 1989.

Sigal, León V., *Reporteros y funcionarios,* México, Gernika, 1978.

Smith, A., *Goodbye Gutenberg,* Barcelona, G. Gili, 1983.

Smith, Colin, *Collins Spanish Dictionary,* Barcelona, Grijalbo, 1993.

Strentz, Herbert, *Periodistas y fuentes informativas,* Buenos Aires, Marymar, 1983.

Tamames, Ramón, *Diccionario de economía,* Alianza Editorial, Madrid, 1898.

Telemadrid, *Libro de Estilo de Telemadrid,* Ediciones Telemadrid, Madrid, 1993.

Telenoticias, *Libro de estilo,* Antena 3 TV, Madrid, 1995.

Termcat (Centro de terminología de Cataluña), *Full de difusió de neologismes,* Barcelona, 1993-1994-1995.

The Living Webster, Encyclopedic Dictionary of the English Language, Chicago, The English Language Institute of America, 1975.

Tubau, Iván, *Teoría y práctica de periodismo cultural,* Barcelona, ATE, 1982.

Tuchman, Gaye, *La producción de la noticia,* Barcelona, G. Gili, 1983.

United Press International (UPI), *Manual de Estilo y Referencia,* UPI, Washington, 1988.

Urabayen, Miguel, *Estructura de la información periodística,* Barcelona, Mitre, 1988.

Varela, Fernando y Kubarth, Hugo, *Diccionario fraseológico del español moderno,* Madrid, Gredos, 1994.

Vocabulario normalizado de informática, Ministerio de Relaciones con las Cortes y de la Secretaría del Gobierno, Madrid, 1987.

Vox, *Diccionario general ilustrado de la lengua española,* Barcelona, Bibliograf, 1994.

Vox, *Diccionario para la enseñanza de la lengua española,* Barcelona, Bibliograf, 1995.

Warren, Carl N., *Géneros periodísticos informativos,* Barcelona, ATE, 1975.

Williamson, Daniel R., *Técnica y arte de la nota periodística,* Buenos Aires, EDISAR, 1978.

Nota

Para la elaboración de la presente edición del *Manual de Español Urgente* han sido de gran ayuda las siguientes obras, de las cuales se han tomado algunos datos:

— *Diccionario de dudas y dificultades de la lengua española,* de MANUEL SECO, Ed. Espasa-Calpe, Madrid, 1986.
— *Diccionario de Gentilicios y Topónimos,* de DANIEL SANTANO y LEÓN, Ed. Paraninfo, Madrid, 1981.
— *Diccionario Internacional de Siglas y Acrónimos,* de JOSÉ MARTÍNEZ DE SOUSA, Ed. Pirámide, Madrid, 1984.
— *Diccionario de ortografía,* de JOSÉ MARTÍNEZ DE SOUSA, Anaya, Madrid, 1985.
— *Glosario de Términos de Economía y Hacienda,* de JOSÉ M.ª LOZANO IRUESTE, Instituto de Estudios Fiscales, Madrid, 1986.
— *Manual de español correcto,* de LEONARDO GÓMEZ TORREGO, Labor/Libros, Madrid, 1989.

Índice analítico

(Los números remiten al parágrafo salvo si se indica la página)